语言与文化研究

Language and Culture Research

（第二十二辑）

唐晓东　主编

中国华侨出版社
· 北京 ·

图书在版编目（CIP）数据

语言与文化研究. 第二十二辑 / 唐晓东主编. —北京：中国华侨出版社, 2022.6
ISBN 978-7-5113-8791-2

Ⅰ.①语… Ⅱ.①唐… Ⅲ.①文化语言学—文集 Ⅳ.①H0-53

中国版本图书馆CIP数据核字(2022)第094195号

语言与文化研究（第二十二辑）

主　　编 / 唐晓东
责任编辑 / 桑梦娟
经　　销 / 新华书店
开　　本 / 787毫米×1092毫米　1/16　印张/12.75　字数/272千字
印　　刷 / 天津格美印务有限公司
版　　次 / 2022年6月第1版　2022年6月第1次印刷
书　　号 / ISBN 978-7-5113-8791-2
定　　价 / 58.00元

中国华侨出版社　北京市朝阳区西坝河东里77号楼底商5号　邮编：100028
编辑部：（010）64443056　　传　真：（010）64439708
发行部：（010）88189192
网　　址：www.oveaschin.com　E-mail：oveaschin@sina.com

编 委 会

主 编

唐晓东

副主编

杨宁伟　王丽文　何　进

前　言

胡文仲先生说过，教师在教学过程中应该做有心人，经常思考问题，收集数据，分析研究，做一个既教学又研究的全面人才。《语言与文化研究》的宗旨就是激发和提升教师和研究者的科研意识与科研能力，从而为我国语言研究、教育研究、教学研究、文化文学研究和翻译研究做出贡献，推动教育教学改革，提高教育教学水平和人才培养质量。这也是推动我们出版语言教育教学、文化与翻译研究论文的原因。

本辑收录了全国各地高校教师和研究者的优秀稿件，内容涉及语言研究、教育教学研究、文化研究、文学研究和翻译研究等领域，体现出了广大教师和研究者们对语言、语言教育教学、文化、文学、翻译等理论和实践的认真思考和探索，体现了他们的学术水准、理论水平和业务素养。

本辑所收录的论文具有研究范围广泛、研究方法灵活、研究内容多样化的特点，充分展示了语言与文化研究领域学术气氛的活跃和新时期外语教育事业的繁荣。本辑论文既有语言、文化、文学与翻译理论前沿的最新报告，有对外语各层次教学改革的思考、教学方法的探讨，也有日趋成熟的基于数据的实证性研究。研究内容充分反映出近20年来外语教学领域的发展趋势和热点：教法和学法的探讨仍然热烈；外语与其他学科门类的结合性研究给研究者增添了新的动力；网络教学的探讨和思考反映了新时期外语教与学的特点，体现了外语教师与时俱进的精神风貌。这些研究将极大地促进和指导教学实践。

由于编者水平有限，疏漏在所难免，欢迎各界人士予以指正，欢迎广大从事语言与文化教育教学的教师和研究者不吝赐稿。

《语言与文化研究》编委会
2022年3月于北京

目　录

语言研究

教育研究

翻译研究

文化研究

文学研究

◎语言研究◎

2015—2016 年中国语言类型学研究综述[*]

唐晓东　张　蓓　王文强

（大连民族大学文法学院，大连，116600；南京医科大学外国语学院，南京，211166；
安徽科技学院外国语学院，蚌埠，233100）

【摘要】本文对 2015—2016 年我国语言类型学相关领域的主要研究内容、代表性成果以及尚存问题做以综述。相关数据的搜索、统计和摘选主要基于 CNKI 期刊网。2015—2016 年我国语言类型学研究状况较之以往有了量的飞跃，但仍旧存在质的问题，期待语言类型学研究在国内实现更长足的进步和发展。

【关键词】语言类型学；代表性成果；研究综述

一、研究概况

中国 2015—2016 年有关语言类型学的研究成果在数目方面总体明显高于 2013—2014 年。据不完全统计，仅 CNKI 期刊网 2015—2016 年中外语言文字类别下主题词中含"类型学"且涉及语言本体研究的期刊论文和会议论文已达 202 篇（不含 CNKI 中检索不到的会议论文），此外，硕、博士论文 93 篇，论著 13 部。而 2013—2014 年的数据为：期刊论文和会议论文合计共 126 篇，硕、博士论文 95 篇，论著 10 部，可见语言类型学在国内的发展呈逐年上升趋势。

继 2013 年"首届语言类型学国际学术研讨会"（常熟理工学院）后，由中国社会科学院语言研究所、《中国语文》编辑部、南昌大学语言类型学研究所和上海外国语大学语言研究院联合主办的"第二届语言类型学国际学术研讨会"于 2015 年 10 月在南昌大学召开，2015年 5 月浙江大学人文学院语言与认知中心也主办了一次小型的"语言类型学国际研讨会"。2016 年 9 月上海外国语大学语言研究院组办以"跨语言'反身'与'强调'形式库藏研究"为主题的"首届跨语言研究学术研讨会"。2017 年上海外国语大学博士研究生招生简章外国

---

* 本文受 2021 年大连民族大学《认知与类型——汉英语法比较》一流课程建设经费资助；系 2020 年大连民族大学人文类人才引进科研启动基金项目阶段性成果：汉英名词空间限定的句法表征——类型学视角。

语言学及应用语言学专业下新增"语言类型学"方向。

以上说明，语言类型学在国内虽尚处于"小众"状态，却也初具规模，呈现逐渐发展壮大之势。若将2015—2016年对语言本体研究的部分（共202篇/部）与2013—2014年对语言本体研究的部分（119篇/部）进行简单对比，见表1和表2，可以得出以下三点结论。

第一，2015—2016年语言类型学本体研究较2013—2014年有了量的扩展，2015—2016年语序和语义研究占研究总量的50%左右，2013—2014年语序和词类词汇研究占研究总量的45%左右，这说明语序、语义、词汇词类为近四年国内语言类型学研究所关注的三大主要方面。此外，语用研究开始出现明显上升趋势。总的来说，2015—2016年有关语序、词汇词类、语义、形态、语用五个方面的研究总比重约为90%（179篇/部），有关语音与音系、时体情态、地理、语义图等领域的研究相对较少。

第二，研究侧重的语种方面，基本与2013—2014年的情况类似，但侧重汉语的研究比例有所增加。此外，涉及民族语、方言的相关研究的数量和比例均有所增加。

第三，跨学科研究有了更进一步的发展。这一点从语用研究的比例上就可以看出来，从2013—2014年的2.52%（3篇/部）增加到2015—2016年的8.91%（18篇/部），内容涵盖语言类型学与历史语言学、对比语言学、对外汉语教学、认知语言学、二语习得等学科，跨学科研究已成为一种趋势。

表1　2015—2016年语言类型学本体研究论著统计表　　　　单位：篇/部

	语音与音系	词类和词汇	语序	语义	形态	时—体—情态	语用	地理	语义图	合计	百分比/%
汉语	4	11	22	11	13	2	6	—	1	70	34.65
民族语	3	6	8	5	1	1	1	—	1	26	12.87
方言	5	5	3	2	8	1		1	—	25	12.38
单一外语	1	2	3	3	—		2		—	11	5.45
多语	1	8	22	20	8	1	9		1	70	34.65
合计	14	32	58	41	30	5	18	1	3	202	100
百分比/%	6.93	15.84	28.71	20.3	14.85	2.48	8.91	0.5	1.48	100	

对比2013—2014：

表2　2013—2014年语言类型学本体研究论著统计表（叶爱、金立鑫，2017）　　单位：篇/部

	语音与音系	词类和词汇	语序	语义	形态	时—体—情态	语用	地理	语义图	合计	百分比/%
汉语	1	12	7	10	2	2	—	—	—	34	28.57
民族语	1	3	—	2	4	1			—	11	9.24
方言	1	1	3	3	1	1			—	10	8.40
单一外语	—	—	3	2	—				1	6	5.04
多语	4	9	16	5	12	3	3	1	5	58	48.75
合计	7	25	29	22	19	7	3	2	5	119	100
百分比/%	5.88	21.01	24.37	18.49	15.97	5.88	2.52	1.68	4.20	100	—

二、主要学术进展

（一）主要研究内容

2015—2016 年词类和词汇研究方面比较受关注的依然是动词、名词、量词或分类词等的研究，尤以动名分立或包含为主要内容之一，语种方面主要以汉语为主，民族语、外语和方言内容较 2013—2014 年有所增加。

汉语的词类划分一直是一大难题，"从事词类类型研究的学者在探讨这样一种可能性：造成语言之间差异的根源之一是词类分合的差异，确定语言类型变异的一个重要参项是词类分合的参项"（沈家煊，2015a）。截止到本文写作时，国内汉语学界尚未对有关汉语名词、动词、形容词等词类的研究达成一致的观点（沈家煊，2015b；陆俭明，2015）。本文也认为，尽早实现汉语词类的统一和科学的划分（使之更便于跨语言比较研究和汉语学习）将在很大程度上促进汉语研究水平和教学效果。

其次，语序类型研究所占比重依旧最多，汉语语序和多语语序对比研究仍是主要关注点。研究内容主要集中在以下四部分。

降级述谓成分（定语、状语）：领属结构（陈妮妮、杨廷君，2015）、定语从句（闫超，2016）、多项状语（曾静涵，2015）、状语从句（邓云华、陈朦，2015）；

次级述谓成分（补语）：状态补语（陆丙甫、应学凤、张国华，2015）、动结式（吴菡，2016）；

结构及构式的研究："'在'+NP"（李淑杰，2016）、（数）量名结构（安丰存、赵磊，2016）、差比句（张安生，2016）、把字句（雷雨，2015）、被动句（杉村博文，2016）、并列连词参项（李丹弟，2016）、方位结构（李国宏、刘萍、毛帅梅，2015）；

整体语序研究：民族语（高欢，2015）、施通格（罗天华，2016a）。

其中，在对语序类型进行解释时，金立鑫（2016）和张安生（2016）都采用了系统内部和外部双重解释的方式，将普通话和方言语序的研究与地理、历史等外部文化因素结合起来。

最后，语义范畴类型方面，可分为两类：由非构式表达的语义范畴；由构式表达的语义范畴。

前者包括领属范畴（葛娜娜，2016）、方式范畴（戴庆厦、闻静，2016）、数量表达成分（金桂桃，2015；罗天华，2016b）、"的"的语义功能（陆烁、潘海华，2016）等研究；

后者包括运动事件结构（郑国锋、欧阳秋芳，2016）、相互结构（丁健，2015）、"都"字结构（马志刚，2016）、连动式（张黎，2015）、双及物构式（成祖堰、刘文红，2016）、使成结构（朴乡兰，2015）、形容词谓语句（朴正九，2016）、反复问句（邓思颖，2016）、因果复句（邓云华、郭春芳，2016）等研究，总体来看，依旧以句法结构的意义研究为主。

与2013—2014年相比，语言类型学的研究领域继续不断扩大、研究方法不断进步，其中，戴庆厦、闻静（2016）将民族语的方式范畴纳入类型学研究领域。相信随着研究的不断细化，更多新的语义范畴研究将会引起更多学者的关注。

在形态类型方面，这两年内的研究主要集中于各种句法标记上，结合当代语言类型学理论、方法，从繁复的形态出发，通过跨语言分析、比较，发掘其形态与语义、形态与句法之间的相关性。句法标记的研究涉及了格助词（王遥、李景娜，2016）、标句符（吴剑锋，2016）、复数标记（吴剑锋，2016）、条件标记（李贤卓，2015）、话题标记（邓莹洁，2015）、定指标记（白鸽，2015）、并列句关联标记（朱斌，2015）等；此外，还包括复缀和重叠（石锓、杨红，2016）、"名+数+量"结构（邢晓宇、文旭，2015）、方言"子"尾（郝红艳，2015）、违实句（雍茜，2015）等的相关形态研究。

在本文所统计的形态类型学研究范围之外，程工、李海（2016）介绍了分布式形态学（distributed morphology，简称DM）的最新发展。分布式形态学主张"单引擎轮"（又称"句法一路向下"），"它的出现为语言结构研究提供了新的视角和思路"。（程工、李海，2016）。

（二）主要代表性成果

下面就具有代表性的几篇成果进行介绍，主要从研究内容、基本观点、创新之处、学术应用价值等方面作简要介绍。

1. 学科建设、理论研究代表性成果

2015—2016年度，学科建设、理论研究方面所取得的成果比重约占6%（13篇/部），比例和数量上较2013—2014年的13%（17篇或部）都有所减少，但对理论、方法研究的关注依旧多过对学科建设研究，如表3、表4所示：

表3 2015—2016年学科建设、理论研究论著统计表

	学科建设研究	理论、方法研究	合计
论著数量	3	10	13
百分比	23.08	76.92	100

表4 2013—2014年学科建设、理论研究论著统计表（叶爱、金立鑫，2017）

	学科建设研究	理论、方法研究	合计
论著数量	7	10	17
百分比	41.18	58.82	100

2015—2016年学科建设、理论研究方面的成果内容可大致概括为如下两点：

其一，语言类型学学科进一步发展、跨学科影响力不断扩大。由陆丙甫、金立鑫主编的《语言类型学教程》于2015年正式出版发行，是国内第一部语言类型学教材，适合作为国内语言

学专业本科和研究生阶段的学生使用,该教材的问世标志着我国语言类型学学科的发展进入了新的阶段。同时,语言类型学作为一门独立的学科,对其他学科而言,其影响力也在不断扩大,跨学科合作研究已成为一种趋势。房娜、谭业升(2015)在对语言相对性的实证研究方式进行述评时,提出未来的实证研究可以融入语言类型学的跨语言视野、认知语言学的超经验域和超结构视野。

其二,对现有研究方法和理论框架的修正和推进。陆丙甫(2015)强调科学理论是从简单到复杂的推导体系,语言研究的起点应该是具有一致性的现象,用简单的一致性去解释复杂的不一致,是科学探索的主要任务。发现共性为发现个性提供前提和解释。刘丹青(2015)将语言进一步划分为连动型语言和非连动型语言,在连动型语言的并列和主从结构之间加入了连动(主次)结构,认为连动式会向并列和主从两个方向扩展,这是显赫范畴扩展的正常现象。吴建明(2015)介绍并提倡语言类型学"框架中立"的原则,不以某个特定理论框架或"普遍性"范畴为出发点,主张个体语言应有符合自身语言特点的描写体系,要求跨语言比较及共性的取得要建立在大量语言事实及切实可行的"可比性概念"的基础之上。

陈振宇、陈振宁(2015)针对传统语义地图分析方法未考虑到频率的弊端,通过吸收出现频率的数据,在优先选择和优先赋值的基础上,建立"加权最小边地图",并将之运用到更广泛的语言研究领域。文旭、杨旭(2016)对历时构式语法研究的新路径——构式化进行了相对全面的论述,认为构式化建构了基于使用的构式演化模式和历时构式语法体系。

2. 语言本体研究代表性成果

2015—2016年语言本体研究成果较为丰硕,比重约占总量的94%(202篇/部),具体分布参见表1,大致可分为跨语言研究和单个语言研究两个方面。

一是跨语言调查样本量大,关注语言描写的同时注重理论或规则解释。金桂桃(2015)将中国境内74种少数民族语言的8种名量表达方式和9种动量表达方式在不同语系、不同语序类型的语言中的分布特征进行了描写和分析,得出各数量表达方式的要素之间存在多种对应分布的规律。

丁健(2015)基于46种中国境内藏缅语族语言(包括方言)的材料,结合类型学的研究考察相互结构,重点探讨论元配置和相互标志的使用情况,得出藏缅语相互结构的6个特点。李占炳(2015)针对并列结构中相同项省略现象着力进行规则提取和功能解释,得出主要制约相同项省略的两条原则,并列结构越显赫的语言相同项省略越自由。

张定(2016)根据29种语言或方言中50个"追逐"动词多义性的材料,建构了"追逐"动词的概念空间,绘制了不同语言"追逐"动词的语义图。语义图模型在语言类型学领域兴起二十余年,以往多用于表征语法形式的多功能性,Haspelmath(2003)成功地将之用于词汇语义的跨语言研究,张定的研究也再次说明我们可以将语义图作为词汇类型学研究的有力的框架和工具之一。

朱晓农、张瀛月(2016)考察了东部中原官话65个方言点的声调类型特征,认为调型模式与地理分布具有一定相关性。数据收集和分析方法较为科学严谨，研究结果较为客观，对日后的声调类型研究很有参考价值。

二是涉及单个语言研究的，除在语言描写方面更加系统和翔实之外，在语言解释方面也有将系统内部解释和系统外部解释统一起来的趋势，使语言研究结果更加确凿和令人信服。朱磊（2015）对赣语余干方言中存在的一种极少见的"不连续调型"的语音实质、发声机制和音系特点进行系统分析，发现该现象属于浊鼻音除阻，并不是余干方言所独有的一种"奇特"现象。也就是说，语言类型学针对某种语言的专门的深入的研究，也可以建立在跨语言视角的基础上，这样可以使得出的结论更加接近语言的客观事实。

普忠良（2016）描写和讨论了彝语东部方言滇东北次方言禄武土语纳苏话的音系、形态、句法和话语的结构和特征，是彝语东部方言纳苏彝语语法描写和研究的个案。文章以共时描写为主，历时比较研究为辅，较为系统和全面地对纳苏彝语语法进行了描写和分析，为语言学习和跨语言对比研究提供了较好的参考。

金立鑫（2016）在金立鑫、于秀金（2012）的基础上重新检视普通话语序类型学的语序相关句法组配，从普通话语法系统内部的动词类型以及系统外部的地理、民族迁徙和语言接触角度对普通话混合语序类型提出了新的解释。

2016 年 9 月的"首届跨语言研究学术研讨会"是很好的将跨语言研究和单个语言研究结合起来的范例，海内外学者以"跨语言'反身'与'强调'形式库藏"为专题开展研讨，部分代表性成果请参阅下文（"主要进展与创新"部分）。

（三）主要进展或创新

2015—2016 年中主要的突破性进展和创新有三点：一是对时与体的重新认识；二是以"跨语言'反身'与'强调'形式库藏研究"为专题召开"首届跨语言研究学术研讨会"；三是分布式形态学（Distributed Morphology）的发展和挑战（此文并未纳入我们统计的类型学成果的范围，但值得类型学学者们关注）。

1. 对时与体的重新认识

时（tense）和体（aspect）在语言中的表达被许多学者认为是人类语言最为复杂的问题之一。杜家俊（2015）提出要对体范畴和时范畴加以区别，认为这两个范畴一直都混同在"体"的范畴之下，将体界定为事件内部时间结构，将时界定为事件外部时间关系，是不同层次的语法现象。金立鑫（2009a，2009b）将人类语言在事件的情状类型的形态方面大致分为事件界限视点体（完整体/非完整体的区别（perfective/imperfective））和时间进程视点体（完成体/未完成体的区别（perfect/imperfect））两种类型。于秀金（2013）对这两大时体类型进行了更具体细致的证明。

于秀金（2016）强调不应将时—体限定为形态语素，提倡采取语言类型学有关从功能范畴到语言形式的研究路径，将时—体看作功能范畴或语义范畴。认为不同语言对事态的时间定位采用不同的表达手段，不同表达手段之间存在语法化程度的差异，有语法化程度高的形态语素、有语法化程度低的词汇或其他手段，此外，不同语言族群有着不同的时间认知方式，如二分时、三分时、多分时等。

对时—体范畴的重新认识有助于我们更好地进行跨语言时—体研究，不断接近世界语言时—体范畴的真相。

2. 首次就专题召开跨语言研究学术研讨会

2016 年 9 月在上海外国语大学召开的"首届跨语言研究学术研讨会"上，与会学者就"跨语言'反身'与'强调'形式库藏研究"这一专题发表报告和进行讨论。潘海华、王莹莹（2016）针对阻断效应提出了新的解释方案，认为移情的长距离"自己"的本质，即客体自我的投射（the projection of the objective self）引起了阻断效应。胡建华（2016）提出，反身代词受约束的区域是一个由其可能先行语所组成的集合，而这个集合的厘定是近距条件和显著性条件共同运作的结果。

刘丹青（2016）提出汉语指代词的库藏类型特点对反身代词及其使用有多方面影响。代词库藏的多种因素，包括某些句法位置对生命度的倾向和信息结构制约，也使得反身代词更少用于其原型定义的位置（宾语），这种情况也大量出现在汉语的亲邻语言中，成为一种区域性特征。

首届跨语言研究学术研讨会的召开不仅能较好地促进跨语言研究的发展，也标志着国内类型学研究除了在广度上不断扩张之外，同时也在关注对专题的深度挖掘。

3. 分布式形态学的发展与挑战

程工、李海（2016）将分布式形态学的基本理论框架以及它在构词的结构途径、推导的区域限制、语义、音系等领域的研究现状进行了概括性介绍。

程和李认为，分布式形态学优于传统词库论的方面有：一、单引擎假说更有利于解释语言的起源问题，即从基因变异的角度看，一个组合机制（句法）比两个组合机制（句法和形态）的可能性更大；二、句法机制不仅生成词以上单位的结构，而且也生成词的内部结构，即词与短语的生成方式一致，这从本体论和方法论两方面来说都比词库论更符合最简论的要求。同时，程和李也概括了分布式形态学现阶段所面临的各种挑战：其中之一便是对语言事实覆盖面窄的问题。

分布式形态学的出现为跨语言在句法和词法结构方面的对比研究提供了新的视角和思路。

三、存在的问题及发展趋势

（一）存在的问题

2015—2016 年语言类型学研究成果比 2013—2014 年多出近一倍，虽在数量上呈现突飞猛进之势，质量上仍然存在着一些问题，有待进一步提升，主要表现在如下几个方面。

第一，优秀的、创新性强的、具备国际水准的研究并不多，这与国际视野不够开阔、国际交流不够充分有一定关系。如何充分利用国内外资源，立足本土，用国际眼光分析和研究语言是国内语言类型学者们面临的共同课题。

第二，对语言现象的解释的广度和深度有待提高，这与我们目前所掌握的语料的有限性和对语言历时演变所知尚少有一定关系。我国国土辽阔，语言资源极其丰富，如何收集和记录下这些语言、了解和探索其历时演变规律、并有效利用这些资源更好地去解释语言现象，也是全体语言学者们面临的另一课题。

第三，对现代技术手段的应用有待学习和加强，这与现代科技手段的高速发展和我们对新事物的接受和学习能力等有一定关系。工欲善其事必先利其器，学习和掌握一套用之有效的语言研究工具不仅能大幅度提高工作效率，也能确保语言研究过程和结果的科学性和可验证性。因此，如何保持与时俱进、有效利用现代科技手段辅助语言研究是语言学者们面临的又一课题。

总之，2015—2016 年研究成果较 2013—2014 年有了量的飞跃，体现了语言类型学研究在国内发展速度之快。期待在研究质量、解释方法和现代技术手段利用方面也能有较快的进步。

（二）发展趋势

继 2013—2014 年的类型学发展趋势，跨学科研究受到了更多的关注、关于时－体范畴的研究有望进一步深入和拓展、跨语言比较研究继续保持快速发展势头。

首先，跨学科研究会继续受到更多的关注。语言研究的终极目标之一便是揭示人类语言的发生、习得和演变规律，发现和归纳语言共性及差异，为语言习得、语言教学、翻译、以及继续进行语言研究提供科学系统的理论解释、支持和指导。这项工作与词汇、语音、音系、句法和语义都密不可分，也与各类研究范式、各种现代分析技术手段和相关跨学科研究人员之间的通力配合密不可分。总之，语言研究的进步和繁荣离不开跨学科研究，这也是语言的社会属性所决定的。

其次，关于时－体范畴的研究有望获得进一步深入和拓展。以往人们对时－体范畴所持的不同观点（如形态语素和非形态语素之别；语法、语义和词汇范畴之辩等）很大程度上阻碍了我们对该范畴进行更深入的挖掘和分析，也难以揭示隐藏其中的共性规律。于秀金（2016）基于 78 种语言样本的考察得出时－体的六种编码类型：词缀、功能词、助动词、音调、时间名词和逆被动态。为跨语言时－体对比研究的顺利开展和深入发展提供了句法可能和认知理据。

最后，类型学视野下的跨方言比较研究已成为一种趋势。随着学者们对民族语和方言研究的广泛开展和不断深入，不仅会使我们现有的对世界语言的认知发生改变，同时也会激励我们继续向前探索跨语言背后的规律和共性。

综上，2015—2016 年国内语言类型学研究状况较之以往有了量的飞跃，但仍旧存在质的问题，期待语言类型学研究在国内实现更长足的进步和发展。

参考文献

［1］Haspelmath，M. The geometry of grammatical meaning：Semantic maps and cross-linguistic comparison［A］，In M. Tomasello，ed.，The New Psychology of Language，2003. Vol. 2. New York，NY：Erlbaum. Pp. 211-43.

［2］安丰存、赵磊 . 现代汉语"量名"结构类型学分析［J］. 汉语学习，2016（3）：53-63.

［3］白鸽 . 定指标记与类指义的表达——语言库藏类型学视角［J］. 外国语，2015（4）：21-36.

［4］陈妮妮、杨廷君 . 英汉名词性领属结构语序类型学研究［J］. 现代语文，2015（04）：140-142.

［5］陈振宇、陈振宁 . 通过地图分析解释语法学中的隐性规律——"加权最少边地图"［J］. 中国语文，2015（5）：428-437.

［6］程工、李海 . 分布式形态学的最新进展［J］. 当代语言学，2016.（1）：97-119.

［7］成祖堰、刘文红 . 英汉双及物构式的几个类型特征［J］. 外语与外语教学，2016（4）：79-86.

［8］戴庆厦、闻静 . 景颇语方式范畴的句法形式及其类型学特征［J］. 语言研究，2016（3）：107-113.

［9］邓思颖 . 反复问句的联合结构分析［J］. 现代外语，2016（6）：742-750.

［10］邓莹洁 . 近十五年来汉语话题标记研究综述［J］. 邵阳学院学报，2015（4）：94-99.

［11］邓云华、郭春芳 . 英汉因果复句逻辑语义的优先序列［J］. 外语教学，2016（6）：37-41.

［12］邓云华、陈朦 . 英汉关联标记与条件小句语序的蕴涵共性［J］. 外语学刊，2015（3）：35-39.

［13］丁健 . 藏缅语相互结构的类型学考察［J］. 民族语文，2015（6）：31-45.

［14］杜家俊 . 时体与时态［A］. 第二届语言类型学国际学术研讨会暨 2015 中国社会科学院社会科学论坛论文［C］. 南昌：南昌大学，2015.

［15］房娜、谭业升 . 以域为中心，还是以结构为中心？——语言相对性的实证研究方法述评［J］. 西安外国语大学学报，2015（1）：24-28.

［16］高欢 . 诶话与汉语、壮语语法比较研究［J］. 贵州民族研究，2015（7）：185-191.

［17］葛娜娜 . 领属范畴研究综述［J］. 语言教育，2016（4）：62-68.

［18］郝红艳 . 类型学视角下的方言"子"尾研究［J］. 河南师范大学学报，2015（2）：163-167.

［19］胡建华 . 照应依存中的局部性和显著性［A］. 首届跨语言研究学术研讨会："跨语言'反身'与'强调'形式库藏研究"［C］. 上海：上海外国语大学，2016.

［20］金桂桃 . 数量表达方式的类型学考察［J］. 语言研究，2015（4）：35-41.

［21］金立鑫 . 普通话混合语序的类型学证据及其动因［J］. 汉语学习，2016（3）：3-11.

［22］金立鑫 ."时""体"范畴的本质特征及其蕴涵共性［A］. 程工、刘丹青 . 汉语的形式与功能研究［C］. 北京：商务印书馆，2009a，322-345.

［23］金立鑫 . 关于"时"的定位和"体"的类型的一点意见［J］. 东方语言学，2009b（1）：16-25.

［24］金立鑫、于秀金 . 从与 OV－VO 相关和不相关参项考察普通话的语序类型［J］. 外国语，2012（2）：22-29.

［25］雷雨 . 有定直宾双宾句与可转换"把"字句对比［J］. 汉语学习，2015（1）：67-75.

［26］李丹弟 . 语序类型中的并列连词参项［J］. 语言研究，2016（1）：80-85.

［27］李国宏，刘萍，毛帅梅 . 汉语方位结构左右偏置的主观性及类型学意义［J］. 外国语，2015（6）：2-11.

［28］李淑杰 . 类型学视野下汉韩语介词相关语序与选择动因——以汉语"在 +NP"及其韩语对应形式为中心［J］. 东北亚外语研究，2016（3）：55-60.

［29］李贤卓 . 从类型学看汉语"时"类条件标记［J］. 外国语，2015（02）：40-46.

［30］李占炳 . 并列结构中的相同项省略研究［A］. 第二届语言类型学国际学术研讨会暨 2015 中国社会科学院社会科学论坛论文［C］. 南昌：南昌大学，2015.

［31］刘丹青 . 汉语及亲邻语言连动式的句法地位和显赫度［J］. 民族语文，2015（3）：3-22.

［32］刘丹青 . 汉语指代词的若干库藏类型学特征［A］. 首届跨语言研究学术研讨会："跨语言'反身'与'强调'形式库藏研究"［C］. 上海：上海外国语大学，2016.

［33］陆丙甫 . 句法研究的程序［A］. 第二届语言类型学国际学术研讨会暨 2015 中国社会科学院社会科学论坛论文［C］. 南昌：南昌大学，2015.

［34］陆丙甫，应学凤，张国华 . 状态补语是汉语的显赫句法成分［J］. 中国语文，2015（3）：195-205.

［35］陆丙甫、金立鑫 . 语言类型学教程［M］. 北京：北京大学出版社，2015.

［36］陆俭明 . 汉语词类的特点到底是什么［J］. 汉语学报，2015（3）：2-7.

［37］陆烁，潘海华 . 定中结构的两分和"的"的语义功能［J］. 现代外语，2016（3）：326-336.

［38］罗天华 . 施格语言的语序［J］. 外国语，2016a（4）：10-20.

［39］罗天华 . 现代汉语中的两类全量表达成分［J］. 汉语学习，2016b（2）：40-47.

［40］马志刚 . 总括义"都"字结构三种语义指称的中介语句法实现研究［J］. 汉语学习，2016（5）：87-97.

［41］潘海华、王莹莹 . 再谈阻断效应［A］. 首届跨语言研究学术研讨会："跨语言'反身'与'强调'形式库藏研究"［C］. 上海：上海外国语大学，2016.

［42］朴正九 . 从类型学视角看汉语形容词谓语句的信息结构［J］. 中国语文，2016（4）：387-396.

［43］朴乡兰 . 汉语使成结构的发展及其类型学解释［J］. 汉语学习，2015（4）：58-65.

［44］普忠良 . 纳苏彝语语法研究［D］. 上海师范大学，2016.

［45］杉村博文 . 汉语第一人称施事被动句的类型学意义［J］. 世界汉语教学，2016（1）：3-15.

［46］沈家煊 . 词类的类型学和汉语的词类［J］. 当代语言学，2015a（2）：127-146.

［47］沈家煊 . 汉语词类的主观性［J］. 外语教学与研究，2015b（5）：643-799.

［48］石毓、杨红 . 明清汉语的反复体及其来源［J］. 汉语学报，2016（4）：11-18.

［49］王遥、李景娜 . 格标记的形态编码与语言配列模式的蕴涵共性［J］. 外国语，2016（1）：44-54.

［50］文旭、杨旭 . 构式化：历时构式语法研究的新路径［J］. 现代汉语，2016（6）：731-741.

［51］吴菡 . 意汉动结式结构模式对比研究［J］. 现代语文，2016（3）：148-152.

［52］吴剑锋 . 汉语宾补标记的标句功能及语法化——兼与英语 that 的比较［J］. 外语教学与研究，2016（4）：498-508.

［53］吴剑锋 . 安徽岳西方言的复数标记"几个"［J］. 中国语文，2016（3）：349-356.

［54］吴建明 . 语言类型学"框架中立"的原则——以莆仙方言的反身范畴为例［A］. 第二届语言类型学国际学术研讨会暨 2015 中国社会科学院社会科学论坛论文［C］. 南昌：南昌大学，2015.

［55］邢晓宇、文旭 . 现代汉语"名 + 数 + 量"结构的形态表征及认知理据［J］. 西安外国语大学学报，

2015（3）：13-16.

［56］闫超.基于定名结构和述谓性功能的关系从句结构类型划分——来自汉语和韩语的证据［J］.解放军外国语学院学报，2016（4）：67-75.

［57］叶爱、金立鑫.2013—2014年中国语言类型学研究综述［J］.东北亚外语研究，2017（1）：13-18.

［58］雍茜.违实句的形态类型及汉语违实句［J］.外国语，2015（1）：30-41.

［59］于秀金.类型学视野下的英汉时体研究［D］.上海外国语大学，2013.

［60］于秀金.跨语言时—体的编码类型与认知理据［J］.北京第二外国语学院学报，2016（4）：40-59.

［61］曾静涵.多项状语语序的类型学考察与认知分析［J］.现代语文，2015（5）：125-129.

［62］张安生.甘青河湟方言的差比句——类型学和接触语言学视角［J］.中国语文，2016（1）：3-19.

［63］张定."追逐"动词语义图［J］.当代语言学，2016（1）：51-71.

［64］张黎.汉语的隐性意愿结构及其句法影响——以动结式及其相关句法现象为例［J］.语言教学与研究，2015（5）：42-52.

［65］郑国锋、欧阳秋芳.英汉运动事件方向语义研究30年：回顾与展望［J］.西安外国语大学学报，2016（3）：1-4.

［66］朱斌.并列句关联标记模式的类型学问题［J］.语言研究，2015（1）：101-109.

［67］朱磊.赣语余干方言入声调的性质［A］.第二届语言类型学国际学术研讨会暨2015中国社会科学院社会科学论坛论文［C］.南昌：南昌大学，2015.

［68］朱晓农、张瀛月.东部中原官话的声调类型［J］.语言研究，2016（3）：1-15.

作者简介

唐晓东（1982—），男，博士，大连民族大学副教授，研究方向：普通语言学、语言类型学。E-mail：106684522@qq.com。

张蓓（1986—），女，博士，南京医科大学讲师，研究方向：中国现代小说英译研究。E-mail：zhangbei027@163.com。

王文强（1985—），男，博士，安徽科技学院讲师，研究方向：翻译学、比较文学。E-mail：wangwenqiangkaka@126.com。

《世界英语语料库语言学》述评*

王勃然　　董良玉

（东北大学外国语学院，沈阳，110819）

【摘要】《世界英语语料库语言学》一书创新性地将语料库语言学与世界英语研究结合起来，使研究者更深入了解语料库在世界英语研究上的应用，帮助读者应用语料库进行实践研究。同时，该书收集了基于语料库的世界英语前沿研究，帮助初学者探索世界英语研究领域，建立更扎实的操作基础。

【关键词】《世界英语语料库语言学》；主要内容；述评

一、引　言

随着世界经济的不断发展，英语作为一种通用语被广泛应用于国际国内交流，世界英语的概念也应运而生。世界英语指的是标准英语、非标准英语、英语母语、英语方言、洋泾浜英语、克里奥尔语、通用语等所有的英语和英语变体。语料库语言学作为一门语言学学科和用于研究语言的方法，运用电脑处理机器可读取的大规模语言材料以发现语言意义与价值，极大地丰富了语言学的理论与方法。语料库语言学的快速发展和语料库分析技术的进步，为世界英语研究提供了新的研究视角和方法。尽管世界英语研究和语料库语言学研究已有不少出版物，但少有书籍将二者加以结合。在由德国德累斯顿工业大学 Claudia Lange 和 Sven Leuckert（2019）推出的《世界英语语料库语言学》（*Corpus Linguistics for World Englishes*，劳特利奇出版社出版）一书中，作者详细阐述了如何使用语料库语言方法分析世界英语的诸多变体，介绍分析了世界英语的理论和实践，说明了语料库语言方法的基础，并介绍了众多的世界英语语料库。作者循序渐进、深入浅出，辅以翔实的前沿案例研究，为世界英语语料库语言学初学者提供了绝佳的学习资料。

二、主要内容

该书共分为八章，每章又分为若干节。每一章围绕一个世界英语语料库语言学的要点加以阐述，并配以翔实且富有操作性的前沿研究案例，循序渐进，从理论层面到实践层面对世界英语研究初学者进行指导。

第一章为全书的引言部分，对整本书进行了概括。作者首先对语料库语言学及世界英语

* 本文系国家社科基金项目的阶段性成果，项目编号：19BYY230。

做了简单概述，介绍了语料库存在的意义、处理方法的必要性以及所面临的问题。其次作者简要介绍了世界英语的三种主要类型，分别是 ENL（以英语为母语）、ESL（以英语为第二语言）以及 EFL（以英语为外语）。第 3、4、5 小节主要介绍了该书的适合人群、使用方法以及逻辑框架，对整本书的逻辑进行了梳理，也为后续章节做了必要的铺垫。

第二章为世界英语，从历史的角度向读者介绍了英语成为世界主要通用语言的过程，对在此过程中出现的不同种类的英语进行有意义的归类，以及开展对世界英语差异的研究。第 2 小节作者以大西洋、太平洋和印度洋航线附近国度语言的变化为例，阐述了标准英语的发展以及成为世界语言的过程。第 3 小节探讨了世界英语的概念化，包括三圈模型（Three Circles of English）以及动态模型。第 4 小节主要从语言学层面阐释了世界英语变体，主要包括语音、词汇、词汇语法、语法以及句子结构分析，并介绍了跨语言语用学。作者特别指出，由于编码会话意图较为复杂，语料库语言学可能并不擅长处理语用变体。

第三章为语料库语言学研究方法，旨在向读者展示什么是语料库，它能做什么，以及如何开始语料库研究。第 2 小节涉及语料库研究前的准备工作，理论基础方面包括语料库的定义、用途、设计特征、语料库研究方法，硬件准备方面包括电脑软件以及相关语料库。第 3 小节阐述了基本的语料库设计特点，包括语料库的代表性和平衡性、文本类型、注释和元数据等。此外，作者提醒研究者应仔细浏览语料库并保证对语料库编纂的细节和元数据可用性都有一定了解。第 4 小节阐述了语料库检索，详解了对世界英语研究极有帮助的协查线检索以及一致性检索，所提供的搭配、共现实例及背景等。在第 5 小节，作者详细介绍了定性和定量的研究方法，尤其是对语料库词频的处理。此外，作者还介绍了正则表达式，便于研究者进行词条搜索。在第 8 小节中，作者解释了描述性统计和推断性统计的不同，并着重介绍了显著性分析。

第四章为语料库与世界英语。第 1 小节探究了语料库的选择，主要根据研究问题，所要研究的具体语言特征，语料库配套手册的有无以及转录、注释、元数据的质量来进行筛选。同时，作者还纠正了对于语料库的一个普遍认识误区，教导研究者应根据研究情况选择适当规模的语料库，而非一味求大。第 2 小节到第 4 小节主要涵盖了三个典型语料库的特点介绍，分别是布朗语料库、国际英语语料库以及 GloWbE 语料库。第 5 小节关注了自建语料库，作者详细阐述了语料库创建的步骤及操作方法，并提示读者除了自主建造语料库之外还可以结合不同语料库的部分，或只使用语料库的某些部分并对它们进行重新排列或应用特定的标签程序以实现特定研究目的。

第五章是世界英语变迁溯源。本章意在阐明语言变异的成因及发生时间、语言社区内语言变化的因素、世界英语中目前出现的变化错误与创新的分界线、世界英语变化的驱动力以及口语在世界英语研究中的重要性。在第 1 小节引言中，作者对语言变化发表了见解：世界英语背景下语言变化的积极作用远大于其消极作用。第 2 小节从变异讲到语言变化。作者认为语言变体的产生与正式性、语域、职业或爱好，以及社会和地区的差异有关。同时，语言变化也会受到年龄、性别、种族、社会阶级等独立变量的影响。第 3 小节进一步阐述了语言变化的类型，作者基于学习者在典型的多语言外圈环境中英语的习得，指出语言变体是错误还是创新的标准取决于目的语本土化的语言社区。世界英语语料库语言学可以对此过程中特定变体中的特定创新特征的频率和分布进行说明，对世界英语变体的进一步研究则可以应用 ICE 语料库。第 4 小节讲的是语言接触和语言特征库。作者以后殖民主义英语（PCEs）为例，解释了其来源以及通过接触得以发展的过程并得出结论：世界英语的变化可以分为随时间自然发生的内部变化和由认知过程和语言接触而驱动的外部变化。第 5 小节通过对口语和书面语的介绍，作者提出设想：这种自下而上的语言变化总有一天会被认可并成为一个语言社区标准英语的一部分。

第六章解读了世界英语的变异与变化，旨在帮助研究者在前五章知识积累的基础上寻找自己的研究课题。作者主要介绍了有关动词短语和名词短语转折形态的研究、问题中缺乏反转的研究、以及世界英语中词汇和语言实用性等方面的内容，重点阐述了动词短语、名词短语、句子结构、词汇和语用五个方面的典型研究。

第七章是世界英语、学习者英语和作为通用语的英语。第 1 小节修正了以往对世界英语，作为通用语的英语（ELF）以及学习者英语的错误认识，着重强调要弥补学习者英语和 ELF 的范式差距，并介绍了学习者语料库的典型组成成分。第 2 小节通过讨论三个学习者语料库——国际学习者英语语料库、卢万国际英语口语语料库（LINDSEI）、亚洲英语学习者国际网络语料库（ICNALE），分析了学习者语料库的构成和特点。在第 3 小节中，作者对世界英语、学习者英语和母语英语进行了比较，以 Reppen（2017）关于 PVs 的案例研究为例介绍了它们的不同之处和对比价值。第 4 小节讲的是语料库语言学与通用英语，主要介绍了研究通用语的语料库语言学方法以及可以用语料库解决的 ELF 中的问题。第 5 小节关注的是 ELF 语料库。作者首先描述了维也纳—牛津国际英语语料库（VOICE）、亚洲英语语料库（ACE）以及视频中介英语作为通用语的对话语料库（ViMELF）等三个典型语料库，接着介绍了 ELF 中的语码转换以及如何利用 ELF 语料库的标记代码开展有意义的 ELF 文本分析。

第八章为技术的现状和发展前景。该章汇集并评价了本书中提出的不同观点，并指出了技术的现状和未来的方向。第 1 小节讲的是新英语，作者介绍了目前对世界英语研究未来方向的猜测以及语料库语言学在新英语发展过程中不可或缺的地位。在第 2 小节中，作者以 ICE age 2 和世界英语历史语料库为例，进一步探究了新型语料库。第 3 小节为新模型，其发展趋势是以超越以国家为基础的方法来评估各种类型。第 4 小节讲的是新工具、新技术的进步推动了语料库编译器的发展，给语料库用户提供了便利。第 5 章小节是统计，作者为语料库数据处理方法提供了一些建议。在第 6 小节中，作者强调虽然语料库帮助我们了解了不同种类英语中的不同特征，为世界英语研究提供了新的方法和视角，但研究者也要意识到语料库语言学方法在追踪和说明世界英语的变化上仍然存在一定的局限。最后，作者简要总结了本书的关键内容，并对语料库语言学对世界英语的重要性进行了更广泛的展望。

三、简 评

该书主要有以下几个特色。

首先，全书将目光聚焦于世界英语，驳斥了将非母语英语、学习者英语以及通用英语等世界英语视为不完整不正确英语的观点，追溯和阐释了世界英语的发展及变化，并详尽完整地向读者论述了世界英语研究的发展成果以及未来的研究方向。

其次，与以往的世界英语研究书籍相比，本书创新性地采用语料库语言学的研究方法，更真切观察到世界英语的变化过程以及不同英语种类间存在的差异。在第三至第八章，作者介绍了语料库语言学研究方法、前沿的世界英语语料库、基于语料库的典型研究、语料库研究现状及新兴的研究工具，不仅在理论层面为研究者厘清了思路，而且在实践层面也给予了详细的指导。每一处实操部分都有作者的具体介绍，在易混淆易出错处作者也会予以提醒。为了保证研究者实验的完整进行，作者还会在每一章节的最后对本书尚未全面讲解的部分推荐相关文献或书目，对语料库研究入门者十分贴心。

最后，本书的编排由浅入深、循序渐进，十分适合世界英语语料库研究的初学者。前两章是对理论进行介绍，从第三章开始作者引入实操内容，在深入阐述世界英语研究的同时也对语料库进行了更加高阶的操作。在最后一章，作者介绍了技术的现状以及未来研究趋势，方便读者在学习完成本书的操作之后能够掌握更加高超的语料库操作技术。

当然，该书也存在一些不足。考虑到本书的受众，作者对世界英语语料库研究的介绍十分详细，凡是与此领域相关的内容都被编纂进来，其结果是全书的整体框架虽然逻辑严密，但是每一小节内部的内容却相对松散。当然，为了能够涵盖更多世界英语语料库研究的内容，逻辑框架内部的无序也属于必要的牺牲，不过这更要求读者在阅读过程中保持大局观，要明白所有的内容都是为世界英语研究服务的，切莫被其他内容分散精力。其次，为了使读者能够了解目前世界英语的研究现状，作者在本书中也引入了一些新概念或新议题。随之带来的问题是：由于理论和议题尚处于发展阶段，为了保持客观，作者给出的答案趋于开放，这虽然有利于研究者对这些问题进行后续研究，但对于研究能力有限的初学者来说，会带来难以实操的问题。如果作者能在此方面给予读者一定的指导建议，可能更有利于初学者入门语料库语言学。

四、结 语

瑕不掩瑜，本书拔新领异，立足于语料库语言学以探究世界英语，将理论层面的语言变化与实践层面的语料库操作有机结合，十分值得外语界研究学者及世界英语爱好者反复研读并实践应用。

参考文献

［1］Lange，C. & Leuckert，S. *Corpus Linguistics for World Englishes*［M］. New York：Routledge，2019.

［2］Reppen，R. International Journal of Learner Corpus Research［A］. In S. Granger，G. Gilquin & F. Meunier（Eds），*The Cambridge Handbook of Learner Corpus Research*（pp. 101-104），2017.

作者简介

王勃然（1972—），男，东北大学教授，博士，研究方向：心理语言学、外语教育、认知语言学等。E-mail：brwang72@126.com。

董良玉（1999—），女，东北大学硕士研究生，研究方向：二语习得、计算机辅助语言教学。E-mail：zzhuolllll@163.com。

篇章语用学视域下立法篇章的分析方法研究

霍颖楠

（中国政法大学，北京，102249）

【摘要】本文试图从篇章语用学的动态篇章观出发，运用语料库语言学的方法，思考如何对自建语料库中的立法篇章进行较为详尽的分析。笔者结合定量和定性的研究方法，详细设计了以下几个分析步骤：提出研究假设、统计语言数据、归纳语境信息以及解释语言数据，为今后的相关实证研究奠定坚实的理论和方法论基础。

【关键词】篇章语用学；立法篇章；分析方法

一、引　言

本文旨在根据篇章语用学的动态篇章观去探究笔者自建立法篇章语料库关键词的语境信息分布情况，所以在本文的研究中笔者会结合语料库语言学以及定量和定性的分析方法，侧重研究篇章中的语言表达形式及其情景语境，以使研究结果所包含的层次更丰富，可信度更高。在具体的研究过程中，通过不同的检索方式可以从篇章表层搜寻某个关键词的语境信息。大量以这种方式发现的语言表达形式，其中主要是名词、形容词和动词，都是富有启发意义的，因此这些语言表达形式及其所构成的情景语境在本文所设计的分析步骤中起到了至关重要的作用。

二、分析步骤设计

这里需要指出的是，通过这种分析方法抽象出来的概念，其定义是由不同的维度确定的，而这些维度又分别归属于该关键词所体现的法律行为的不同范畴层面。为了明确了解该语料库中某个关键词的各种互相关联的含义，就必须详细解释其所涉及的各种维度。除了进行复合词的研究，笔记还计划对共现词语进行研究，这是因为彼此相邻的各种不同表达形式之间经常可以建立起一种连接不同要素的语义关系。通过这种方式可以找到的共现词语能够由此推导出与那些表达相关联的义项。此外，通过对关键词左右的共现词语进行研究，笔者还可以找到与核心概念意义相近的其他概念，从而发现该关键词的内涵倾向以及使用方式。下面笔者将对实证分析的具体步骤进行简要阐述。需要强调的是，本文的主要分析层次立足于篇章和语用的融和来分析词汇层面及多词组合层面而不是反之。

（一）提出研究假设

本文的研究目的是发现一种分析方法：根据语言应用中的典型模式分析立法篇章，因为这些语言应用模式可以包含确定的主题和内容。笔者认为在语言的表层和深层结构之间可以找到语言应用模式，同时也必须厘清这些语言应用模式与篇章理解之间的关系。笔者采用的是自上而下的视角，也就是说，首先认同某种理论思路，然后试图用语言学的理念去描述典型的语言应用模式的各种不同类型。这种方法可以在实证的基础上对语言应用模式的语境信息进行归纳和描述。

根据对以往文献的梳理以及本研究目的，笔者提出的研究设想如下。

1. 是否可以基于对立法篇章的关键词语境信息的描述和分析来研究相关法律的基本情况？

2. 是否可以基于篇章与人和世界的三元互动关系模型解释相关法律的核心理念是如何在立法篇章中建构起来的？其建构过程和结果呈现出哪些具体的特点？

（二）统计语言数据

实证分析是以所统计的语言数据为基础的。因此在开始分析之前，笔者必须利用语料库的技术手段统计分析所需的各项数据，同时浏览数据统计的结果也会给下一步的分析提供有益的启示。统计学有许多方法对大量数据的信息价值进行归纳总结，并对那些关于这些数据内部关系的假设进行验证。这些方法都可以被语料库语言学所用。在本文中，笔者会使用到如下两种统计方法。

计算搭配（梁茂成，李文中，许家金，2010）。两个词经常共同出现的概率取决于这些词在语料库中单独出现的频率。统计测试可以在计算搭配时说明两个词共同出现的显著性。

比较语料库。根据某些特征，比如已定义的要素出现的频率，可以将两个语料库进行比较，并努力找出哪些特征不能被看作偶然现象。

在本文的分析设计部分涉及的语言数据包括：词频、搭配强度、语境词等。在统计这些数据时，笔者既会使用语料库软件自带的功能，同时也会使用正则表达式；有时还会需要使用参照语料库进行对比统计，甚至也会使用首先人工逐行浏览，发现特殊现象形成假设之后，再去语料库中验证的方法。因为本文的数据阐释过程由语料库驱动和基于语料库两个阶段组成，所以笔者试图分两步走：理清数据的结构及解释数据的维度。因为语料库驱动和基于语料库两种研究方法是可以结合使用的，尤其在解释阶段几乎不可能没有理论依据就着手分析数据，所以笔者将使用语料库的方法统计数据的过程设计为以下步骤。

1.将复合词或多词组合分类、过滤并进行对比。

2.按照不同语境信息对关键词进行分类。

（三）归纳语境信息

Müller 曾指出，利用语料库的统计软件找到的语言符号证据可以帮助得出研究所需的关键词的语境分布信息。也就是说，通过分析语料库中那些经常出现的关键词（核心结构）的使用环境可以帮助研究者在定性分析中解释篇章生产者特有的认知及理解过程（Müller，2012）。根据 Müller 的语境理论，语境可以作为了解认知和理解过程的一种方法：具有物质特性的语言在各层次上的使用可以反映认知表征（［德］kognitive Repräsentation，Müller，2012）。在实证分析中归纳语境信息时，笔者认为应主要参照 Müller 提出的语境化的洋葱模型理论，请参看下图：

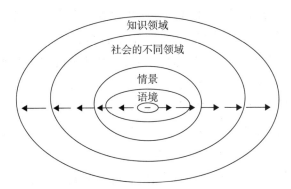

图1　语境化的洋葱模型（Müller，2012）

该理论模型认为，围绕着核心的语言结构（最内部的椭圆）共有四层洋葱皮，它们分别是：语境——篇章模式及互动模式（［德］Kontext — Text- und Interaktionsmuster）；情景——设备及人员安排的状况（［德］Situation — Setting und Personenkonstellationen）；社会的不同领域——社会角色（［德］Gesellschaftsdomäne — soziale Rolle）；知识领域——主题及话语（［德］Wissensdomäne — Thema，Diskurs）。

展示词语搭配的图表可以通过对大量篇章进行统计从而揭示出有关词语应用的语境分布情况的信息。一方面，这种计算数据描述了一种语义关系，也就是说，互相搭配的词都处于同一个语义场；而另一方面这也可以从语言角度反映一种社会行为。这种社会行为经常通过一些统计学上看来特别引人注目的、数量庞大的典型的语言应用来体现。换言之，其实可以通过某种方式观察这些典型的语言应用，从而推断出世界的社会组织状况，这实际上就体现了篇章与世界之间的互动关系，符合动态篇章观的基本思想。

由于统计后未经整理的数据需要研究者仔细观察与思考，并结合相应的理论和各自的研究目的对其进行合理归纳，进而为进一步的解释做准备。既然在本文中笔者关注的是立法篇章所体现的语用功能，而这种功能又是通过某种行为类型来实现的，因此在本研究中笔者将语料库软件统计的数据按照行为主体、行为手段、行为对象以及行为方式进行归纳和分类，以便于下一步运用篇章语用学等理论对此进行解释。

（四）解释语言数据

如上文所述，借助语料库的技术手段获取有关的统计数据只是完成了定量分析的工作。在实际的研究过程中，必须基于合适的理论对语言数据进行解释，完成定性分析的过程。因此，在本文的实证分析步骤的设计中，笔者希望运用篇章语用学视域下篇章与人和世界的三元互动关系模型（霍颖楠，2018）对所收集到的语言数据进行解释。鉴于研究目的以及分析语料的构成情况，研究者在对每个关键词的语境信息进行分析时可以对该模型相应地进行微调：从自建语料库所收集到的每个关键词的语境信息出发，关注立法篇章的功能特征，同时也考虑到立法者/法律使用者以及立法/司法场景对立法篇章理解的影响。

那些基于语料库的、跨篇章重复出现的要素可以作为数据分析及描述的指示项（［德］Indikator）；对共现词语进行分析特别适合抽象出语言模式。语料库语言学所提供的频率和统计数据可以提供篇章中潜在的重要语义信息。如果从某些关键词出发就可以逐渐消除语境中的歧义，并以这种方式逐步消除其所处的语言应用语境中的歧义（Vogel，2010a）。实际上，这种分析方法可以揭示篇章中的某些特征。这是因为有些重复出现的语言要素和共现的表达方式以及跨篇章共文中的语料库例证可以成为经常出现的典型符号标志，而其目的正是在于从认知语义方面激活各种类别的知识体系（Vogel，2010b）。此外，通过演绎式的检索问题可以对由归纳方法得出的供进一步研究的数据信息进行补充。因此，笔者可以将共现词语分析以及特殊搜索问题的结果按照其所指称的事实或者指称的对象（［德］Referenzobjekt）以及评价进行归类。在具体操作过程中，可以通过将语料中检索到所有的索引行逐条审查而进行的进一步的语境分析可以提高这些语料库例证的可信度（Vogel，2010b）。

因此笔者以语言数据为出发点可以根据语境理论逐步发现立法篇章中所隐含的核心理念。结合篇章语用学的理论可以通过解释数据的方式回答前文提到的研究假设，数据主要来自以下三个方面：词语组合的分布、词语组合的语境以及由词语组合构成的语义组合。解释的工作毕竟是在各种不同的背景下进行的，比如可以从语义、语用或者更多从语法的角度对观察到的数据进行解释。

三、结　语

综上所述，笔者在本文中计划采取的具体研究步骤如下。

第一，列出词表中的高频词及主题词，然后将这些词语进行分类。基于这种分类继续对重要词语展开更加细致的分析。也就是说，进行多层次的分析，比如索引行分析和共现分析，将共现组合分组，然后对其进行分析。通过上述分析可以获取该语料库的内容和结构分布的基本情况，并确定重点研究的关键词。

第二，对关键词的语境进行分析。主要是指索引行分析、词丛分析、搭配分析等，进一步探讨某领域立法篇章的关键词所体现的核心理念；结合该领域立法篇章的形式、结构和内容的特点，探寻其背后隐藏的深层原因。

第三，通过上述分析笔者可以重新回到对实证的归纳研究上来。然后再将这些研究结果进行分类、抽象并总结，逐步将数据分析以及由此推导出的和语义有关的研究结果进行概括。

参考文献

［1］ Müller，Marcus：Vom Wort zur Gesellschaft：Kontexte in Korpora. Ein Beitrag zur Methodologie der Korpuslinguistik. In：Felder，Ekkehard/Müller，Marcus/Vogel，Friedemann（Hrsg.）：Korpuspragmatik. Thematische Korpora als Basis diskurslinguistischer Analyse［M］. Berlin/Bosten，2012：33-82.

［2］ Vogel，Friedmann，2010a：Ungarn - das Tor zum Westen. Das Bild Ungarns in deutschsprachigen Medien 1999—2009. Eine linguistische Imageanalyse. In：Jahrbuch der ungarischen Germanistik［M］. 2010：87-124.

［3］ Vogel，Friedmann，2010b：Linguistische Imageanalyse. Grundlegende Überlegungen und exemplifizierende Studie zum Öffentlichen Image von Türken und Türkei in deutschsprachigen Medien. In：Deutsche Sprache. Zeitschrift für Theorie，Praxis，Dokumentation［J］. 2010：345-377.

［4］ 梁茂成，李文中，许家金. 语料库应用教程［M］.北京：外语教学与研究出版社. 2010：94-98.

［5］ 霍颖楠. 构建基于篇章语用学的立法篇章理解模型［J］.文教资料，2018（12）：22-24.

作者简介

霍颖楠（1978—2010），女，德语语言文学博士，中国政法大学外国语学院德语语言研究所讲师，研究方向：篇章语言学、法律语言学、语料库语言学及教学法。E-mail：huoyingnanloni@163.com。

法汉否定词汇及其标记性研究

张碧珺

（河南开封科技传媒学院，开封，475000）

【摘要】 汉语和法语是两种形式迥异的语言，在否定词汇的构成方面也在一定的共性和差异，以标记理论作为对比研究的框架，从否定词汇切入对两种语言的特点进行跨语言的比较分析上能让我们更好地探寻语言内部的共性和变异。

【关键词】 否定词汇；标记理论；法汉对比

一、引　言

标记现象是指语言成分（如曲折变化）的不对称现象，例如在动词时态方面，现在时被视为无标记的，而将来时和过去时则被视为有标记的；在名词的"数"的方面，单数被视为无标记，复数则有标记。从标记理论来看，与肯定表达相比，否定表达本来就是一种带有标记的语言表达。无标记成分一般被视为用来表示规则或者标准的，可想到的或者自然的情形；否定表达跟肯定表达相比是带有标记的，而把否定作为研究范畴，又可以分为有标记的否定和无标记的否定。法语和汉语作为两种形式迥异的语言，在否定表达方面存在一定的共性和差异。词汇是语言中的基本单位，对词汇层面否定表达的研究可以从微观的角度对深刻认识汉法否定表达中的标记现象，以揭示该范畴在汉法语言中的共性和差异。

二、法汉否定词的构成及分类

汉语和法语都有使用频率较高的否定词，从构成形式来看，汉语多以单纯性和复合型的形式出现，法语多为单一型与配合型的形式出现。汉语中使用频率较高的单纯性否定词有"不"和"没"等，复合型的否定形式有"不必""没有"等，法语中使用频率较高的单一型的否定词有"non""sans"，配合型则有"ne...pas""ne...plus"等。从形态学的角度来说，法语属于曲折语，可以用一些特定的词缀来表达对立的含义，如"agréable"（舒适的），"désagréable"（令人不舒服的，不愉快的），"normal"（正常的），"anormal"（不正常的）；而汉语则是孤立语没有词形变化，含义对立的词语往往是通过否定词来实现，如"开心"对应"不开心"，或者直接找一个反义词来实现如"开心"对应着"伤心"或者"难过"，而后者则是所有语言中都存在的普遍现象，在此不作探讨。

在法语的同一组对立词汇中，不带有否定词缀的词根通常被视为正常的、无标记的，带有否定词缀，具有了某种特征的形式则被视为有标记。较之于汉语，法语中可会通过词缀的方式来改变词汇的词性以及意义，很多表示否定意义的词缀可以直接构成否定词，如 propre（合适的，恰当的）→ impropre（不恰当的，不确切的），fier（信任）→ méfier（不信任），connecter（连接）→ déconnecter（断开连接）。其次，这些对立词汇也有着不同的分类，有一些在意义上完全对立，有一些则是不同程度的对立，并不是非此即彼的关系。对立词还包括一些相对词汇，如方向的对立词"上"与"下"，"左"与"右"，以及表性别对立的词汇"男"和"女"，"公"和"母"，这类词本身并没有肯定或者否定的含义，但在一定的社会文化背景中会有高低之分，这些标记现象在一些日常表达中也有所体现：看到"女司机"出现在新闻报道中，人们通常会与"车技较差"联想在一起，法语中很多表示职业的名词如"professeur""chauffeur"等词没有阴性的形式，这些现象也是现在人们把标记理论与社会语言学结合起来研究的切入点。

三、法汉否定词汇中的标记现象

沈家煊（1999）在其《不对称和标记论》一书中还指出，语言实际上有两种否定，一种是符合一般规则的、无标记的否定，而另外一种则是例外的，特殊的有标记的否定。从构词的角度来说，否定词本身也并不是以对称的形式成对出现的，即一对反义词之间的不对称，如 "好"和"坏"本来是一对反义词，但是在构词和使用频率方面都不是完全对称的，作形容词的时候多数词还是可以成对出现，如"好人"和"坏人"，"好孩子"和"坏孩子"，但也有不对称出现的情况，如 "好书"和"坏书"，前者出现频率较高，后者虽然构词法无可厚非，但是使用频率远远低于前者。做副词的时候，前者的使用频率更高，如"这本书好看"和"这本书坏看"，后者在口语中不符合日常语言逻辑。这些相对意义的词本来的标记性并不明显，而一些正面的、积极的词由于符合人们的心理预期，被视为是肯定的词汇，与此对应的一些消极的负面的词由于与人们的预期相背被视为含有否定意义。如"多"和"少"这对相对词汇，"多"更多表示肯定含义，"少"由于不符合心理期待值而被视为具有否定含义，两者所附有的标记性与人们对世界的认知密不可分。再如另外一对相对词汇"长"和"短"，当两者用于特殊疑问句时，"长"的使用频率高于"短"，如"这条裤子有多长？"这种表达就很常见，而"这条裤子有多短"则带有一定标记性——是提问的人已经有了这条裤子比较短的一个预设，故而带有一定标记性。

从汉语否定词选用的角度来说，汉语的一些否定词不管是在语气还是语法的层面都带有一定标记含义，以汉语的"不"和"没"为例，二者是汉语否定词中使用频率最高的两个词，也是非汉语母语的人在汉语学习中最容易出错的词。从标记理论来看，这两个词的选用受很多因素的影响，因此具有一定标记性。从时间维度来看，"不"多用于现在时和将来时，也可以用于过去时，而"没"多用于过去和现在时。从意愿层次来说，"不"一般指主观的评价或看法，而"没"一般是不带主观因素的客观事实或客观陈述。较之于汉语中不同的否定词带有时间或者意愿的标记，法语中否定词对于时态的标记程度相对较弱。正是这些特征赋予了这些否定词汇一定的标记性，在使用过程中利用这些特征进行甄别含义可以达到对其正确使用的目的。

否定标记还会受到认知、具体语境、使用频率，特定时期的社会文化等因素的影响，如上文提到的方位词的对立，"上"和"下"，"左"和"右"，在引申含义中，"上"就是好的，高贵的象征，"下"则是不好的，卑贱的象征。这与人的认知因素相关，所以在不同语言的社会背景中，它们所带有的标记含义都是相通的，如汉语中的"一人之下，万人之上"，"走下坡路"，"经济下滑"和法语中的"classe inférieure"（下级阶层）和"classe supérieure"（上流阶层）等。而"左"和"右"的标记性则是受到文化、社会甚至政治因素的影响，周、秦、汉时，我国以"右"为尊。故皇亲贵族称为"右戚"，世家大族称"右族"或"右姓"。右尊左卑表现在建筑住宅上，豪门世家必居市区之右，平民百姓则居市区之左，与此对应的词汇有"无出其右"，从东汉至隋唐、两宋，我国又逐渐形成了左尊右卑的制度。这时期，左仆射高于右仆射，左丞相高于右丞相。蒙古族建立元朝后，一改旧制，规定以右为尊，当时的右丞相在左丞相之上。朱元璋建立明朝，复改以左为尊，此制为明、清两代沿用了五百多年。在法语中，"左"和"右"还可以代表政治派别，政治术语中左和右的概念起源于法国大革命时期。在1791年的制宪会议上辩论时，拥护激进革命的人恰好坐在主持人的左边，而主张温和的保守派（立宪派）恰好坐在主持人右边，于是，人们习惯上将革命的一派称为"左派"，反对革命的一派称为"右派"。不过法语和汉语也有相同之处，由于书写习惯的原因以及文化教育的影响，普遍用右手的人多于用左手的人，于是用左手的人因其不那么常见，而被视为是相对特殊的，也可以说是有标记的，所以在汉语中会有"左撇子"而不会有"右撇子"的说法，在法语中与之对应的 gaucher, ère（左利手），还因为这个标记性衍生出来了一系列的词如 "gaucherie"（不灵巧，笨拙）。

上文提到的表示性别对立的词汇，如法语的阴阳性一直是研究的对象，特别是近年一些女权运动者提出要消除在语言中表现出来的"性别歧视"，也是建立在语言中对于性别的标记性基础之上，对于汉语和法语表性别词汇的横向和纵向研究，从某种程度可以看出法国和中国女性地位的变化和发展。语言是特定时期社会文化的体现，是文化的载体，又是文化的写照，语言和文化是密不可分的，每一种语言都承载着特定的文化内涵，所以对于语言的研究不能仅仅停留在语言本身，而应该透过现象看本质，剖析语言现象背后的原因。

四、法汉否定词汇中的标记颠倒以及对立消失

否定大致可以分为形式上的否定和意义上的否定，我们通常所期待的、模式就是肯定的

形式表肯定，否定的形式表示否定，然而情况并非总是如此，表否定时形式与意义的不对称性就构成了"有标记的否定"或者是"标记颠倒"的现象。

形式上的否定就是加上否定词或者否定前缀，但也有一些本来就表否定的词汇加上了表否定前缀之后变为肯定的意思，如 fini（结束的，完成的）→ infini（无限的，无穷的），croyable（可信的）→ incroyable（难以置信的，不可思议的），汉语中"简单"加上否定变为"不简单"之后则变为肯定的含义，"不错"也是肯定的含义；加上否定前缀后词的意义则变为肯定意义，"可可不是嘛"虽然有否定词，但表达的还是肯定，并且语气得到加强。另外一类就是否定羡余词，"即有些否定词在某些表达式中不具有否定意义，有没有这样的否定词不影响句子的肯定意义"。（王助，2006：418）。

在汉语中不乏这样的例子：

你该不会是李华的父亲吧？（你是李华的父亲）

人山人海，好不热闹。（热闹）

我差点没摔倒。（我差点摔倒了）

不表示否定含义时，"ne"在法语中是一个重要的赘词，经常与其他词配合共同表达否定的含义，但是单独使用的时候，"ne"通常在句中并没有否定的含义。

例如：

Nous n'interviendrons pas dans cette affaire à moins qu'on ne nous le demande.（我们不会干涉这件事，除非别人要求我们这么做。）

Il parle autrement qu'il ne pense.（他说的可不是他想的。）

传统的标记理论只建立一个范畴（如：数）内两个成员的标记模式（markedness pattern），是一种简单模式，标记颠倒是要把一个范畴跟另一个范畴联系起来，建立两个范畴或多个范畴之间的"关联模式"。如在"司机""男性"和"女性"这一对概念中，"司机"和"男性"被视为是主要的自然配对，在出现"司机"一词时，默认这就是与"男性"这一概念相互蕴含的，而"女司机"则是次要的自然配对，被视为是有标记的配对。这里的标记是多个范畴共同作用的结果，如"女司机"的标记性被视为是职业、性别、性别的从业人员的状况相互作用的结果。所以标记颠倒可以用来解释标记理论所不能解释的"例外"或者"不规则"的语言现象。对这种特殊情况的研究，有助于我们在交际特别是跨文化交际中，在具体的语境中对这些标记加以正确使用。

五、结　语

在标记理论的框架下，深入地分析否定范畴在法汉语言共通性以及差异，为汉法语言的比较研究提供了一个全新的分析视角。在前人研究的基础上进一步分析否定表达中的标记现象在不同语境中的标记颠倒现象，加深标记现象在语用层面的研究，通过一些语料分析否定表达的标记消失现象，也可以对跨文化交际中标记现象的处理提供理论指导。标记理论具有很强的解释力，可以对各个层面的语言现象提供解释，但是解释和描述依然是研究的第一步，要进一步探寻语言标记现象背后的成因，还需更深入的研究。

参考文献

［1］陈刚，沈家煊.从"标记颠倒"看韵律和语法的象似关系［J］.外语教学与研究，2012，44（4）：483-495+639.

［2］贾秀英.汉法否定句对比［J］.山西大学学报（哲学社会科学版），2000，（02）：83-87.

［3］齐琛.浅析对外汉语教学中的否定词"不"和"没（有）［J］.文学教育，2017（10）.126-127.

［4］沈家煊.不对称和标记论［M］.南昌：江西教育出版社，1999.

［5］王助.现代汉语和法语中否定赘词的比较研究［J］.外语教学与研究，2006，（6）：418-422+479.

作者简介

张碧珺（1993—），女，硕士，河南开封科技传媒学院外语学院教师助教，研究方向：法汉语言文化对比研究。E-mail：bijunz@163.com。

汉语常见辅音发音部位分析

何春霞

（广东技术师范大学，广州，510665）

【摘要】目前，对于描述辅音发音部位及发音方法的著作有许多，但是相关著作对辅音发音部位的描述存在一定的差异性以及模糊性。故将针对与舌头部位相关的一些常用辅音的具体发音部位及其发音方法进行详细描述，辨析其差异，对其发音部位和方法进行归纳总结。

【关键词】辅音；发音部位；发音方法

一、舌尖前清塞擦音（ts、tsʰ）和舌尖前擦音（s）

不同的著者对舌尖前音众说纷纭：黄伯荣和廖序东主编的《现代汉语》中描述舌尖前清塞擦音 ts 为：“舌尖抵住下齿背，软腭上升，堵塞鼻腔通道，气流把舌叶与上齿背的阻碍冲开一道窄缝，并从中挤出，摩擦成声。其中，tsʰ 的发音部位和方法与 ts 相同，不同的是辅音 tsʰ 的气流相对较弱。擦音 s 的发音部位也与以上塞擦音相同，但是发音方法不同，发擦音 s 的时候，气流从舌叶和上齿背的窄缝中摩擦成声。”（黄伯荣，廖序东，2017；麦耘，2005）马学良先生所编写的《语言学概论》中谈论的舌尖前音（ts、tsʰ、s）是：“舌尖与齿背阻碍气流发出的声音。”（马学良，1990）而由著者叶斐声的《语言学纲要》中描述：“舌尖前音的发音方法是舌尖抵住上齿龈。”（叶斐声，徐通锵，1997）

由此看出，舌尖前音发音部位以及发音方法的描述在各类著作中的表达和描述并不统一。其一，从实体口腔结构来看，（上）齿背与（上）牙龈的距离非常接近，也没有明显的可视界限，人在正常发音状态时，难以避免地接触到二者。其二，舌尖是有一定厚度的可延展可弯曲的灵活度高的软组织，人在发舌尖音的时候，舌尖有可能抵住上齿背，也可能抵住上牙龈，或者可能同时接触了上齿背和上牙龈。其三，当同一个人在发同一个音的时候，甚至不同人发同一个音的时候，发音状态亦存在不同程度或大或小的差异（冉启斌，2019）。以上阐释是舌尖前音在各著作中存在差异性表达的原因。

因而更准确地说，舌尖前音的发音方法是舌尖抵住上齿背和上齿龈之间，即发舌尖前音的时候同时接触了上齿背和上齿龈。有人持有舌尖中音（t、tʰ、n、l）亦是舌尖抵住上齿龈的观点，那么二者不就无法区分了吗？它们的差异又从哪里体现呢？舌尖前音和舌尖中音的区别并不是被动发音部位的上齿背和上齿龈的区别，它们都会抵触齿背和齿龈，主要区别是塞擦音（ts、tsʰ）与塞音（t、tʰ）、鼻音（n）、边音（l）的发音方法的区别。塞擦音是气体或气流从窄缝中摩擦而出。塞音（t、tʰ）是舌尖抵住上齿龈，软腭上升，堵住鼻腔通道，气流冲破舌尖的阻碍，爆发成声。鼻音是舌尖抵住上齿龈，软腭下降，打开鼻腔通路，声带振动，从共鸣腔——鼻腔通过，舌尖中音之鼻音 n 则是气体主要从口腔流出还是主要从鼻腔流出的区别。边音是舌尖抵住上齿龈，软腭上升，堵住鼻腔通道，声带振动，声音能量从舌头的两侧的共鸣腔通过。

二、舌尖中音之鼻音 n

舌尖中音中的鼻音n在《现代汉语》中的描述："舌尖抵住上齿龈，软腭下降，打开鼻腔通路，气流冲击声带并从鼻腔通过而不从口腔流出。"（黄伯荣，廖序东，2017；朱晓农，2007）那么发鼻音的气流是否全部都通往鼻腔，而软腭是否也完全挡住了欲流向口腔的气流而使其都流向鼻腔呢？此处的软腭具体是指颚帆提肌。颚帆提肌的作用是抬高近似垂直的软腭后部，并将其稍向后拉。吞咽时，通过颚帆张肌收缩同时使得软腭变硬，接触咽后壁，以此将鼻咽和口咽分开。其实，发鼻音时，存在气流和肌肉运动过程的先后问题，究竟是气流先到达鼻腔，还是软腭先下降？再者，肺部产生气流之后，软腭在下降的过程中，存在颚帆提肌下降、拉升过程时间段，在软腭还没有完全下降到位的时刻，已经有气流从口腔溢出。因而发鼻音的气流流向极大的可能是小部分气流从口腔溢出，绝大部分气流从鼻腔通过，在鼻腔产生共振。此处要说明的是，鼻音的气流机制与鼻化元音是不相同的，鼻化元音是气流同时从口腔与鼻腔流出，且流向口腔与鼻腔的气体几乎是等量均匀的。

三、舌尖后音（tʂ、tʂʰ、ʂ、ʐ）（卷舌音）

《现代汉语》描述舌尖后音为："由舌尖卷起，抵住或接近硬腭前部阻碍气流而形成，又称卷舌音或翘舌音。"（黄伯荣，廖序东，2017）例如，《现代汉语》描写汉语普通话的卷舌音 tʂ："发音时，舌尖上翘，抵住硬腭前部，软腭上升，堵塞鼻腔通道，气流把舌尖的阻碍冲开一道窄缝，并从中挤出，摩擦成声。"（黄伯荣，廖序东，2017；李国俊，2011）而在《语言学纲要》中则是："舌头卷起，舌尖向后顶住前腭，即是舌尖后音的发音方法。"（叶斐声，徐通锵，1997）

目前各类著作对于舌尖后音的发音部位和发音方法的描述都较为一致，都普遍认定是舌尖卷起或上翘，抵住硬腭前部而发音。由于舌尖后音的口腔中硬腭的可接触面范围比起舌尖前音的齿龈和齿背的接触面大得多，因此，舌尖后音的发音部位并不模糊和难以定位，舌尖后音的发音部位也就是硬腭，硬腭这个口腔部位的可接触面积较大，较容易被准确定位和描述，且定位所产生的误差较小。

四、舌叶音（ʃ、tʃ、tʃʰ）——前腭在语言学领域中的特有表达

《语言学概论》描述的舌叶音是舌尖和舌叶跟齿龈的后部阻碍气流发出的声音。舌叶音的发音部位在舌面前音的前部（马学良，1990）。《语言学纲要》中持同样观点即舌叶在舌面前的前面，舌叶音是舌叶与前腭配合节制气流而发音（叶斐声、徐通锵，1997）。

著作中对于舌叶音的发音部位描述较为一致，都认定被动发音部位是前腭。在日常交流中，硬腭和软腭两个口腔部位名词在日常交流中的使用较为广泛，为大众所熟知。在人体口腔专业领域中，口腔部位中关于腭的划分是硬腭和软腭两种，在人体口腔结构中尚没有前腭、中腭的专门医学解剖层面的部位命名。更准确地说，舌叶音是舌叶与硬腭（靠前那部分硬腭）配合节制气流而发音的（张慧丽等，2018；凌锋，2012），舌叶的位置分布如下文图1所示。众著作认定舌叶音的被动发音部位是前腭，此命名仅在语言学界中出现和使用，与常规的部位命名不完全相符。舌叶音的发音部位对于硬腭部位进行前中后的划分不仅表明了硬腭部位所占面积较大，而且表明了众语言学者趋向于对硬腭部位继续划分的倾向。

五、舌面前音（tɕ、tɕʰ、ɕ）

《语言学概论》中描述舌面前音为舌面前部与前硬腭阻碍气流发出的声音（马学良，1990）。《现代汉语》描述舌面前音：发音时，舌面前部抵住硬腭前部，气流把舌面前部的阻碍冲开一条窄缝，从中挤出，摩擦成声（黄伯荣、廖序东，2017）。而《语言学纲要》中阐述舌面前音是舌面前与中腭配合节制气流而发出（叶斐声、徐通锵，1997）。

舌面前音的发音部位和发音方法的表达在各著作中存在差异，舌面前部的位置和范围在各种著作中尚没有更加明确具体的阐释，舌面前部的位置划分不够精确。实际上，舌面前音的发音部位即是舌面前部，指舌上表面前端的1/3。舌面前音的发音方法是舌面前部抵住口腔中的硬腭部位而发音。经查证，从人体实际口腔结构的层面来看，口腔部位中关于腭的划分有硬腭和软腭两种，口腔结构中没有前腭、中腭的部位名称命名。据人体解剖与组织胚胎学词典所描述，腭为固有口腔的上壁，呈窟窿状，分隔口腔与鼻腔，分为前方的硬腭和后方的软腭两部分（高英茂、柏树令，2019）。硬腭，腭的前2/3，由上颌骨腭突和腭骨水平板构成，其鼻侧面由呼吸性黏膜被覆，口腔面由口腔黏膜覆盖。软腭是腭的后1/3，主要由腭腱膜、腭肌、腭腺、血管、神经和黏膜构成。其前份呈水平位，后份向下倾斜，称为腭帆，自腭帆两侧向下方分出两条黏膜皱襞，前方的一对为腭舌弓，后方的一对为腭咽弓（高英茂、柏树令，2019）。可见，在口腔结构中并没有对硬腭这一部位进行明确的前中后的划分。因此，语言学著作对硬腭进行前中后的划分是语言学界中产生的，与口腔结构的惯例不同。此处的硬腭前部、中腭其实都是指口腔中的硬腭部位。舌面部位如下文图1所示。

六、舌面后音（舌根音）（k、kʰ、ŋ、x）

舌面后音又叫作舌根音，《语言学概论》所描述的舌面后音是舌面后部与软腭阻碍气流发出的声音。而《语言学纲要》对于舌根音的定义是舌根上抬，向软腭靠拢，气流受阻而发出舌根音。各著作对于舌面后音的描述存在描述上的差异（叶斐声、徐通锵，1997）。

目前舌面后音所指的舌面后部的描述大多是定性层面的描述，尚未进行定量描述，因而难以准确地把握舌面后部的具体位置，无法根据舌面后部的描述来进行实际的定位和发音。而口腔中软腭的接触面积相对较大，且软腭在日常生活中是个使用频率较高，较为熟悉的部位名称。因而软腭的位置定位较为准确，模糊性和不明确性大大降低。

从舌面后音又叫舌根音的现象进行分析，舌面后部即口腔中的接近舌根的位置。从后文图1可以看出舌面后部与舌根极为接近，因而舌面后部亦称为舌根。例如 k 发音时，舌根抵住软腭，软腭后部上升，堵塞鼻腔通路，声带不振动，弱气流（由于是不送气音）冲破阻碍，爆发成声。kʰ 与 k 相比，发音部位相同，只是 kʰ 增加了送气的特征。因而对于舌面后部的定位是舌根的位置。舌面后部即舌根部位如图1所示。

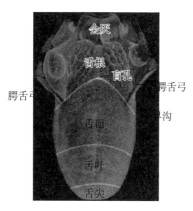

图1　舌叶的位置分布

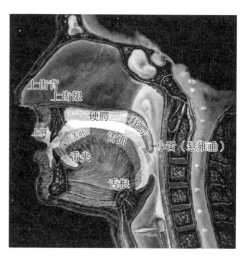

图2　人体口腔侧面部位

七、小舌音

根据《语言学概论》所描述，小舌在软腭的下部，灵活多动，向上可堵住鼻腔，可与舌头形成阻碍而发音，且可以自身颤动发音（黄伯荣、廖序东，2017）。《语言学概论》描述小舌音是小舌与舌面后部阻碍气流发出的声音。语言学各著作对于小舌音的发音部的描述较为一致，基本没有出现明显的差异性表达，其所指的小舌，在人体口腔部位中的实际部位是悬雍垂，该部位如图2所示，此处的小舌是语言学界中所使用的专业术语（马学良，

1990），人体解剖层面使用的该部位术语是悬雍垂。悬雍垂的实际部位是位于人体口腔上腔软腭的最尾端的软组织，悬雍垂并不在舌体，它与舌头并不是相连关系，舌头自然状态的位置是在人体口腔的中下腔，二者是间隔开的组织体。因此，小舌与舌头并不是直接相连的组织，小舌是语言学领域中出现的独特的表达。

八、舌尖、舌叶、舌面、舌根、小舌的具体部位划分

舌头是口腔里的最灵活的部分。它可以自由升降而改变口腔的形状，形成不同的共鸣；也可以与牙齿、上腭的各部分配合形成阻碍发音。为了分析发音的方便，可将舌头分为舌尖、舌面、舌根等部分。《现代汉语》将舌头分为舌尖、舌面、舌叶三部分（黄伯荣、廖序东，2017）。而《普通语音学纲要》则把舌头分为舌尖、舌面、舌叶和舌根四部分（罗常培、王均，1957）。可以肯定的是，舌尖、舌叶、舌面、舌根的划分方向大致是从口腔的前端到后端。

舌尖最为灵活，是口腔中的主动发音器官。舌尖到底位于何处？舌尖到目前为止并没有非常明确的定义。《语言学纲要》中定义舌头的尖端是舌尖（叶斐声、徐通锵，1997）。《普通语音学纲要》同样持舌尖是舌的尖端的观点（罗常培、王均，1957）。《语音学》对舌尖的定义是从舌沿（舌头最前的边缘带）开始，往上往后2~3毫米的一小片地方（朱晓农，2010）。

舌尖的部位划分其实是一个粗略大致的范围。由于舌尖的划分尚没有明确的定义，因此使得舌尖前音、舌尖中音、舌尖后音的划分同样存在界限不够明确的情况。由于舌尖定义模糊，造成舌尖前、中、后音的描述不统一，准确度欠缺，并造成读者的音标学习和定位障碍。各类著作对于舌尖的标注和描述不尽相同，但都持相同的观点即舌尖位于舌头的最前端。

在《语言学纲要》中，舌头自然平伸时，相对于齿龈的部分叫舌叶（叶斐声、徐通锵，1997）。《普通语音学纲要》所记录的是舌叶是舌头放平时，在舌尖的靠上靠后的一部分（罗常培、王均，1957）。这两种描述相同的是舌头放平，不同的是定义舌叶的参考物不同，第一种参考齿龈来定义舌叶，第二种参考舌尖来定义舌叶。因此，舌叶的划分也达不到完全精确的程度。舌叶的划分同样也存在分歧，且划分标准不统一。但根据《语言学概论》描述的舌叶音是舌尖和舌叶跟齿龈的后部阻碍气流发出的声音。舌叶应该参考舌尖来定义比较合理，即舌叶位于舌尖后面（靠上靠后的一部分）。

舌面音则划分为舌面前音和舌面后音。其中，舌面后音又称为舌根音。《语言学纲要》定义舌叶往后的部分叫舌面（叶斐声、徐通锵，1997）。《普通语音学纲要》同样持舌面在舌叶之后的观点（罗常培、王均，1957）。由此，可看出舌叶之后为舌面，这一点确切无疑。

最后关于舌根的描述，在语言学上的定义尚不清晰，但在医学中，舌根的定义非常清楚。

舌被一"V"字形的界沟分为舌体和舌根两部分，舌体占舌的前2/3，舌根占舌的后1/3（见图1）。界沟的两个支从正中的舌盲孔向前外侧延伸至腭舌弓（见图1）。借用医学上舌体和舌根的定义，舌体包括语言学上的舌尖、舌叶和舌面，舌根对应语言学上的舌根。

从人体口腔侧面部位图（图2）可以看出，小舌实际上位于口腔上腔的软腭后部即悬雍垂。而舌头自然状态的位置是在人体口腔的中下腔，因而小舌与整一个舌体没有直接的肉体组织相连关系，二者是分开的，相对独立的软组织体。小舌是语言学语音学领域中的独特的命名，小舌与舌尖、舌叶、舌面不同，它不属于舌头的一部分，小舌的实际名称是悬雍垂。

根据各专著学者对常用辅音发音部位的文献描述、实际发音情况和实际人体口腔生理部位等多方面进行归纳、分析以及补充。现对舌的各个部位具体划分如下：人体口腔从前面向后面将舌依次划分为：舌尖、舌叶、舌面和舌根（见图1、图2）。界沟将舌分为舌根和舌体，舌体包括舌尖、舌叶和舌面（见图1、图2）。小舌即悬雍垂的分布如图2人体口腔侧面所示。

九、结　语

本文主要从发音部位和发音方法角度来阐述常用辅音的描述。常用辅音的列举顺序从口腔的前面到后面，依次是舌尖前音、舌尖中音、舌尖后音、舌叶音、舌面前音、舌面后音、小舌音。舌尖前音的发音部位在各著作中的描述不统一。上齿龈和上齿背的距离十分接近，且舌尖是有一定厚度的可延展可弯曲的灵活度高的软组织，因此各著作对于舌尖前音的描述没有统一性。舌尖前音的发音方法是舌尖抵住上齿背和上齿龈之间，即发舌尖前音的时候同时接触了上齿背和上齿龈。鼻音发音方法与实际发音可进行补充，因而发鼻音的气流流向极大的可能是小部分气流从口腔溢出，绝大部分气流从鼻腔通过，在鼻腔产生共振。由于硬腭面积较大，发音部位的定位更准确，因而舌尖后音的描述基本一致。众学者对于舌叶音的描述都较为一致，持舌叶音是舌叶与前腭配合节制气流而发音的观点。但是，在日常词汇的使用中，人们对硬腭和软腭这两个名词更为熟悉，极少有前腭的称法。人体口腔解剖学层面上来说，亦是表达为硬腭和软腭，没有前腭这一类专业名词。因而，前腭的部位命名仅仅在语言学领域中使用。舌面前音的发音部位和发音方法的表达在各著作中存在差异，对硬腭部位出现了前中后的划分。舌面后音中的舌面后部即为舌根的位置。小舌是语言领域中的独特名称，它的实际部位并不在舌体，而是软腭后部的悬雍垂。

参考文献

［1］高英茂，柏树令.人体解剖与组织胚胎学词典［M］.北京：人民卫生出版社，2019.

［2］黄伯荣，廖序东.现代汉语［M］.北京：高等教育出版社，2017.

［3］李国俊.舌下空腔及气流通道——影响舌尖前、舌尖后及舌面前、舌叶音发音的其他两个因素探讨［J］.

考试周刊 . 2011，（34）：34-36.

［4］凌锋 . 舌冠擦音的发音部位［J］. 民族语文 . 2012，（5）：44-48.

［5］罗常培，王均 . 普通语音学纲要［M］. 北京：商务印书馆，1957.

［6］马学良 . 语言学概论［M］. 武汉：华中理工大学出版社，1990.

［7］麦耘 . 对国际音标理解和使用的几个问题［J］. 方言 . 2005，（2）：168-174.

［8］冉启斌 . 关于舌尖前音的发音［J］. 汉语学报 . 2010，（2）：89-94.

［9］叶斐声，徐通锵 . 语言学纲要［M］. 北京：北京大学出版社，1997.

［10］张慧丽，段海凤，陈保亚 . 腭音与腭化音［J］. 语言研究 . 2018，（1）：54-62.

［11］朱晓农 . 说鼻音［J］. 语言研究 . 2007，（3）：1-13.

［12］朱晓农 . 语音学［M］. 北京：商务印书馆，2010.

作者简介

何春霞（1993—），女，硕士研究生，广东技术师范大学民族学院，研究方向：中国少数民族语言与汉语方言。E-mail：2296647416@qq.com。

不文明语言能让人更受欢迎吗？

郑晶润

（上海海事大学，上海，201306）

【摘要】 众多周知，不文明语言属于非主流文化。它会拉低说话人的形象，伤及听话者的自尊。从这个角度来看，它理应退出历史的舞台。但现实情况是不文明语言不仅没有消失，反而有一定的市场和受众。那么，我们到底可不可以使用这种话语呢？不文明语言究竟会不会让人更受欢迎？这篇文章基于这两个问题做了探讨。首先，用语言学家韩礼德的语言元功能理论来分析不文明语言的人际功能，表明一定程度上它会使个体增强在群体中的身份认同感。接着，使用 AntConc 这个语料库软件分析美剧《实习医生格蕾》Alex 的台词。探析不文明语言为什么会出现在具有影响力和导向性的影视作品中。最后，从伦理与国民素质的角度出发，我们不主张、不提倡使用这种不文雅的语言。

【关键词】 不文明语言；韩礼德；元功能理论；AntConc

一、引　言

不文明语言作为语言的一部分，同样是人们交流的一种工具，存在于众多国家之中，充斥着民众的生活。似乎我们认为教育水平较低的人比较偏爱它。其实不然，教育水平较高的人也同样可能会说不文明的语言。只是频率和程度有所不同。

关于可不可以说不文明语言。根据生活经验，我们知道因其过于粗鲁，大多数情况下会引起他人的不满和反感。一个比较有趣的现象是，部分人在实际应用中（尤其通过网络交流时）会对脏话稍加处理。比如 MMP、TMD、OJBK、MLGB，采用这种汉语拼音首字母缩写的方式。这样可以削弱脏话的直观性，同时也降低了脏话的冒犯性。"处理脏话"从一定程度上说明，人们在潜意识里赞同不文明语言是不入流的，是不应该使用的。

关于说不文明的语言会不会让人更受欢迎。抛开其他，我们可以先用马克思唯物主义观来看这个问题。在一定的范围内、一定的条件下，此种语言确实能让人更受欢迎，韩礼德语言元功能中的人际功能可以说明这一点；但超越了特定的范围和条件，不文明语言会起到相反作用，使说话者受到排斥。

二、研究方法

关于对不文明语言的研究，前人多在语言学理论框架的指导下进行分析，鲜有从语料库的角度思考。因此本篇文章从两个方面来尝试说明不文明语言是否能让人变得更受欢迎这个问题。一是借用韩礼德系统功能语言学的元功能理论：概念功能、人际功能和语篇功能。其中选用了概念功能和人际功能。另一个是借用语料库软件 AntConc。以系列美剧《实习医生格蕾》Alex 的台词为语料。

三、不文明语言的定义及分类

"网络不文明用语指的是在网络交际空间产生的，具有粗鄙性和低俗性的主要用于对他人进行讥讽、诋毁甚至侮辱谩骂的不文明的言语"（王瑞敏，2021：54）。基于此，本文所指的不文明语言是指具有冒犯性、侮辱性、非正式的话语。包括脏话、粗话和咒语。

根据功能对不文明语言进行划分可以理解一些现象，具有别样意义。

第一，用来表达痛苦、不快等情绪的不文明语言，语言是人类沟通交流的工具，同时也是人类表达感情的有力方式。生活中不可能事事顺心顺遂，人类在愤怒与绝望时需要宣泄。相比于文明的语言，不文明的话语有其独特之处，能满足这一情感需要。它形式简短，多为爆破音和感叹句，输出时自然有利于获得快感。比如：你真气人。你真他妈气人！What are you doing？ What are you fucking doing？"他妈"和"fucking"作为插入语分别置于汉语和英语的句子中间，语气明显加强。在这种情况下，说话人有时把脏话作为一个整体的语言符号，意不在强调其字面含义，也无针对说话对象。人情绪的变化为不文明语言提供了沃土。

第二，用来寻求身份认同时说的不文明语言。像俗语"物以类聚，人以群分"所表达的一样，社会上存在形形色色的群体，特定的群体在一定程度上具有排他性。社会上的边缘人物，他们借用这种语言来表达对现实生活的不满。群体里的成员通过脏话粗话来增加身份认同感，"抱团取暖"。社会里的不公平为不文明语言的产生提供了机会。

第三，用来攻击他人，贬低他人，咒骂他人的不文明语言。比如"搞破鞋"，用来形容人行为不检点，说话者试图用这句话强烈谴责听话者，使对方难堪，侮辱性很强。例如："go to hell"。在西方一些国家，很多人信仰基督教，基督教里有天堂和地狱之分。天堂是充满欢乐的，只有一切听从上帝安排的人去世后才能升入天堂。而地狱是令人毛骨悚然的，作恶多端的人死后就要被打入地狱。"go to hell"这种咒骂性的不文明语言伤害性很大。

四、从韩礼德元功能理论来分析不文明语言

"韩礼德是一位既重视系统的概念又重视功能概念的学者，其功能语法思想的主要观点之一是语言的元功能思想"（孙迎晖，2006：99）。本章节主要从韩礼德的概念功能、人际功能来分析不文明语言存在一定市场的原因。

（一）概念功能

"语言是对存在于主客观世界的过程和事物的反映，这是'经验'功能，或者说关于所说'内容'的功能。"（胡壮麟，2017：13）胡壮麟把韩礼德的概念功能转述为"观察者"的功能，即说话人对主客观世界的观察。这里以电视剧《亮剑》为例，李云龙是个疾恶如仇的人，虽没有文化但战场上天赋极强。李云龙的语录"他奶奶的""小兔崽子""放你娘的屁""老子"，看似不文明，但却使这个角色有血有肉，使这个人物更有魄力。战乱至极，人民蒙难，承担着巨大的压力。危难时刻，不文明的脏话粗话也是当时人们对外部世界经验的体现。

"由于影视中的脏话与社会公众一般不构成直接的交际关系，基本不涉及一般公众的直接利益，人们一般不会对这些语言提出批评。但这并不代表这些言语行为就是我们所接受的或容忍的。"（邵长忠，2009：25）需要注意的是，我们应该用正确的态度对待影视中的不文明语言。

（二）人际功能

"语言是社会人的有意义的活动，是做事的手段，是动作，因此它的功能之一必然是反映人与人之间的关系……这个元功能称之为'人际'（interpersonal）元功能。"（胡壮麟，2017：13）胡壮麟把韩礼德的人际功能转述为"闯入者"的功能，即向他人灌输自己的思想。仵兆琪，陈婷采用问卷调查的研究方法探讨了重庆大学生使用不文明语言的情况。结果显示"有13.16%的大学生在与朋友交往时使用脏话，16.67%的人认为脏话用于社交能加深友谊"（仵兆琪，陈婷，2020：50）。罗艳娟（2014）分析了大学生讲不文明语言的构词特点和语用特点。发现，他们在有家长或老师在的地方、比较注重自己的形象。而在宿舍、贴吧、论坛之地说不文明语言。宿舍、贴吧和论坛多为年轻人的聚集地，一定程度上的不文明语言能引起共鸣。

大学生是有辨识力且接受了高等教育的青年，本应规范用语，为何有时并非如此呢？原因他们尝试用此种方式增强个体在群体中的身份认同感。这体现了不文明语言的人际功能。是他们尝试增强个体在群体中的身份认同感的一种方式。

五、用语料库工具对不文明语言进行分析

以美剧《实习医生格蕾》第5季中 Alex 的台词为语料，使用 AntConc 这个工具进行词频分析。导入文本，生成 Alex 的台词词表，结果显示共 1276 个词形。逐一分析，筛选出其中的不文明话语（见表1）。

表1　Alex台词中的不文明语言及出现频次

序号	词形	频率（次）	总计
1	crap	17	17
2	ass+assess	9+2	11
3	screw+screwing+screwed	3+3+3	9
4	hell	8	8
5	suck+sucks+sucked	2+2+1	5
6	idiot	3	3
7	stupid	3	3
8	damn	2	2
9	bitch	1	1
10	bastards	1	1
11	共计60次		

　　第五季 Alex 所有带有粗鲁性的话语总计出现 60 次，是个很高的频率。首先，《实习医生格蕾》第 5 季时（共 24 集），Alex 还只是个第二年的住院医生，和主角 Grey 的关系也没有升温，戏份不多，但平均每集都会有 2.5 句粗话。其次，根据 Antconc 计算出来的词表，可看出出现超过 20 次的共有 63 个单词（见表 2），这 63 个单词多为代词、冠词、介词、连词等没有实际意义的功能词。作为一部医学电视剧，和医学相关的单词"surgery"才出现 23 次，而 crap 都已经出现 17 次之多。

　　电视剧作为大众传媒的一种方式，具有广泛的影响力。那为何还使用不体面的脏话呢？岂不是误导观众？其实，一方面是为了满足塑造人物性格的需要。另一方面，艺术来源于生活，不文明语言可以使剧作更贴近现实，拉进观众和艺术的距离。从这两个方面来讲，它在一定程度上是受欢迎的。

表2　Alex台词中出现超过20次的词汇

序号	词形	词频（次）	序号	词形	词频（次）
1	you	352	33	can	40
2	I	325	34	know	39
3	the	209	35	my	39
4	to	157	36	have	36
5	a	155	37	all	35
6	it	131	38	okay	35
7	and	111	39	are	34
8	that	96	40	uh	34
9	what	87	41	was	34

续表

序号	词形	词频（次）	序号	词形	词频（次）
10	we	80	42	think	32
11	me	69	43	do	31
12	is	65	44	now	30
13	she	65	45	right	29
14	up	63	46	Dr（Doctor）	28
15	your	62	47	want	28
16	not	61	48	about	27
17	he	60	49	here	27
18	in	60	50	out	27
19	this	60	51	his	26
20	on	57	52	Iz（Izzie）	26
21	for	53	53	look	26
22	of	53	54	need	25
23	with	52	55	good	24
24	just	50	56	guy	24
25	but	47	57	him	24
26	be	45	58	no	24
27	so	45	59	surgery	23
28	don't	44	60	there	23
29	gonna	43	61	yeah	23
30	her	42	62	or	20
31	like	42	63	an	20
32	if	41			

六、结　论

　　不文明语言具有很大的负面影响这是一个不争的事实。因其具有污蔑性，它可能会摧毁听话人的自尊心与自信心；因其具有冒犯性，它会激起听话人的怒气。本可小事化了，却变成了小事化大。进而恶化人与人之间的关系，不利于构建和谐社会。但正如哲学上所说的"存在即合理"，不文明语言的存在也是有原因的。首先，本文认为不文明语言的产生与社会禁忌、社会不公平，人的生理特点（即情绪上的喜怒哀乐）有关。只要这三个方面不消失，脏话可能也不会消失。其次，不文明语言同样具有概念功能和人际功能。脏话的人际功能表现在：在一定的群体中、合适的场合下，说脏话会快速拉近人与人之间的距离。最后，不文明语言也体现了语言的丰富性与多样性。世界上有形形色色的人，不同的人有不同的经历，不同的经历会造成不同的性格，不同的性格会说不同的话。脏话粗话咒语作为语言的一部分也不可能被剔除出去，就像老鼠虽然是害虫，但它的灭绝也会对整个生物链造成影响。

社会存在禁忌，是糟粕可抛弃；社会不公平，可拿起法律的武器来维护自己的权益；感到愤怒与痛苦，可通过其他途径宣泄；任何情况下，不文明语言绝非是唯一的宣泄方式。从国民素质的角度考虑，它存在虽有其原因，但是我们并不提倡。

参考文献

［1］胡壮麟，朱永生，张德禄，李战子.系统功能语言学概论［M］.北京：北京大学出版社，2017.

［2］邵长忠.语言伦理观念的转变：英语原声影视中脏话的作用［J］.山东外语教学，2009（6）：23-27.

［3］孙迎晖.论韩礼德的元功能思想［J］.河北大学学报（哲学社会科学版），2006（1）：99-103.

［4］王瑞敏.文化软实力视域下网络不文明用语的影响与治理［J］.西南交通大学学报（社会科学版），2021（2）：53-59.

作者简介

郑晶润（1998—），女，上海海事大学硕士研究生，研究方向：外国语言学及应用语言学。E-mail：zjr2638905528@163.com。

高水平应用型人才培养满意度研究及对策性分析*

朱武汉　　金自争

（浙江外国语学院，杭州，310023；杭州市金都天长小学，杭州，310000）

【摘要】我国应用型本科院校以高水平人才培养为目标的培养状况的学生评价有所不足。因此，本研究以习近平的"高水平人才培养体系"为参照点，从学生的角度设计高等教育质量满意度调研问卷，并以某地方应用型高校英语专业大三学生为研究对象进行调查。研究结果表明：学生总体上对培养的实施比较满意，这与该校近年来实施的一系列高水平人才培养措施特别是教学体系建设是分不开的；然而，学生对培养期望值显著高于满意度，他们对思想政治工作培养的期望值和满意度相对较低。研究还进行了对策性分析，特别建议要加强应用型人才为目的过程培养，以期对应用型本科院校的高水平培养体系建设和评价提供参考。

【关键词】应用型高校；高水平人才培养体系；学生满意度和期望值；对策性

一、引　言

党的十九大报告中习近平总书记指出："人才是实现民族振兴、赢得国际竞争主动权的战略资源。教育是培养人才的基础。当前，党和国家事业发展对高等教育的需要，对科学知识和优秀人才的需要，比以往任何时候都更为迫切。我国高等教育必须牢牢把握新时代对人才培养的新要求，形成高水平的人才培养体系。"人才培养体系目的就是落实立德树人根本任务，培养德智体美劳全面发展的社会主义建设者和接班人，2018 年总书记在北京大学师生会上再次强调指出："目前我国大学硬件都有很大改善，有的学校硬件同世界一流大学比没有太大差别了，关键是要形成更高水平的人才培养体系。"这说明，高水平人才培养体系建设及高水平人才培养目标的达成是高等学校在新时代要解决的重大任务，是实现中华民族

* 本文系教育部人文社会科学研究规划基金（项目编号：18YJA740072）部分研究成果，同时是浙江外国语学院教学改革项目《英语课堂教学质量评估体系与机制研究》阶段性成果。

伟大复兴中国梦的迫切需要。作为高教体系重要组成部分的应用型大学，同样需要建设高水平的人才培养体系，从而培养高水平的应用型人才，这就需要抓住契机，遵循总书记关于高水平人才培养工作的重要要求，从更高的站位，在教学理论研究和改革创新上做好工作。

基于上述因素，本文以"顾客满意度"理论为指导，对应高水平人才培养目标构建一个学生满意度模型，探究某地方应用型高校英语专业的学生对高水平人才培养体系的五个因素的期望值和满意度，并针对研究结果中所反映的培养问题进行探讨并提出对策，为应用型高校的高水平人才培养体系构建提供建设性的参考和良好的反拨作用。

二、理论基础和研究框架

到目前为止，教育部开展了全国四轮一级学科整体水平评估和高校审核评估，高等教育评价成为高校乃至社会的热门话题，这是高等教育发展到一定阶段的必然选择，与世界高教发展潮流是吻合的。在西方，高等教育评价已历经上百年的发展，基本形成了与本国社会基本制度相一致的三种主要评价模式：由政府控制评价的整个系统和各个环节的法国集权模式，由政府建立中介性的质量评价机构并对校外质量评价实施再评价的荷兰的指导模式，以及主要依靠民间评价机构来进行美国的政府与民间合作模式（马苹，2016）。

对照国外发达的高等教育评估体系，我国高等教育评估工作存在着评估主体单一等问题，鉴于此，马苹（2016）认为我国的高等教育要建立适合国情、具有特色的以自我评价为基础、第三方评价为核心的多元化高等教育评价体系。其中学习借鉴发达国家特别是美国的经验，让学生参与教学体系的评价尤为重要。

国外大学生满意度调查是教学评价的重要手段，尤其是发达国家，其高等教育市场化程度很高，学生满意度研究就是基于高度发达的市场经济制度下的产物，是在市场经济消费者理论的基础上构建起来的，很多高校评测研究都从学生满意度为切入口进行剖析。如早期的一些实证研究探究满意度高低是否与评价主体学生和评价对象教师有着密切的联系，其中，麦吉奇（Mckeachie，1979）的相关研究表明学生的性别对课堂成绩以及教师的期望值对他们的评价结果有一定程度的影响。费尔德曼（Feldman，1986）通过实证研究发现学生更倾向对有热情、带动性和感染力较突出的这类个性特征的教师给出高分，这说明了教师的个性特征也会影响学生对于教学质量的评价。

20世纪90年代末，美国高校教育质量学生评价体系开始逐步建立。在美国营销学家罗伯特·劳特朋（Robert F. Lauterborn）顾客满意理论的影响下，学者们如 Schreiner 和 Juillerat（1994）研制了《大学生满意度量表》并付诸实践，使之成为美国全国大学生满意度调查的权威量表，也使得大规模的教学评价成为可能。在此基础上，其后的满意度研究在评价维度上不断拓展，如 Kolitch 和 Jean（1999）认为学生评教的维度应为教师教学行为、课程的组织安排、学生成绩评定和师生关系等四个维度。而美国教育考试中心制定的学生评价教师教学问卷由以下维度组成：课程组织和计划、教师表达、师生互动、作业，考试和评分、教学方式和教学材料、课程成果、学生努力、课程难度，作业负担和课程进度。这些评价体系得到了广泛的应用，收到了明显的效果，成为提高高校教学质量的有效手段。

对高校学生满意度的研究很快为中国高等教育研究界所采用，徐卫良和黄忠林（2005）将高校学生满意度界定为学生对高等学校的感知效果与他们对学校期望值相比较后所形成的感觉状况。尤海燕（2005）通过对不同批次大学生满意度的调查，发现学生的个人因素和学校因素是影响大学生满意度的主要因素。刘武和杨雪（2007）则建立了中国高等教育顾满意度指数模型（CHE-CSI），用以测量中国学生对我国高等教育的满意程度。张蓓和文晓巍（2014）基于华南地区 6 所研究型大学进行教育满意度模型实证分析。陈金平和赵静（2014）的"全面质量管理"理论和"以学生为中心"的教学观，认为提高教学质量首先就是要重视对学生的研究，了解学生对课堂教学的满意度。还有不少研究对地区，不同专业和不同类型的高校的学生满意度进行了研究（如常媛、吴景松，2017；蔡晨光，2018；等）。

综合现有的国内外研究，我们发现，国内外的教学评价发展至今已取得很多成果，但比较侧重于对课程和课堂的评估，尤其主要集中在了解课堂教学影响因素的复杂性上，对于学校所提供的学习和学术资源领域及其他教学体系构成要素涉及较少，更没有落实到习近平总书记所强调的高水平人才培养体系所包含的学科体系、教学体系、教材体系、管理体系以及贯通在上述四个体系中思想政治工作体系等五个体系进行一体的研究（如图 1 所示）。同时，国内现有的此类研究对大学的类型特色如研究型大学、应用型大学、高职高专院校的学生满意度研究，没有严格的区分讨论。因此，探索以培养德智体美劳全面发展服务于社会主义建设者和接班人为目标的高水平人才培养体系的学生满意度，从而为该培养体系提供建设性的参考，这对应用型高校更好地落实新时代的教育使命，培养高素质的人才是十分必要和有意义的。

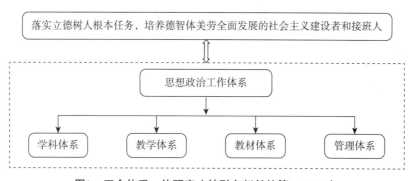

图1　五个体系一体研究（转引自赵长林等，2019）

三、研究设计

（一）研究目的和问题

本文旨在设计一个学生满意度调查表，调查以高水平人才培养为目的的大学人才培养体系的学生满意度，从而对高水平人才培养提供启示，研究问题如下。

（1）学生对思想政治工作体系、学科体系、教学体系、教材体系和管理体系这五大培养状况的总体期望值和实施的满意度如何？

（2）学生对这个五个评价体系的具体指标期望值和实施的满意度如何？

（3）这些期望值和满意度的匹配度如何？

（二）研究对象

本研究对象为华东地区一所应用型本科院校，由于语言文学专业是该校的主要专业之一，所以我们选取英语专业学生三年级学生作为研究对象，因为他们已经基本完成了培养方案中的各类课程，也参与了一定的社会实践和见习，对学校和所学专业有较为全面的了解，因此更具有话语权和代表性。最后，符合条件的研究参与者共91人，其中男生6人，女生85人，本省51人，外省40人，符合地方院校和英语专业男生少、女生多、本省籍的学生居多的特色。

（三）研究工具

本研究主要采用问卷调查的形式，问卷由三个部分构成。第一部分介绍了该问卷的研究目的和填写的方式，被调查人被告知匿名参加，研究不涉及学业成绩的考评，从而极大地保证了他们参与的积极性及真实想法的流露，从而保证了问卷的有效性。第二部分主要是就参加者的性别和来源地进行了调查。第三部分是本问卷的主体部分，包含了29道客观题和一道主观题，客观题主要对应高水平人才培养的五大体系的概念（赵长林等，2019）并契合于学生在培养过程中关心的问题（赵国杰、史小明，2003）：问题1～2对应思想政治工作体系；问题3～5对应学科体系，主要涉及对人才培养的贡献度；问题6～15对应教学体系，主要涉及培养方案的质量、教师与教学资源、教学质量监控体系方面的问题；问题16～18对应教材体系；以及问题19～29对应管理体系。然后，采取里克特等级度量法（Likert Scale）对每个问题分别按重要程度和满意度进行赋值，其中1代表非常不重要/非常不满意、2不重要/不满意、3重要/基本满意、4比较重要/比较满意、5非常重要/非常满意。最后，第30题是一个开放的问题，请学生对上述问题调查进行适当的补充，就这个问题，我们还任意抽样了5名同学进行访谈。

（四）数据收集与分析

本研究采用便利整群抽样（convenience cluster sampling）进行调查，利用上课的时间对全年级的学生发放了问卷，这样提高了被调查者的重视程度，保证学生能够高质量地、尽可能多地参与到调查当中。结果共回收问卷 95 份，回收率为 91%，剔除其中 4 份无效的问卷，供 91 份合格问卷供本研究数据分析之用。

数据收集完成之后，我们对回收的问卷首先进行了信度和效度的分析。经 SPSS 分析，学科体系和教材体系的 Cronbach α 系数在 0.7 ～ 0.8，其他三大体系的系数均在 0.8 ～ 0.9，问卷的整体系数达到 0.943。所以本问卷的可靠性很高，具有较高的信度。其次，进一步分析表明该问卷的 KMO 取样适切性量数为 0.707，适合做因子分析，各体系的平均数与问卷总平均数之间存在的相关度，均明显高于因子之间的相关度。这说明各体系内部具有相应的独立性和贡献度，从而表明该问卷具有较好的内部结构效度。

四、研究发现和讨论

（一）研究发现

对学生的问卷分析表明，学生对教学体系的期待值最高（4.54），管理体系次之（4.49），其次是学科体系（4.35），再其次是教材体系（4.12），最后是思政体系（3.79）。而对于 5 个体系实施的平均满意度分析表明，学生对于教学体系满意度最高（3.69），其次是教材体系的（3.68），再其次是管理体系（3.63），最后是思政体系（3.47）和学科体系（3.47），这些数据表明，学生对于五大培养体系的满意度排列顺序与期望值排列有了一定的变化。

利用 SPSS 进一步分析，学生对教学质量具体指标期待值和满意度比较结果展示如下。

表1　教学质量具体指标期望值和满意度比较

题号	期望值		满意度		配对检验显著性（双尾）
	平均值	标准差	平均值	标准差	
1	3.70	0.999	3.49	0.939	0.021
2	3.88	0.872	3.44	0.913	0.000
3	4.29	1.265	3.44	1.375	0.000
4	4.33	0.734	3.80	0.962	0.000
5	4.44	0.809	3.16	1.170	0.000
6	4.32	0.872	3.40	1.166	0.000
7	4.76	0.587	3.77	0.983	0.000
8	4.49	0.89	3.87	0.984	0.000

续表

题号	期望值		满意度		配对检验显著性（双尾）
	平均值	标准差	平均值	标准差	
9	4.62	0.801	2.90	1.47	0.000
10	4.61	0.631	3.93	0.864	0.000
11	4.58	0.599	4.16	0.826	0.000
12	4.68	0.615	3.76	0.996	0.000
13	4.72	0.581	3.56	1.284	0.000
14	4.50	0.658	3.92	0.890	0.000
15	4.14	0.906	3.66	0.996	0.000
16	4.52	0.622	3.59	0.982	0.000
17	4.20	0.864	3.78	0.858	0.000
18	4.46	0.692	3.68	1.110	0.000
19	4.47	0.674	3.80	0.927	0.000
20	4.44	0.781	3.83	0.864	0.000
21	4.50	0.64	3.71	1.144	0.000
22	4.48	0.657	3.66	1.196	0.000
23	4.40	0.684	3.74	1.034	0.000
24	4.55	0.603	3.57	0.984	0.000
25	4.47	0.796	3.30	1.096	0.000
26	4.58	0.687	3.60	1.068	0.000
27	4.42	0.703	3.82	1.001	0.000
28	4.51	0.797	3.22	1.252	0.000
29	4.53	0.674	3.67	1.039	0.000

　　如表 1 所示，对于 29 个具体高水平人才培养的具体表述题项，学生的期望值总体都比较高，只有两项期待值在 4 分以下，即思政课程体系，但最低值 3.70 也超过了中位值 0.7 个点。其中有 13 个指标的期望值达到 4.5 以上，几乎所有的教学体系的期望值都在其中。数据还表明，几乎所有题项的标准差分值都在 1 以下（第 6 项除外），最低的标准差只有 0.581（第 13 项）这说明，学生们对于各题项的期望值比较一致。

　　相对于被调查者对高水平人才培养各个题项具有很高的期望而言，除了题项 11 即教学的专业和研究能力得分为 4.06 比较满意外，学生对于各个指标的是基本满意的，有 27 个指标值在 3 和 4 之间，只有题项 9 关于参加融合学生的满意度值是 2.80 即不太满意。而且，对于各项指标调查的标准差表明，有着一半左右的标准差在 1 以上，最小的标准差值也达到了 0.826，几乎所有的值都大于相应的期望值的标准差，这说明，学生们对于各个题项的满意度认识与他们的期望值相比有着一定的分歧。

配对测试表明，除了题项 1 以外（P=0.021 ＜ 0.05），其余各题项期待值和满意度的均值的显著性 p=0.00 ＜ 0.001，这说明，学生对于培养体系的满意度都比期望值显著性地低。

（二）讨论

总体而言，学生对高水平人才培养的五大体系的总体期望值还是比较高的，这说明了学生总体上对高等教育高质量的渴求，同时，学生对五大体系的满意度表明（满意度都在 3.47 以上），该校作为东部发达省份的学校，其以高水平应用型本科教育为目标的建设成绩还是基本令人满意的。然而，研究也表明，学生对这五大体系的实际满意度与他们的期望值有一定的距离，甚而每个指标的期望值和满意度达到了统计学意义的显著差异，这说明该校人才培养体系还不能完全满足学生接受良好教育的要求。从大处来说，正如十九大报告指出，我国社会主要矛盾已经转化为人民日益增长的美好生活需要和不平衡不充分的发展之间的矛盾，人民对高等教育的高要求是一种发展的需要，是基于生存需要和发展需要的更高层次的需要。所以，这就需要高等教育应该按照十九大报告加快一流大学和一流学科建设，实现内涵式发展，办好人民满意的新时代高等教育。相比较其他培养体系，学生对学校思想政治工作体系的期待值和满意度都是最低。就期待值的结果而言，这说明学生对思想政治工作体系的关注和认识不够，对高校的思想政治工作缺乏必要的高期待，没有充分认识到立德树人在高等教育中的核心作用，没有充分了解高校教育应该是以德育为首，思想政治工作应当统领整个人才培养体系并贯穿人才培养全过程。此外，学生对于该体系的培养满意度也相对较低。结合具体指标的调查研究，马列、毛概等思政课程尚不能完全达到与学生期盼程度相当与时共进的程度，所开设的课程不够实际或与专业课程贯穿，在专业教学中课程思政落实得还不够充分，不够达到与专业的高度融合，不能充分吸引学生的兴趣和注意。这些问题，在其他高校也会存在，这就需要高校首先要加强高水平人才培养目标的宣传工作和解释工作，切切实实让学生认识到自己将来要成为社会主义接班人这一崇高的培养使命。

值得注意是，相比较于期望值，学生对思政工作体系的满意度还是有了一定程度的上升，这也说明，该校的思政工作还是取得了一定的成功，访谈结果表明，学生对该校的一些思政教学活动是比较满意的，如特别全校开展组织"青年学子学习近平"活动、在游园活动中设置相关政治思想问答关卡，挖掘身边符合社会主义核心价值观的正能量的人或事，用发生在我们周围的事例作为榜样，这样激起了学生们的共鸣和认同感。

在五大培养体系中，学生对教学体系的重视程度最高，这也体现了社会的普遍共识，即教学是大学之所以为大学的基石，离开了教学，大学也就失去了"根"和"本"（孟繁华，2018）。而对该校的教学体系的满意度也最高，这与该校正在大力落实国家的"双一流建设"，英语专业成为国家首批一流专建设专业等成绩是分不开的。具体调查数据显示，学生对教师的专业能力（学术研究能力）最为满意（4.16），说明该校老师在教研学术研究方面较为突出，同时，该校学生对于学校的课程建设和教学改革工作也是满意的，这与该校重视培养方案的制订和宣传是分不开的，学校对照各专业的《国标》及专业认证要求，多次围绕培养方案的制订召开专题研讨会，要求将培养方案作为给学生大学教育"系好第一粒扣子"的高度来重视，明确了培养目标、培养规格、学制与学分以及学位的关系、课程体系等，同时，该校正在利用通过精品在线开放课程、全外语课程、国际化课程等多元化建设项目，积极构建校级、省级、国家级 3 个层次的课程建设和培育体系，不断推进"金课"建设。这些措施的直接结果是学生对培养方案中的通识课程、专业核心课和方向课的设置、教学资源和教学质量的监督基本上还是满意的。

然后，就第 9 项调查结果而言（2.90），学生对于产教结合是不太满意的，学校的培训计划和实践课程不能很好地满足学生的实际需要。而国家对于应用型高校特别要求，要保障学生实践教学评价体系的科学性和有效性，要加强校外实践基地建设，积极推进校企合作。实践基地必须与专业对口，管理制度健全完善，注重学生的实训或实习。采用跟踪、监督检查的方式，并且在实训或实习结束后及时从实践基地获取相关的信息反馈。这在高校以后的教学实施过程中是要注意的。

相比于教材体系的期望值而言，学生对于教材体系的满意度有了一定的提升，受中学教学模式影响，学生在入校时对于教材的选用原则不是非常清楚，他们想当然的认为，教材是上级部门规定好的，是教育部制定的，没有什么选择性，所以期待值不高，然而，经过了三年的教学后，学生基本上对于教材体系是满意的，特备是对于学校教师自编的教材和新形态教材比较满意，认为学校能够合理设置课程体系、分类制订课程标准、整体设计教材，教材思想性建设和学科内容兼具时代特色和权威性，符合当地教育水平和教育特色以及用人单位的要求，有助于学生融会贯通。

在五大体系中，学生对于学科体系的期望度排名第三，然而，经过了三年的实际教学后，他们对该校的学科体系建设的满意度排名垫底。赵长林等（2019）指出，衡量学科体系建设水平要坚持以对人才培养的贡献度为唯一标准，对于应用型本科高校而言，其学科水平应体现为产教融合的深度，对区域行业产业关键技术需求的满足度，对应用型人才实践创新能力培养的支撑度。作为一所以文科外语见长的学校，学校虽然早已提出要以服务地方经济社会发展为己任，但是如何使得人文和外语学科和产教融合，增强学生应用型技术技能型人才和就业创业能力，使得学校更好地服务于区域经济社会发展，这是该校也是所有应用型高校要着重思考的。

最后，就管理体系而言，学生对它的期望值比较高，而经过三年的培养，学生对于它的满意度排名下降了一位，这一方面说明，学生对于自己所在学校的管理体制和保障机制是非常关心的，这与他们直接的学习环境有关。特别是学校开展"最多跑一次"改革以来，学生对于公平合理的学生奖惩制度、行政管理人员、图书馆和医疗服务能提供及时高效的服务还是感到满意的，然而，由于该校正处于校园改造当中，校园环境难以避免地有一些混乱，学生的住宿环境难免有一些差强人意的地方，正如教育家们指出，校园建筑、文化生活、校风、人际关系是大学的"隐性课程"。我国大学校园生活的现状在质量、规模上与国外大学的校园生活相比处于下风阶段，而应用型高校普遍起步较晚，加强学校的硬件建设，提升校园的文化氛围和治理能力建设迫在眉睫。

五、结论和建议

本文以习近平总书记要求的培养"高水平的人才"目标为参照点，构建了一个"高水平人才培养体系"的学生满意度问卷，对一所应用型大学的英语专业的学生进行了调查和分析，研究结果验证了胥明亮（2018）所指出的我国高等教育还不能完全适应经济社会发展和人民群众（学生）接受良好教育的要求。鉴于此，我们应当要构建高水平人才培养体系作为一项基础性的建设来抓，总体说来，按照孟繁华（2018）年提出的建议，即加强建设思政工作体系这一育人之魂，将学科体系建设作为立校之本强教之基，完善教学体系这一教学之要建设，将教材体系作为大学的善治之道进行建设，优化管理体系建设，这是一个善治之道。

本研究虽然是针对一所应用高校开展的，数据也许不够全面，但其中存在的一些问题和取得的经验也是具有共性的，为高校尤其是应用型大学的教学质量提供了一个综合评价体系。它可以为我国高校今后的发展提供借鉴和应用，在未来的高水平人才培养体系建设中，我们首先要优化培养目标，围绕"为谁培养人"和"怎样培养人"的问题，牢牢把握立德树人这一根本任务并贯穿到整个培养过程中（焦扬，2020）。按照《教育部关于加快建设高水平本科教育全面提高人才培养能力的意见》要求，要形成高水平人才培养体系，就把本科教育放在人才培养的核心地位、教育教学的基础地位、新时代教育发展的前沿地位。这就需要完善质量评价保障体系，将人才培养水平和质量作为评价大学的首要指标，突出学生中心、产出导向、持续改进。

参考文献

[1] Feldman，K.A. The perceived instructional effectiveness of college teachers as related to their personality and attitudinal characteristics：A review and synthesis[J]. *Research in Higher Education,* 1986（24）：139-213.

[2] Kolitch，E. & A.V. Dean. Student ratings of instruction in the USA：Hidden assumptions and missing conceptions about goods teaching[J]. *Studies in Higher Education,* 1999（1）：27-42.

[3] Schreiner，LA &SL Juillerat. *The Student Satisfaction Inventory*[M]. Iowa City，IA：Noel-Levitz，1994.

[4] Mckeachie，W.J. Student ratings of faculty：A reprise[J]. *Academe*，1979（6）：384-397.

[5] 蔡晨光. 高校商务英语方向课程的学生满意度调查[J]. 北方经贸，2018（4）：144-155.

[6] 常媛，吴景松. 应用型高校 STEM 专业学生满意度实证研究[J]. 人民论坛·学术前沿，2017（21）：116-119.

［7］陈金平，赵静．基于学生感知的大学英语课堂教学实证研究［J］．上海理工大学学报（社会科学版），2014（03）：266-271.

［8］焦扬．推动"四个贯穿"构建高水平人才培养体系［R］．中国高等教育，2020.［2021-01-28］http：//www. cssn. cn/sxzzjypd/sxzzjypd_glgzyj/202005/t20200513_5127930. html.

［9］刘武，杨雪．中国高等教育顾客满意度指数模型的构建［J］．公共管理学报，2007（1）：84-88+125.

［10］马苹．推进多元化高等教育评价体系建设［R］．中国社会科学，2016.［2021-01-28］http：//soci. cssn. cn/kxk/llyff/201605/t20160531_3031740. shtml

［11］孟繁华．高校要构建高水平人才培养体系［R］．中国高等教育，2008.［2021-01-28］http：//theory. gmw. cn/2018-10/11/content_31644657. htm

［12］胥明亮．我国高等教育内涵式发展背景下英语专业的建设思路［J］．现代交际，2018（3）：152-154.

［13］徐卫良，黄忠林．以学生满意度为依据改进高等学校教学工作［J］．上海电机学院学报，2005（4）：73-75+78.

［14］尤海燕．不同批次大学生生活满意度影响因素的调查研究［C］．中国心理学会．第十届全国心理学学术大会论文摘要集，2005.

［15］张蓓，文晓巍．研究型大学研究生教育满意度模型实证分析——基于华南地区6所研究型大学的调查［J］．中国高教研究，2014（2）：64-69.

［16］赵长林，黄春平，韩丽华．高校建设新时代高水平人才培养体系：为何与何为？［J］．聊城大学学报（社会科学版），2019（1）：117-122.

［17］赵国杰、史小明．对大学生高校教育期望质量测度的初步研究［J］．西北农林科技大学学报（社会科学版），2003，3（2）：89-92

作者简介

朱武汉（1971—），男，浙江外国语学院英语语言文化学院教授，博士（后），研究方向：语用学、英语教学。E-mail：zhuwuhan@sina.com。

金自争（1999—），杭州市金都天长小学教师，研究方向：英语教学。E-mail：1007844353@qq.com。

高校跨文化交际课程作为通识教育的研究

何　进

（重庆对外经贸学院，重庆，402560）

【摘要】 新冠疫情减缓了全球交往的脚步，却无法改变全球化趋势，各国疫情措施的差异是中西文化价值观差异的外在体现，也是意识形态交锋的一种形式；为了促进各国在交往中相互理解、减少摩擦，提升跨文化交际能力是关键。未来面临对外交流场合的将不再局限于涉外相关专业的学生，因此高校应考虑开设跨文化交际课程作为通识课，并着眼于培养具有良好人文素养和国际视野、开放兼容且具有思辨能力的国际化人才。

【关键词】 跨文化；交际；通识教育；培养

一、引　言

近二三十年来中国的经济已经在全世界占有一席之地，对外交流的频率也大大增加，留学生数量遥遥领先，疫情前出国旅游人数也达新高，加之多国设有孔子学院，然而这一切都没能成功让世界更了解中国。不仅如此，一些西方国家对中国的误解和歪曲反而加深，这在疫情期间就有所体现。因此，加强中外有效沟通与交流，让世界了解中国、树立中国文化正面形象的任务仍然异常艰巨。

近年来，一线教师和专家们对如何培养跨文化交际人才做了大量研究，程晓堂等（2016）认为，国际理解能力和跨文化交流能力是 21 世纪公民的必备素养。马鑫等（2020）对国际跨文化研究的学科分布、期刊分布、时空分布、高被引文献进行了全面考察和分析；李战子等（2021）指出，跨文化交流课程的着力点应聚焦提升对刻板印象的认知，努力超越偏见和歧视，并结合后疫情时代的社会文化情境，讨论在教学中针对跨文化交流话语建构与传播的路径。其他学者对如何在大学英语教学中培养学生跨文化交际能力也进行了大量探究，但把跨文化交际课程作为通识教育研究的不多，该课题也有待进一步探讨。

二、跨文化交际失败的原因

朱勇（2018）认为，跨文化交际主要包括语言障碍、文化差异、个体差异和工作环境差异等类型。顾晓乐（2017）认为，本国或他国文化知识包罗万象，一般认为，跨文化交际冲突或误解多来自交际者风俗习惯、宗教信仰、历史地理、世界观、价值观、思维方式、行为规范等方面的差异。毋庸置疑，语言能力是跨文化交际能否成功的必备条件，然而，不管语言能力有多强，若不学习了解目的国的社会习俗、文化价值观等，则极易在对外交流场合碰触"雷区"，使得交往双方不知所措，小则伤感情，大则损害国家利益。

三、跨文化交际课程作为通识课的必要性

为顺应时代发展的需求，高校应培养具有国际化视野与人文素养的人才，让学生具有价值多元化、文化多元化的视野，用全球的眼光看待现实问题、思考当下国际局势，这一举措对于提升国家软实力的战略起着不可忽视作用。专业课程具有很强的知识性和技能性，它对接市场的变化，为职业做准备；而通识课无须学习具体技能，但要求了解不同文化与文明，具有基础性和全面性特点，培养的是看问题的思维和眼光，把跨文化交际课程作为通识课是对专业课程的有益补充，使其形成优势互补的有机组合。

新时代尤其是疫情后对于人才的需求必然是具备跨文化交际能力、具有灵活的思辨能力和创新能力的人才。北外胡文仲教授（1999）认为，跨文化交际学是一门多学科的学问，涉及人类学、语言学、心理学、社会文化学、民俗学等。他还指出，早在20世纪80年代中期，就有许多大学开设了跨文化交际的课程，且已有众多关于跨文化交际的著作和论文集出版。新冠肺炎疫情后，虽然对外交流脚步放缓，中国仍在各方面秉持开放兼容的态度，体现在"一带一路"国际贸易平台的活跃、渝新欧国际铁路联运大贯通、北京冬奥会的成功举办等。

中国提出"人类命运共同体"的构想，预示中国将拉开新一轮对外交流的帷幕。在此特定历史大背景下，跨文化交际能力成为必备素养，其特点也不再局限于外语学院的学生，因为，在未来，其他专业的学生在工作中遇到对外交流的概率会大大增加。因此高校应根据学生未来岗位的需求开设跨文化沟通课程、开展组织跨文化交流活动，让学生熟悉西方文化习俗及价值观念，避免文化冲突，不断摸索中西文化交融点，使跨文化沟通交流顺利进行，使跨文化交际课程作为通识教育的重要地位与价值得到具体体现。

四、灵活安排教材内容与学生自主学习相结合

高校把跨文化交际课程作为通识课的做法由来已久，袁西玲等（2010）很早就提出跨文化课程在通识教育中具有极其重要的地位与价值。马近远（2021）则认为，人文通识课程是培养理工科学生人文素养的关键途径，它能够促进理工科学生自身的和谐发展，形成合理的科技伦理观和完善的知识结构和思维方式。

传统做法是院校为某专业的学生选取一本或一套教材，安排一段时间的教学任务，学期末全体成员进行一次性末考。该做法的弊端是，每一本书或一套教材的侧重点不同，话题和内容有其局限性，比如胡文仲教授的《跨文化交际学概论》偏理论偏多一些，朱勇教授的《跨文化交际案例与分析》一书则以案例分析为主。或由于著作者个人认知或知识框架的局限，

使得所编图书缺乏某方面的广度或深度，因此院系应根据各专业情况规定哪些专业选何教材。抑或未必选含有"跨文化"字样的教材，比如历史、文化、文学、艺术、宗教等都是人文知识类，势必也包含跨文化知识。

院系在安排具体课程时可精准化加量化相结合，即小组为单位选择不同教材，缩短完成期限。学完后学生以报告的形式将章节内容向全班分享陈述，若教材所含价值内容多，可分几次进行小组陈述。如此在一学期或一学年内所学内容可增多，学生了解的知识也更全面，克服了教材单一的局限，最大限度地利用了时间和精力，提高了学习效率。但这样做的前提是学生需要很强的自主学习性，而归纳总结也是对学生能力的锻炼，同时教师需要安排、设计及监督，必要时应进行检测。

五、培养学生跨文化传播意识和能力

预见文化冲突，使个人交往、民间团体沟通、经济贸易活动得以顺利进行是对外交流活动的目标。首先要培养学生对异族文化保有好奇的态度，不以本民族文化价值观的标准预设或评判其他文化，同时对本族文化也常持质疑态度，具有批判性思维，努力克服民族中心主义。其次需意识到若想成功实现对外交流，需要学习一套新规则，克服思维定势，避免同质文化圈造成的心理障碍。学会观察对比，根据交往对象修正自己的言行。在交往过程中，从书本学来的知识需结合实际交往个体，并且克服刻板印象，比如我们常认定美国人都向往自由、法国人都很浪漫、德国人态度都严谨、日本人都勤奋，由此得来的印象套用在个体身上也会造成交流失败。最后，在对外交流中清醒地认识自己的文化身份，在文化反思的同时，塑造文化认同感，做到既能理解并接受异族文化，对自己的优秀文化传统持保留及分享的态度，并在西方中心主义的话语霸权下，实现从"文化折扣"走向"文化共鸣"。

六、教师在跨文化能力培养教学中的作用

学校总是围绕如何培养更符合社会需要的人才开展工作，而能否实现人才培养目标，教师的专业技能和素养起着决定性作用。

首先，教师若想在课堂上最大程度地发挥积极的引导作用，必须具备极佳的人文修养，对于跨文化体验，若教师本人并无更多亲身感悟，阅读书籍是首选途径。教师阅读的书籍需涵盖面宽、内容多，且需进行归纳总结、收集实例，这样在课堂阐释时例子才能信手拈来，树立授课自信。

其次，教师应树立文化自觉的观念，比起深入了解异族文化来，深刻了解本族文化更为重要。文化是某一特定时期社会环境在许多方面的投屏，文化背后有其深刻的原因及精彩纷呈的故事，这些都需要教师具有超强的储备，并存有文化自豪感，才不至于把自己及学生带偏，

同时也需避免民族中心主义。比如当了解美国文化属于关系特定文化，学生的成绩属于个人空间内的事，应保护其隐私；而中国学生的成绩和排名都会公布，且家长也不介意，这是属于关系扩散文化模式。教师应有能力解释这些现象及背后的深层次原因，讲解才能得心应手。

再则，近些年在跨文化交际教学中提倡文化教学与语言教学密切结合。即教师除了对语言技能娴熟外，还应提高文学、艺术涵养，比如西方国家的绘画多以人物为主题，体现人物的内心冲突、感情冲动，凸显戏剧效果，这是因为西方国家更重视个性与自由的文化特质；而中国画多以马、鸟、鱼、景等为主，更专注周遭事物及大自然。西方小说更关注个体做了什么、想得到什么以及感受如何；中国小说更侧重在大环境中人物的命运和遭遇等。

七、结　语

将跨文化交际课程作为通识课是时代的要求，也是提升中国文化软实力的关键。将跨文化交际课程作为通识教育课程可使更多的学生具有开阔的视野，能从人文角度关注自己与全局，以全新的视角看待问题，真正做到从人的思想深处塑造人。如此才能在对外交流场合做到微小处显风范，含蓄中彰显文化自信，达到最佳交流效果。教师更应提升文化责任感，培养跨文化交际意识，树立文化认同感和自豪感，发挥引导作用，帮助学生在对外交流的世界舞台贡献中华智慧。

参考文献

［1］程晓堂，赵思奇. 英语学科核心素养的实质内涵［J］. 课程·教材·教法，2016（5）：79-86.

［2］顾晓乐. 外语教学中跨文化交际能力培养之理论和实践模型［J］. 外语届 2017（1）：79-88.

［3］胡文仲. 跨文化交际学概论［M］. 北京：外语教学与研究出版社，1999.

［4］李战子，刘博怡. 后疫情时代的跨文化交流课程建设［J］. 外语教育研究前沿，2021（4）：64-69.

［5］马鑫，苏敏，李杰. 国际跨文化交际研究现状的文献计量分析（1998—2017）［J］. 外语教学，2020（1）：59-64.

［6］马近远，李敏辉. 理工科大学的人文通识课程构建—以《跨文化交际》为例［J］. 北京航空航天大学学报（社会科学版）2021（6）：126-132.

［7］袁西玲，崔雅萍. 美国经验对我国通识教育中跨文化课程建设与发展的启示［J］. 理论导刊，2010（6）：94-96.

［8］朱勇. 跨文化交际案例与分析［M］. 北京：高等教育出版社，2018.

作者简介

何进（1975—），女，硕士，重庆对外经贸学院讲师，研究方向：英语语言学及英语教学。E-mail：543138930@qq.com。

农业工程学科"双一流"建设中的JIT英语教学模式研究*

孙超然　彭才望　王勇乾　肖名涛

（湖南农业大学机电工程学院，长沙，410128）

【摘要】农业工程学科与工程科学与农业生物科学紧密结合和相互渗透，与国际研究接轨密切。为了提高农业工程学科的英语教学质量，提升农业工程"双一流"学科水平，本文探讨了一种 JIT（Just in time）形式的英语教学模式，通过分析 JIT 教学模式的特点，探究 JIT 英语教学对学科的"双一流"提升关系，论证了农业工程学科在"双一流"建设过程中英语教学的可行性方案，为其他学科的英语教学提供了新的建设思路。

【关键词】双一流；JIT；英语教学；模式

一、引　言

JIT（Just In Time）即准时生产，又叫实时生产系统、精益生产系统，简称 JIT，最早由日本丰田公司的副总裁大野耐一提出（匡茂华，2019）。JIT 的生产方式，其实质是保持物质流和信息流在生产中的同步，实现以恰当数量的物料，在恰当的时候进入恰当的地方，生产出恰当质量的产品。这种方法可以减少库存，缩短工时，降低成本，提高生产效率（任秋丽，2008）。

JIT 生产方式应用在教学上，可以认为是针对不同知识水平的同学，开展不同的教学方法和教学模式。最大程度减少教师的教学任务，降低课堂教学时间，取得最大的学习收益。

2019 年湖南农业大学启动了"双一流"学科建设与培育，农业工程学科被首批选入建设目录。由于农业工程学科与工程科学与农业生物科学紧密结合和相互渗透，学科的综合性强（胡良龙，2007），学习难度大，是农业院校中比较难学的学科。同时农业工程领域的研究在国外开展的早，国外的研究力量雄厚（师丽娟，2016），成果多，农业工程学科的研究需要与国际研究密切接轨（王瑞，2019），因此，农业工程学科在教学的工程中不仅需要提升专业技能水平，同时还需要提升英语综合技能水平。通过专业技能和英语技能的综合提升，培养高水平的学生，建立高素质的研发团队。从而打造一流的学科，建立一流的大学。

*本文系湖南省青年骨干教师项目（项目编号：2018574）及湖南农业大学"双一流"建设项目（项目编号：SYL20191056）研究成果。

二、农业工程学科英语教学现状分析

狭义的农业工程学科，根据国务院学位办 2011 年 2 月最新修订的学科目录分类，农业工程一级学科包含农业机械化工程，农业水土工程，农业生物环境与能源工程，农业电气化自动化四个二级学科。

广义的农业工程学科，中华人民共和国学科分类与代码国家标准（GB/T 13745—2009），农业工程包括农业机械学（包括农业机械制造等）、农业机械化、农业电气化与自动化、农田水利（包括灌溉工程、排水工程等）、水土保持学、农田测量、农业环保工程、农业区划、农业系统工程、农业工程其他学科 10 个二级学科。相对于国务院学位办的分类，（GB/T 13745—2009）涵盖的面更广阔，可扩展性更强。以湖南农业大学为例，在本科专业上，将农业机械化及其自动化、水利水电工程、车辆工程、信息工程等 13 个专业划分在农业工程学科的二级学科下。在研究生学位上增设农业信息化工程二级学科和农业工程与信息技术（专业学位）在农业工程一级学科内。其结构组成如图 1 所示。

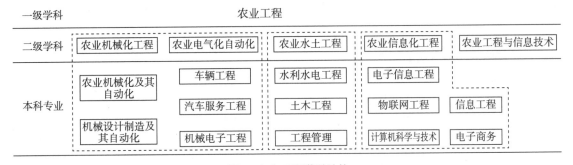

图1　农业工程学科结构

以湖南农业大学农业工程一级学科下的农业机械化工程、农业电气化与自动化二级学科的本科生教学为例，英语教学占 12 个学分，占通识课程的比例约 22%。近五年来，学生毕业时四级通过率平均在 40% 以上，学生第一次考试四级通过率最高，通常能达到 80% 以上（第一次过级参与人数少，且英语成绩在期末考试 75 分以上才允许报名），随后过级率徘徊在 10% ～ 20%，且逐年下降。农业工程相关本科学生的英语过级率处于全校偏低水平，一方面是学科偏重理工科，专业课程学习紧张，且理工科学生的英语学习兴趣欠佳，另一方面是农业工程学科一般都面向全国招生，不同省份的同学入学分数差异大，对英语的掌握程度也不相同。从过级增长率来看，过级率呈逐年下降状态。说明在前期过级能力释放后，后续同学的英语成绩提升不理想。也正是因为如此，较低的英语学习成绩和过级率给学科英语教学改革和学生英语水平的提高提供了很大的空间。

另一方面，农业工程学科的学生在省级、国家级各类大学生综合技能竞赛中的表现优异，全年参与获得各类大学生工程训练、机器人比赛 30 余次，参与学生 150 人次左右。从获奖的等级、获奖人数上看，一方面高级别的奖励偏少，另一方面，获奖的面还比较窄。从获奖成员组成比例上看，通过英语四六级的参与人员的比例更大，可以认为，过了四、六级的同学更有时间全身心地投入到技能竞赛中，也更容易获奖。因此，如果能提高学科的英语过级能力，对大学生综合技能提升具有很大的支撑作用，对学科的"双一流"提升也具有很大的帮助。

三、JIT 英语教学模式研究

（一）JIT 教学的基本内涵

JIT 英语教学法的特点是精益教学、精准教学，防止教学过程中的教学资源浪费，教学时间浪费。精准教学最容易理解的就是一对一教学，老师根据学生所掌握的知识情况，开展一对一的辅导教学。但是在大学里面英语老师与学生的配比非常小，不可能做到一对一教学。因此，JIT 英语教学法的核心就是需要通过恰当的方式把学生分成若干个小组，形成若干个梯队，以课外辅导和课堂教学的学习方式，将英语学习进度和状态精准实施到每个小组，再以主动学习的方式再实施到每个人，形成以个人自学为主，老师教学为辅的精准教学方案，JIT 英语教学具体的实施方法如图 2 所示。

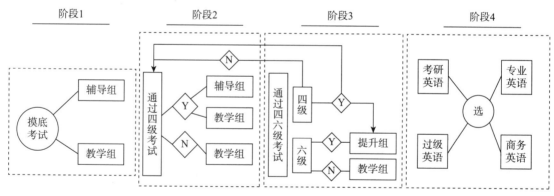

图2　英语分阶段教学模式

（二）JIT 本科英语教学方法

本科英语考核方式是通过大学生英语四、六级考试，或学校的学位英语考试，并要求全面掌握大学英语的基本要求，具有很强的英语听说读写能力。将本科英语教学分为 4 个阶段，每一个阶段可对应为一个学年，也可以对应为一段过程，时间上可以不相等。其中阶段 1 是初级阶段，阶段 2、3 是关键阶段，阶段 4 是教学提升阶段。每一个阶段实施不同的教学方法，如图 2 所示。教学的目标是在通过英语四六级考试的前提下实现英语素质教育。

第一阶段：大学生入学后，可以根据入学考试的英语成绩划分学生的英语综合能力等级，或者在全校范围内开展英语能力摸底考试来确定英语综合能力等级。对英语综合能力很强的学生开展四级英语模拟考试，根据四级模拟考试的成绩将学生分为辅导组和教学组两个小组，并开展第一阶段的英语教学学习。如图 2 的阶段 1 所示，图 2 中阶段 1 中的"辅导组"的教学方法是：①以 4 或 5 人为一小组，指派高年级学生为组长，针对四级英语考试大纲，开展以应试为主的自主学习。②指派英语辅导老师，定时检查学习进度，交流学习经验，探索学习过程中遇到的问题。③适当开设英语口语、翻译等素质英语教育课程。"教学组"的教学方法是：①按照教学计划上课。②上课的同时，传授英语自学学习方法。

第二阶段：将第一次参加四级考试作为第一阶段与第二阶段为分界线，通过是否过级作为划分小组的依据。对于通过四级考试的，划分为"辅导组"和"成长组"，没有通过的划为"教学组"。"辅导组"和"教学组"采用第一阶段的方法。"成长组"采用"辅导组"与"教学组"结合的方法培养。同时通过统计两种不同方法统计四级的比例，适当修改辅导组与学习组的教学方案。

第三阶段：将第一次参加六级考试或第二次参加四级考试作为第一阶段与第二阶段的分界线，通过是否过四、六级作为划分依据。如果第二次四级考试未过，将返回第二阶段学习，第二次四级考试通过，可选择继续进入第二阶段考六级，或进入"提升组"。六级通过的同学，进入"提升组"，没有通过的进入"教学组"。"提升组"着重开展英语综合应用教学，从听说读写全方位提升。

第四阶段：第四阶段固定设置在第 6、7 学期。以考研英语、过级英语、专业英语、商务英语为主要学习课程，采用选修的方式开展。

（三）JIT 研究生英语教学模式

研究生学习阶段除了少量的开设英语口语课程外，要尽量少开设其他英语课程，主要注重学生的英语应用能力的提高和英语自学能力的提高。

硕士研究生：考核方式是通过大学生英语六级考试，或学校的学位英语考试，并要求具有独立阅读外语文献的能力。硕士研究生英语教学分为入学前已经通过六级和未通过六级的两类，通过六级考试的免修、免考，由指导老师负责英语综合水平的提升。未通过六级考试的，设置选修课，供学生选修。

博士研究生：考核方式是通过 PETS-5 或相当于 PETS-5 要求的国际英语等级考试，并要求具有独立写作英语论文的能力。无论前期英语水平如何，不设置英语课程，仅考核，不上课。考核的形式可以采用 SCI/EI 英文论文抵扣，采用科研业绩抵扣。

四、JIT 英语教学与学科双一流提升关系研究

通过开展 JIT 英语教学，在提高英语学习成绩的同时，减少了学习时间。通过进一步优化课程体系，培养学科大学生的专业水平。JIT 英语教学方法配合本科课程流程再造法和研究

生"项目"引导法实施。

　　本科课程流程再造：如图3所示，在本科教学阶段将公共课后移并合理的分配的高年级。将专业课程尽可能地往前移，使大学生一入学就进入专业学习阶段，有利于培养学生的专业兴趣和综合技能。在三、四年级的时候开设思政课程，既能提高学生的人文科技水平，也可以为研究生入学政治考试打基础。三、四年级以专业选修与综合应用课程为主，培养学生的学科钻研精神，培养学生扎实的综合能力。

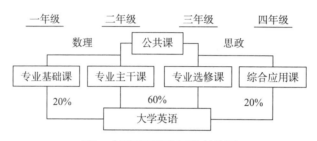

图3　本科课程流程再造结构图

　　研究生"项目"引导法：研究生教学中英语学习更加自主后，研究生有更多的时间投入专业学习与项目研发。研究生的课程体系突出工程化与协同创新特点（李岩，2016），采用以团队指导的原则，指导教师参照国家项目的实施方案，在所研究课题中细化研究方案，通过会议的形式由研究生自主选题，方案论证，执行项目，检查验收。实行弹性学制，充分发挥研究生的主观能动性。

五、结论与讨论

　　第一，农业工程学科一般开设在农业院校，作为农业院校的大学生需要一张英语证书作为在校努力学习的凭据，作为找工作、考研的敲门砖。虽然是一种基于应试的教学方法，但在应试的教学的基础上，注重自学、互学提高，也是素质教育的重要部分。在本科英语教育上应全力教育学生获得英语四、六级证书。

　　第二，相对于本科生，研究生的独立科研能力更为重要，研究生教育不能把英语教育放在首要位置。尤其是博士研究生，更无须开设课程学习英语。

　　第三，大学生英语学习的重要性认识需要过程，本科生很难从全局认识到英语学习的重要性，因此，需要指引、教授。而研究生对英语重要性的认识已经比较全面，而且研究生年龄已经偏大，不适用英语课堂学习，而应该是自学或者不学，以用养学，以用促学。

　　第四，英语教学占用了从本科到博士学习的大量时间，造成了资源、时间的大量浪费，反而影响了专业教学和学科研究，合理的组织英语教学是提高学科硬实力的综合表现，也是创建"双一流"学科的重点内容。

参考文献

［1］匡茂华，周宝宁.丰田精益文化及对中国制造业的启示［J］.中外企业家，2019（33）：225-227.

［2］任秋丽.JIT 思想在现代企业中的应用［J］.新西部（下半月），2008（12）：54-55.

［3］胡良龙，胡志超，王海鸥，计福来.我国农业工程学科建设与发展［J］.安徽农业科学，2007（28）：9014—9015+9069.

［4］师丽娟.中外农业工程学科发展比较研究［D］.中国农业大学，2016.

［5］王瑞.卓越农机化人才成长机理与培养体系研究［D］.吉林大学，2019.

［6］肖名涛，孙松林，谭艳红，肖凤玲.理工科专业教学计划流程再造的研究与实践［J］.当代教育理论与实践，2014，6，（10）：57-59.

［7］李岩，冯放，王敏，李文哲，陈海涛.农业院校农业工程学科研究生课程体系建设的思考[J].高教学刊，2016（21）：200-201.

作者简介

孙超然（1989—），男，湖南农业大学讲师，博士，研究方向：农业工程教学与研究。E-mail：scr@hunau. edu. cn。

彭才望（1988—），男，湖南农业大学讲师，博士，研究方向：车辆工程教学与研究。E-mail：hnndpcw@163.com。

王勇乾（1990—），男，湖南农业大学助教，硕士，研究方向：数字化教学与研究。E-mail：452028463@qq.com。

肖名涛（通讯作者）（1981—），男，湖南农业大学教授，博士，研究方向：农业工程教学与研究。E-mail：13975855132@163.com。

非英语专业学生英语句重音教学

——以歌词朗读为例

吴　迪

（贵州中医药大学，贵阳，550025）

【摘要】长期以来，汉腔英语一直制约着大学非英语专业学生口语水平的提升，通过文献梳理和教学实践发现，英语句重音的教学有助于改善学生汉腔英语，帮助学生掌握英语语音节奏，提升学生说英语的自信心和流利度。本文通过回顾一则教学实例，探讨如何在英语句重音教学中通过歌词朗读，设计出能够提高学生学习兴趣且易于掌握的课程内容，帮助非英语专业学生掌握英语句重音的基本规则。

【关键词】英语口语；汉腔英语；句重音；歌词朗读

一、引　言

大学非英语专业学生英语口语的提升，一直是英语教学中的难点。在以应试为导向的英语学习氛围下，由于口语考试并非大学英语四、六级考试中的必考部分、日常生活学习中能够使用英语进行口头交流的机会较少，导致大部分学生在大学英语的学习过程中只把英语当作一门学科来进行应试学习，练习并提高口语的兴趣不大、动力不足，一番苦学习得的是不能自由开口表达的"哑巴英语"。然而，英语不仅是一门学科，还是一门语言；语言需要说、说是一门语言最基本的技能，语言需要口头交流的本质不能忽视。近年来，随着对英语语言本质的重视，越来越多的学者及英语教师对"哑巴英语"的学习模式进行了批判和反思。在此背景下，笔者自2019年开始，在学校开设了面向非英语专业本科学生的"英语口语"选修课；而在三年的教学过程中也发现，相较于元音、辅音等音段音位特征（segmental features）的学习，节奏、语调、重音等超音段音位特征（suprasegmental features）的学习更让学生们觉得难道较大、不易掌握。尤其是英语句重音的分配技巧，逾8成学生在第一次上口语课的问卷调查中都明确表示，前期没有接触过句重音的相关知识；而在第一次课的口语朗读测试中，大部分学生在读英文句子时都出现了特征清晰的汉语节奏——将句子中的每一个英文单词都用饱满的发音进行等时长的重读，属于典型的汉腔英语。而汉腔英语是由于母语为汉语的学习者在学习英语的过程中，将说汉语的节奏带入英语的口语表达中所造成的句子节奏非英语式异化，其主要原因是没有将英语句子中的实词（名词、动词、形容词等）进行重读，虚词（介词、连词、冠词、代词、助动词等）进行弱读，出现了虚词实词没有明显强弱对比的节奏表征（周静涵，2011）。

二、英语句重音的教学难点

想要改善学生们的汉腔英语，必须加强对学生们的英语句重音分配技巧进行训练和强化，让学生们掌握英语句子的节奏特点。但是，由于英语句子重音分配规则一直存在多种观点和理论，句重音的教学并不容易。比如，Chomsky（1970）认为句子的主重音取决于句子结构，Bolinger（1972）却不认为句子结构能够预测句子主重音。通过梳理，梁华祥（1996）认为，英语句重音的位置不是固定不变的，而是在一定规则下变动的，换句话说，一句话是根据说话人强调的信息进行重音分配；同一个句子，能够根据说话人强调信息的不同而出现不同的重音分配，这样的分配是被强调的信息和非强调信息对比而来的。比如 John wants to order tickets online. 如果要强调是谁想要在网上订票，那主重音就落在 John 上，次重音落在其他的实词上；如果要强调订的是票而不是其他物品，那主重音就要落在 tickets；如果要强调是在网上订票而不是在其他地方订票，主重音就要分配在 online 上，这样的规则我们可称之为对比性重音规则，而前文提到的一句话中要重读实词，弱读虚词的规律可称之为非对比性重音规则，在实际交流中，笔者持同梁华祥（1996）一样的观点，句重音的分配应遵循对比性重音规则。不过，在实际教学中，却应该先向学生普及非对比性重音规则，因为：（1）句重音的教学通常都是安排在词重音的教学之后，英文单词的词重音是相对固定的，学生在课堂集体练习时非常易于进行统一的朗读练习，所以在句重音教学时应先让学生学习相对固定的非对比性重音规则，让学生明白句子和单词一样，都是有重音分配和音节的强弱对比的，让学生先找到说英文句子的节奏感；（2）现有的教学班级人数较多，固定的重音分配在教学初期更利于学生进行集体朗读练习。

三、教学目标

由上文所述，英语句重音的教学应分两步走，第一步，让学生学习并熟练掌握非对比性句重音规则，即在一句话中重读实词、弱读虚词，培养出轻重交替的韵律感，告别汉腔英语重读每一个单词的习惯；第二步，学习对比性重音规则，根据自己想要传达的信息重点对一句话进行重音分配。此次回顾的一次时长为 2 学时的口语课，教学目标定于帮助学生掌握两步走中第一步的非对比性句重音规则，摆脱汉腔英语的影响，培养说英语的英语式节奏感。

四、教学设计

在前期的教学研究中，朗读英文歌曲歌词已被证实能够帮助学生掌握重音分配技巧，提高和激发学生学习英语的兴趣（吴迪，2020）。因此，在此次教学设计中，歌词仍然被选为进行句重音练习的朗读材料。但是，在众多的英文歌词中，如何选择到适合的内容，则需要考虑以下两个问题：（1）词汇易读易懂，没有发音较难的多音节单词、没有超出非英语专业大学生学习掌握的词汇范围（以大学四、六级词汇表为界）；（2）虽然英语句子中轻重音的组合是非常丰富的，但其中也有较为规范的轻重音交替的范本，如韩宏丽（2006：160）举例所示：For men may come and men may go. 这句话的重音分配就是 For（轻）men（重）may（轻）come（重）and（轻）men（重）may（轻）go（重），符合非对比性重音分配规则，实词重读，虚词弱读。所以，基于此次教学目标就是教学生学会非对比性重音分配规则，朗读材料应该选择句子重音分配较为规范的歌词，易于规则的讲解和学生的集体朗读练习。

　　通过筛选，一首由歌手 Britney Spears 演唱的 *Tom's Diner* 较好的满足了上述要求。首先这首歌的歌词易懂易读，其次，句子中的重音分配较为规范，如第一句歌词的重音分配为：I（轻）am（轻）sitting（重）in（轻）the（轻）morning（重）at（轻）the（轻）diner（重）on（轻）the（轻）corner（重）. 其后的句子也大致符合这个规律。较为意外的是，因为这首歌的曲节奏是 4/4 拍、即歌曲每一小节内的节奏分布是：强拍、弱拍、次强拍、弱拍，且第一小节是弱起，所以第一句歌词对应的节拍分别是：I（弱）am（弱）sitting（强）in（弱）the（弱）morning（次强）at（弱）the（弱）diner（强）on（弱）the（弱）corner（次强）. 不难发现，歌曲节拍的强弱与歌词本身句重音重轻的分配达到了一致，所以这首歌不仅适合通过朗读来进行重音分配练习，也适合通过跟唱来跟随旋律节拍的变化以掌握歌词重音分配的变化。此外，这首歌在正式开唱之前，有一段长达 14 秒的哼唱，这段哼唱没有具体歌词，而是像打节拍一样从第一个弱起小节开始，连续哼唱了 48 个 Da，每个 Da 的节奏分配遵循 4/4 拍规律，即每个 Da 之间是有强弱之分的，非常适合学生在正式进入歌词练习之前，通过跟唱单音节拟声词 Da 来培养节奏感。所以在 2 学时合计 80 分钟的课程设计中，会在一开始通过听例文朗读的方式，启发学生思考，英语的节奏感是什么样的，与中文朗读的节奏感有什么不同（10 分钟）；随后向学生普及非对比性句重音规则，让学生通过实词和虚词的划分来了解英语句子中重音分配的一般规律（15 分钟）。随后进行歌词朗读练习（合计 40 分钟）。这部分练习会分为三步走：第一步，听歌曲 *Tom's Diner*，模仿开篇 48 个 Da 的哼唱，体会 Da 作为"抽象歌词"的节奏和重音变化。"抽象歌词"这里是指歌词不涉及具体的单词，而是统一抽象为 Da；用这样的说法是因为平时在教学过程中，如在教单词重音时，就会用"抽象音节"进行教学。例如，University 是一个包含 5 音节的单词，在教导学生如何掌握这个单词的重音时，会先将单词的每个音节的发音统一抽象为 Da，然后先让学生用 5 个 Da 那进行重音分配练习，University 就抽象为 Da（轻）Da（轻）Da（重）Da（轻）Da（轻），在这样的练习中让学生掌握重读的 Da 音调要升高，发音时长要比轻度的 Da 长，音量要加大，用"抽象歌词"进行练习时，可辅以双手击掌随重读音节打拍子的方式进行练习，学生们参与度较高。当大家能够清晰地将 Da 哼唱出符合节奏规律的强弱感时，则进入第二步，引导学生跟着歌曲进行第一句歌词的跟唱练习，跟唱过程中，要注意节奏强弱的变化和歌词自身重音的分配，当学生们能够熟练地掌握第一句歌词的节奏感和重音分配时，再引导学生对整首歌进行跟唱。

第三步，关闭音乐，单纯地将整首歌词作为文本进行朗读，巩固和强化非对比性句重音规则，同时也要向学生普及虚词被弱读时一般要使用其弱读式，如 to［tuː］要弱化为［tə］。在完成这一步的练习过程中，细心的学生会发现，除了第一句歌词，这首歌歌曲节拍的强弱和歌词重音分配的重轻并不是完全一一对应的。比如第二句歌词，节奏分配是：

I（弱）am（弱）waiting（强）at（弱）the（弱）counter（次强）for（弱）the（弱）man（强）to（弱）pour（弱）the（弱）coffee（次强）.

同一句话如果套用非对比性重音分配规则，重音分配应是：

I（轻）am（轻）waiting（重）at（轻）the（轻）counter（重）for（轻）the（轻）man（重）to（轻）pour（重）the（轻）coffee（重）.

句子里 pour 对应的歌曲节奏是弱拍，但是作为实词之一的动词，根据非对比性重音分配规则应该被重读，这样个别单词不匹配的情况在余下几句歌词里均有出现，而这也为下一阶段对比性重音分配规则的教授打下了基础，所以在本次课程最后的 15 分钟里，可以依次引导学生思考，英语句重音是否完全遵循非对比性重音分配规则是绝对固定不变的？如果不是，那会遵循怎样的规则？

五、教学反思

此次的教学设计，在除歌词纯文本朗读的基础上，融入了对歌曲本身的聆听与跟唱学习，这是基于这首歌曲节拍上的强弱与歌词本身重音的分配高度契合，在欣赏歌曲本身的同时就能够在歌曲的节奏中掌握到重音的分配规律。这样的尝试取得了较好的教学效果，首先说的节奏与唱的节拍之间本身就有着天然的内在联系，近年来大为流行的说唱乐就很好地印证了这一点，因为说唱就是一种特殊的通过有节奏的说话来唱的表演方式。这样的教学方式学生的接受度较高，在课后的意见反馈中也有不少学生表示，听歌原本就是一件日常生活学习中很放松的事，通过听歌和歌词朗读来学习重音分配，能达到寓教于乐的效果。其次，也有学生反映，学习英语句重音分配技巧不仅能提高自己的口语能力，也能提高自己的听力能力，改善过去单个单词听得懂，连成一句（受句子中重读、弱读、连读的影响）就听不懂的情况。所以从这个角度讲，培养和提高非英语专业学生英语句重音分配技巧，是有利于在应试学习的情况下提高学生四、六级的考试成绩。不过，此次教学实践也引发了对未来教学设计的思考，比如，此次对于学生学习成果，即朗读技巧的提升的判断，完全是基于学生自评、学生互评或师生评价等较为主观的感受上，想要更为客观的对教学效果进行一个评估，是否需要引入如语音软件 Praat 来对学生上课前后的重音分配表现进行数据分析？同时，若没有跟唱的加入，学生只单纯地朗读歌词，那两种方法最终取得的效果是否有显著差异也值得进一步研究。

六、结　语

在英语口语交际中，如果只注重语音音段音位特征如元音、辅音发音的学习，而忽略超音段音位特征如重音、节奏、语调等的学习，会导致汉腔英语的发生，影响交流的顺利进行；对超音段音位特征的不熟悉，也会影响英语学习者，尤其是非英语专业学生的听力水平，导致单词逐个都听得懂，合成句子就听不明白的情况发生。尽管已早有学者呼吁要加强学生对英语语音超音段音位特征的学习，但在实际的教学交流中笔者发现，大部分学生在进入大学前的英语学习中，都没有系统的对重音、节奏、语调等有过完整的学习。倘若没有在英语学习初期就培养良好的英语节奏感，在后期进行纠正的难度就会非常大，如有学生表示，即使在学习过相应的语音语调课程后，也很难改掉已形成多年的、把句子中每个单词都读得等时长、等音量大小的习惯，从而造成汉腔英语。由此可见，对英语语音超音段音位特征的学习应该在学生语音学习初期就开始普及和强调，教学设计可以积极地与学生的兴趣爱好结合起来，用学生喜爱的素材和学习方式，调动学生学习的积极性，达到寓教于乐的效果。

参考文献

［1］周静涵.汉腔英语句子的节奏表征［J］.咸宁学院学报，2011，31（03）：60-61.

［2］梁华祥.英语句子重音研究［J］.广西大学学报（哲学社会科学版），1996（03）：68-75.

［3］吴迪.基于歌词朗读的重音教学探索［J］.海外英语，2020（03）：248-249.

［4］韩宏丽.论英语语音重音与节奏的把握［J］.沈阳师范大学学报（社会科学版），2006（06）：159-160.

作者简介

吴迪（1983—　），男，博士，贵州中医药大学讲师，研究方向：应用语言学。E-mail：582019321@qq.com。

大学英语课程思政

——关于教材的思考

蔡 莉　王 颖

（北京信息科技大学，北京，100192）

【摘要】 课程思政建设要求把价值塑造、知识传授和能力培养融为一体，并将价值塑造置于首要位置。如何把价值观引领与语言知识的传授和语言应用能力的培养有机地结合起来，是新时代高校外语课程思政建设亟需探索的重要课题。课程思政对大学英语教材提出了新的要求，《新时代明德大学英语》应运而生。它是以思政教育为导向的英语教材，"思政"所包括的内容集中于"社会主义核心价值观"。同时，对于现有的大学英语教材，我们也可以"从思政视角思考"，来挖掘它的思政元素。

【关键词】 课程思政；大学英语；教材

一、引　言

中国共产党第十八次代表大会提出，教育的根本任务是立德树人。课程思政是落实立德树人根本任务的战略举措。《高等学校课程思政建设指导纲要》（2020）明确指出，"落实立德树人根本任务，必须将价值塑造、知识传授和能力培养三者融为一体、不可割裂。全面推进课程思政建设，就是要寓价值观引导于知识传授和能力培养之中，帮助学生塑造正确的世界观、人生观、价值观，这是人才培养的应有之义，更是必备内容"。肖琼和黄国文（2020）认为，外语课程思政就是要"把价值观引领与语言知识的传授和语言应用能力的培养有机地结合起来，要有意识地在知识传授和能力培养的过程中，始终重视价值观的引领，并把价值观引领摆在重要的位置"。

课程思政的基础是课程，就大学英语而言，课程思政的关键要素，一个是教师，另一个是承载教学内容的教材。目前绝大多数常见的大学英语教材主要注重语言能力的培养和语言文化知识的传授，并没有把价值教育作为最核心的内容，也没有特别突出课程育人功能的系统性。本文试图讨论课程思政给大学英语教材提出了什么新的要求，以及如何利用现有教材开展课程思政。

二、《新时代大学明德英语》应运而生

教材是教师开展教学的具体依据。教材作为用于教学而选编的材料，起到了学生获取知识、发展能力的主渠道功能，是连接教师和学生的纽带与师生相互作用的中介。课堂上教师教什么、如何教，学生学什么，如何学，很大程度上取决于使用什么样的教材。大学英语教材"是传播新知识、新思想、新观念的重要载体，是教学内容的主要载体，也是实现教学目标的基本保证。……在教学内容的选择上应自觉融入社会主义核心价值观和中华优秀传统文化，引导学生树立正确的世界观、人生观和价值观；应立足中国，面向世界，拓宽视野，博采众家之长，利用大学英语课程优势，及时反映世界科技新进展，吸收人类文明优秀成果，为培养具有前瞻思维、国际眼光的人才提供有力支撑"（教育部高等学校大学外语教学指导委员会，2020）。

刘正光和岳曼曼（2020：23）认为，现有的大学英语教材，包括外研社、外教社和高教社出版的各种大学英语综合教程，都难以充分满足课程思政的新的教学要求与目标，主要体现为：没有一套教材明确提出，其编写宗旨和教材内容为立德树人、课程思政服务；各教材反映中国文化与科学技术内容的比例严重不足，有的教材基本缺失，不利于培养学生讲好中国故事，传播中国文化，树立中国文化自信；对培养和提升道德情操关注度不够；知识传授、能力培养、价值塑造未能形成育人合力，脱节现象严重；等等。

高等教育出版社策划和组织编写的《新时代明德大学英语》有效克服了上述种种不足，是一套以立德树人、课程思政育人目标为统领，价值塑造、知识传授和能力培养三位一体的新时代教材。

"明德"，来自儒家经典《大学》开篇第一句话"大学之道，在明明德"，即光明正大的德。"明明德"的时代意义体现为立德（王守仁，2021）。在中华优秀传统文化中，"德"向来占据着主导地位，但是我们不应该仅仅从道德角度去理解它。2018年习近平总书记在北京大学师生座谈会上的讲话中指出："要把立德树人的成效作为检验学校一切工作的根本标准，真正作到以文化人，以德育人，不断提高学生思想水平、政治觉悟、道德品质、文化素养，作到明大德、守公德、明私德。"习近平总书记这一重要论述为我们把握立德树人中"德"的含义指明了方向。立德树人的"德"，应该包含"大德""公德"和"私德"三个层次的内容。大德指向理想信念，关键点是心系国家和民族，强调爱党、爱国、爱社会主义、爱人民和爱集体。公德指向建设自由、平等、文明、和谐的美好社会，关键点是心系他人。私德指向个体的修身做人，关键点是心系个人修养，严于修身，阳光做人。

《明德英语》是以思政教育为导向的英语教材，"思政"所包括的内容集中于"社会主义核心价值观"。社会主义核心价值观的内容由24个字、12个词组组成：从国家层面看，是"富强、民主、文明、和谐"；从社会层面看，是"自由、平等、公正、法制"；从公民层面看，是"爱国、敬业、诚信、友善"。《明德英语》围绕社会主义核心价值观的12个词组所表达的基本理念组织教材的单元，共由三册书构成，每一册主要聚焦一个层面的理念，第一册主要以公民层面的"爱国、敬业、诚信、友善"为核心，第二册主要以社会层面的"自由、平等、公正、法制"为核心，第三册则主要以国家层面的"富强、民主、文明、和谐"为核心。

以第一册为例，第一单元，Undertaking Your Mission，主要涉及"爱国"；第二单元，Excelling Through Dedication，主要涉及"敬业"；第三单元，Harmonizing via Respect，主要涉及"友善"；第四单元，Outperforming via Teamwork，主要涉及"敬业"和"友善"；第五单元，Gaining in Giving，主要涉及"爱国"和"友善"；第六单元，Prioritizing Rules，主要涉及"法制"；第七单元，Upholding Integrity，主要涉及"诚信"；第八单元，Embracing Diversity，主要涉及"平等"和"民主"。《明德英语》通过鲜活的生活叙事和不同的话语形式展现核心价值观的精神和力量，达到"润物细无声"的思政效果。

三、如何依托《全新版大学进阶英语综合教程》开展课程思政

我们目前使用的大学英语教材是《全新版大学进阶英语综合教程》。这是上海外语教育出版社 2017 年编写的一套大学英语教材。它的主要特点是：第一，选材较新，反映了当前国内外社会现实生活和重大事件。比如代表当代人工智能水平的 AlphaGo（阿尔法围棋）的"人机大战"，以及对智能手机利弊的讨论等文章；第二，注重教材中中国元素的体现。本教程每册均有一个单元专门谈及中国话题，如第二册的"Maker Movement in China"（中国的创客运动），并且每册书的每个单元均有一篇于与主题相关的有关中国的文章，如第三册第二单元"A Lesson of Tough Love for China's Rich Second Generation"（中国的富二代的残酷爱情教训）。这样的内容配比为培养学生用英语讲好中国故事，传播中国文化奠定了良好的基础。这是可以起到课程思政的作用的。

和大多数大学英语教材一样，《全新版大学进阶英语综合教程》也没有明显、系统的价值观元素。但是我们可以从看似普通的语篇中挖掘思政元素，把思政教育融入我们的课程中。正如黄国文所说，"话语、语篇、课文都隐含着思政的内容，都反映了价值观"，"无论话语谈论什么问题，都可以从语言和思政角度分析"，而从思政角度分析语篇，"不是要对整个语篇进行穷尽的分析，而是注重那些突出的、有分析意义的句子、短语、词组或词，然后从思政角度思考和解释，引导学生在特定的语境中考虑问题，帮助他们提高创新思维能力"（黄国文，2020：28）。

我以《全新版大学进阶英语综合教程》第三册第二单元为例子，说明如何从思政角度来分析语篇。

第二单元的主课文是"不要和邻居攀比"。英文中有一个词组："keeping up with the Joneses"，意为"与邻居攀比"。课文当中有一些句子，发人深省。比如说，"Stuff will never make you happy"（物质的东西不会使你快乐）；"More is never enough... Learn to be happy with what you have"（再多也永远不够……感恩你拥有的东西）；"Contentment comes from within. It is easy to blame feelings of discontentment on outside sources like money or stuff, but true contentment and lasting joy don't come from anything money can buy."（满足来自于内心，

金钱买不到快乐）中文中也有类似的话，叫"知足常乐"。这是正确的消费观和财富观。

Reading 1 的主题还是"不要和邻居攀比"。文中提到理智消费正确的做法："Trim your needs"（减少需求）和"Set your priorities"（分清轻重缓急）。

Reading 2 的主题是中国的富二代。中国的富二代从富裕父母那里不仅继承了大批财富，也接过一个标签：缺乏责任感、有消费癖好、被宠坏了的继承人。他们多数都依赖父母生活。而 Peter Buffett，亿万富翁投资人 Warren Buffett 的儿子，从父亲那里得到很少的资助，但是他靠自己的努力，成为了一个获奖音乐家。他说过这么一句话："Economic prosperity may come and go；that's just how it is，but values are the steady currency that earn us the all-important rewards."（经济上成功发财可能瞬息即逝，这是确确实实的，但是价值观却是稳定的通货，能使我们得到至关重要的回报）这是正确的财富观。

综上所述，通过学习这个单元的课文，学生们可以潜移默化地感受到正确的消费观和财富观。

四、结　语

《新时代明德大学英语》是在外语课程思政建设的框架下编写、供中国大学生使用的大学公共英语教材。它在进行英语技能训练和知识传授的同时，强调了社会主义核心价值观的引领和塑造，是在大学英语课程思政教材建设这一领域进行的有益的尝试和探索。同时，只要提高了思政意识，我们可以从看似普通的语篇中挖掘思政元素，把思政教育融入我们的大学英语教学课程中。

参考文献

［1］黄国文. 思政视角下的英语教材分析［J］. 中国外语，2020（5）：21-29.

［2］教育部高等学校大学外语教学指导委员会. 大学英语教学指南（2020 版）［Z］. 北京：高等教育出版社，2020.

［3］刘正光，岳蔓蔓. 转变理念、重构内容，落实外语课程思政［J］. 外国语，2020（5）：21-29.

［4］王守仁. 论"明明德"于外语课程 – 兼谈《新时代明德大学英语》教材编写［J］. 中国外语. 2021（2）：4-9.

［5］肖琼，黄国文. 关于外语课程思政建设的思考［J］. 中国外语，2020（5）：1；10-14.

作者简介

蔡莉（1969—），女，北京信息科技大学外国语学院副教授，硕士，研究方向：大学英语教学。E-mail：caili6904@sohu.com。

王颖（1974—），女，北京信息科技大学外国语学院讲师，硕士，研究方向：大学英语教学。E-mail：bistuwangying@126.com。

思政理念融入口译教学的方法研究

甘思蓉

（中国计量大学，杭州，310000）

【摘要】本研究通过模拟口译课堂的实验，采用调查法和观察法，探索思政理念在口译教学中的融合现状，最终得出结论：三种教学方法相较之下，教师组织学生模拟角色扮演活动是将思政理念融入口译教学的最佳方式。

【关键词】思政理念；口译课堂；融入；实验

一、研究背景

在全球化进一步深化、文化多元共存的语境下，课程思政的重要性显著增强。思政教育与口译课堂的结合，"有助于将课堂主渠道功能发挥至最大化，扭转专业课程教学重智轻德的现象，具有其他教育方式不可替代的优势"（高德毅、宗爱东，2017：46）。与此同时，当前英语专业学生普遍缺乏对于本国传统文化、实时国家政策、外交策略以及发展理念等的了解。因此，希望能够通过此次实验找到将思政理念融入课堂的最佳方法，以此激发学生的兴趣，提高学生的语言基础，增强思想政治教育工作的针对性与有效性，为丰富口译教学课堂提供针对性的建议。

二、研究过程

（一）前期（准备）

本次实验地点为中国计量大学同声传译实验室，实验对象为 30 位英语或翻译专业大三学生。在实验前，充分参考相关学术论文和调研报告等，了解该项目的可行性、难点、解决办法等。同时综合考虑英语和翻译专业同年级学生的平均水平，在共性及差异性的基础上，讨论设计调查问卷。最终准备实验室现场模拟教学活动，根据我国当前的国情、热点问题等筹备相应的蕴含思想政治教育的教学资源。

（二）中期（进行模拟教学）

首先本次研究选取了三十名英语或翻译专业的大三学生，充分参考了他们的学业成绩和代课老师的意见，选取实力相当的学生参加试验，为求保证实验结果的准确性。

本次实验的具体流程为：首先将参加实验的三十名学生分为三组，编号分别为 A、B、C，每组十人，每一组成员采用不同的教学方法。第一组（A 组）成员采用情景模拟口译练习的教学方法：课堂上教师组织模拟记者招待会或模拟国际会议等活动，学生被分配不同角色（如主旨发言人、中外方代表、记者、译员等）做口译练习。第二组（B 组）成员采用主题演讲练习的教学方法：教师指定思政主题，规定演讲时长，学生围绕主题展开演讲比赛，两位同学为一组，其中一名同学使用中文或英文进行演讲，另一名同学进行交替传译。演讲结束后，学生向演讲者提出问题，演讲者进行回答，此过程仍然需要进行交替传译。最终，由同学和老师共同对演讲者和译员进行点评和打分。第三组（C 组）成员采用视频配音口译练习的教学方法：学生分组自行选取思政主题的中文片段（中国历史重大事件、国家会议和国家时政纪录片等），在课前对片段的内容进行学习理解和翻译准备、体会人物情绪，课上进行英文的配音。配音结束后，由配音者提出自己在视频内容翻译和体会中所遇到的困难和问题，老师进行内容纠正和答疑解惑。每一组实验在活动完成后，学生交流感受，老师对相关的表达进行讲解和纠正。整个活动过程中，小组相关成员对译员的翻译全程录音和录像，并要求译员保留听译笔记，以便后期对其翻译内容和质量；译员的行为仪态和学生专注度进行总结分析。其次每周进行三组实验，每组实验间隔一天，在这间隔的一天时间中：小组成员需要对完成的一组实验进行实验结果的总结和讨论；对所进行实验的同学进行采访，了解他们对于课堂的感受和建议。在每周的最后一天，与老师交流实验结果，讨论实验的完成度，优点以及需要改善的地方。最后通过一个学期的实验研究，小组成员以平时的实验记录和最终考核得出实验结果。

本次实验研究的考核内容和标准为：学生对指定的思政内容完成一篇 500 字左右的评价，比较学生的思维方式，观点和用词用句；学生对同一篇时政文进行口译，比较学生所使用的句式，对时政热词等的处理方法；三项考核相加的满分为 100 分，平时的课堂表现分析占 20 分，最终的两项考核各占 40 分。小组同学计算得出最终的分数，进行记录并列出图表比较，在此基础上进行充分讨论，得出结果产生的原因，研究相应的对策，提出改进的方法。

该实验需要持续较长时间，并重复多次进行，全程使用的材料难度接近一致，保持实验对象不变，从而观察在实验室中的模拟研究能否比较出将思政理念融入口译教学的最佳方案。

（三）后期（评估）

首先分析调查问卷的结果得出：当今口译课堂对于思政理念的接纳程度仍有很大空间，二者的融合情况并不理想，其最主要的障碍是未能激发学生对于学习思政知识的兴趣并缺乏有效教学方式。但同时学生又珍视中国传统文化，渴望讲好中国故事。因此，模拟活动的教学方法更能够满足学生对于思政知识进入口译课堂的需求。

其次分析课堂表现得出：在运用情景模拟口译练习的方式进行教学时，学生的专注度和课堂参与度最佳，参加活动的学生能够沉浸到模拟活动当中，充分地扮演好自己担任的角色，尚未参加活动的学生也会主动听译相关内容并积极做出反馈；学生听译的内容和质量最佳，学生能够迅速识别时政热词并进行巧妙且熟练的处理，使其充分贴合时政文的特点；参考不同时期的听译笔记得出，随着实验课堂的不断推进，该方法的运用充分打磨了学生的听译能力，学生对时政文的听译能力在不断地完善；

最终分析学生对于思政内容的评价和对时政文的口译得出：A 组学生得分最高。因为该组学生在评价时，思维更加广阔灵活，懂得运用客观辩证等政治思维方式，输出更加精练和深刻的观点；在对时政文进行口译时，更能够迅速识别时政热词并进行巧妙且熟练的处理；口译时所使用的词语更加准确和流畅，能够贴合时政文的特点和要求。

三、结论

在三种教学方法中，情景模拟口译练习的教学方法是实现思政理念和口译课堂有效融合的最佳方式。在运用该方法进行口译教学时，学生置于特定的立场，他们各自的身份会让译员从不同的角度出发进行思考与发言，这为学生提供了一个多元的国际背景，使其站在不同的角度更深刻地了解某一话题的特殊意义及当今的国际局势，更加注重对译员国际视野、国家情怀和人文素养的培养。"情感态度和价值观教育除了依靠教师的言传身教，更重要的是通过教育者为学生创造选择、参与和体验的机会。"（余文森，2011：98）因此，传统的以技能为导向的教学方法只能使学生的学习停留在语言能力的层面，忽视了对于学生思政理念和价值观的培养。"教师是课程思政的'主导者、设计者和实践者'"（文秋芳，2021：49），思政理念的培养离不开教师的悉心引导和言传身教，但更重要的是采用合适的教学方法，才能实现"立德树人"的目标。

参考文献

［1］高德毅，宗爱东 . 从思政课程到课程思政：从战略高度构建高校思想政治教育课程体系［J］. 中国高等教育，2017（1）：43-46.

［2］张洁，郭炜 . 课程思政视域下英语专业口译课程教学探析［J］. 陕西教育：高教版，2020（3）：23-23.

［3］田鸿芬，付洪 . 课程思政：高校专业课教学融入思想政治教育的实践路径［J］. 未来与发展，2018，2（04）：99-103.

［4］余文森，有效教学的理论和模式［M］. 福州：福建教育出版社，2011.

［5］文秋芳，大学外语课程思政的内涵和实施框架［J］. 中国外语，2021（2），47-52.

作者简介

甘思蓉（2000—），女，中国计量大学本科生，研究方向：英汉翻译。E-mail：1653757214@qq.com。

多模态教学在商务英语综合实训中的设计与应用*

卢建兴　　陈　萍

（湖北商贸学院，武汉，4300799）

【摘要】随着中国对外贸易不断发展和壮大，商务英语领域人才需求不断增长，如何切实提升其商务英语综合实践能力至关重要。本文结合多模态的教学理论和研究成果，对商务英语综合实训课程的教学提出思考与建议，以期更好地提升学生的应用能力和实践能力，从而提升学科的教学质量。

【关键词】多模态教学；商务英语实训；实践教学

一、多模态教学理论和研究成果

自多模态的概念提出之后，国内外对其研究分析和推广应用不断扩大。Forceville 简要定义模态为 "利用具体的感知过程可阐释的符号系统（2009：19-42）。国内著名学者朱永生认为模态指交流的渠道和媒介，包括语言，技术，图像，颜色，音乐等符号系统（2007：5）。随着研究不断深入和扩展，胡壮麟（2007：1）、张德禄（2009：4）分别探讨多模态在外语教学中的应用；叶汉中对多模态视角下高中英语听说课教学进行探索，并提出如何聚焦教学目标和对文本进行深度分析提出评析（2019：42），李晶晶从多模态批评话语分析视角对口译过程进行研究并发现 "多模态批评话语分析方法可同时定位多种口译变项，对口译过程进行精准的定性考察，有助于推进口译质量评估研究，拓宽口译实证研究的思路"（2019：42）；王珊以多模态话语分析综合框架为基础进行研究并发现 "PPT 是本次教学中使用最多的模态符号；听觉模态是主模态，在教学中起主导作用；各阶段多模态配合关系多样化以适合不同的教学内容，并达到最佳教学效果"（2020：6）。归纳来看，国内多模态教学理论应用研究主要涉及教学层次，教学环节，研究对象等。

多模态教学与学科的结合也在不断加深，黄创结合多模态教学理论提出 "在商务英语的综合实训中利用多媒体工具＋多模态方法，创设校内虚拟商务场景，给予学生多种模态的认知刺激，能够大大提高综合实训的效率"（2009：15）；张曼强调了多模态教学应用于商务英语教学的重要性和必要性，并提出 "亲身经历、形成概念、分析评价、实际应用" 的多模态学习过程中对于学生具有重要意义（2018：37）；梅明玉，朱晓洁发现沉浸式商务英语教学能够提高学生的口译等能力，并在流利度和准确性这两个指标方面对学生开展商务英语项目化学习有较好的促进作用（2019：29）；此外，对于多模态教学与商务英语结合，实证研

---

* 本文系湖北商贸学院校级课题 "多模态教学在创新型商务英语人才培养中的应用"（项目编号：JY201805）阶段性成果。

究也在同步进行，王云，王霞采用样本实证研究，对商务英语视听说教学中多模态教学功能、不同模态的多种组合方式对商务英语专业学生视听说能力的影响进行了调查研究，并发现合理地对不同模态进行设计组合可以有效提高学生的听力和口语表达能力；视觉模态和听觉模态的有效结合发挥了最主要的功能，相比较而言，单一模态教学在提升学生视听说能方面表现较弱（2015：22）。总结来看，多模态教学在商务英语课程中的研究亦不断加深和广泛拓展，主要是教学方法和教学效果对比的研究。

二、商务英语综合实训课程的内容与特征

根据商务英语综合实训课程的人才培养方案和教学大纲，以及课程目录，其主要内容和特征总结如下。

（一）商务英语综合实训课程的内容

商务英语综合实训课程以实训模块和实训项目为主要单元和主要上课内容，主要涉及日常商务、商务沟通、商务电话、财务工作、物流配送等主要模块和其所包含的具体项目。

（二）商务英语综合实训课程的特征

根据商务英语综合实训课的教学目标，教学内容，教学形式，考查形式和评价方式等进行总结和归纳，其主要特征如下。

1. 知识性与应用性并重

商务英语实训的开展是要求学生有一定的知识基础和知识积累的，同时要有理论的学习，所以知识性的体现是基础理论知识的学习，巩固和掌握，这也是我们进行实操实践的基础所在。商务英语综合实训课程中，实训的含义是应用性和实践性，要求学生要学以致用，要进行实践实操，这是学生真正进入公司工作的必经之路和充分准备过程。知识性和应用性并重是一个前后照应，相互关联，相互促进的学习模式，也是以商务英语综合实训课程为代表的实训课程的重要特征。

2. 整合性与综合性并重

整合性和综合性的体现是在教学内容的应用上的，商务英语综合实训课程一般设置在基础理论科目之后，正是因为商务英语综合实训课程需要运用之前的课程知识，课程要点和课程成果。比如课程的实景活动是一场面试，那么之前学习的职场礼仪的课程内容的运用就要体现；比如课程实训安排的实景交际，那么之前学习的外贸函电，跨境电商等课程知识就要展现出来，运用出来。所以商务英语综合实训课兼具整合多个学习科目和运用多个学习科目理论知识的特征。

3. 探究合作学习与形成性评价并重

教学上，作为一门实训课程，商务英语综合实训课更注重任务型学习和探索性学习，授课老师布置场景内容，设置模拟场景，让学生进行合作交流和自主学习，从而培养学生的自主学习能力和探究学习能力。授课教师往往设置比如职位招聘与面试的场景，或者机场接机进行招待会话的场景，即以商务语境的具体场合和背景为依托，进行课堂展示性和模拟性授课，学生沉浸式交流，发挥，感受和学习。教与学形式的变化就要求我们考查形式随之变化，教学形式的实景性和参与性实际上是逐步培养学生和观察学习成长的方式和手段，学生每一次课堂的实景参与度，表现状况和任务完成度都被记录到课程的考查内容之中，观察和记录，并且对每一次学生的表现进行评价和量化，保证了最终考查评价的准确性，合理性和公平性，也同时可以调动学生的主动性和参与度，这就是课程形成性评价对于商务英语综合实训教学增益性的体现。

三、多模态教学模式下的商务英语实训课设计与应用的创新建议

根据商务英语实训课的课程内容和特征，结合多模态教学的研究成果，本文提出商务英语实训课设计与应用的创新建议，以期助力商务英语实训课的教学。

（一）结合跨文化交际的学习和案例进行教学

结合跨文化交际的学习和案例进行教学实际是教学内容和教学媒介的创新建议。高淑娜等（2013：29）从跨文化交际的视角提出，没有跨文化交际相关知识的基础，任何国际上的商务英语谈判和商务交流都是不能开展的，只有在符合跨文化理论的条件下，把握语码转换，利用语码转换理论才可以避免谈判过程可能产生的歧义。商务英语本身是在以商务的形式进行文化的交换和传输，所以在商务英语实训，也就是模拟商务活动过程中，注重跨文化交际的现象至关重要。

所以本文建议，首先，在商务英语实训过程之前进行跨文化交际的理论和常识讲解，文本和视听结合的方式进行立体化学习，保证实训活动的前景化学习；其次，在实训过程中记录违反跨文化交际原则的案例，进行课后反馈，集中讨论，可以视频或者音频录制的形式，借助语音或者视频模态进行反馈和讨论；最后，可以播放经典的跨文化交际案例，以真实的案例，文本加视频的模态进行直观的讲解和分析。这样我们借助多模态的教学形式，沉浸式的课堂活动，让学生既身临其境，又洞若观火。

（二）校企合作进行团培和实操

校企合作进行团培和实操是商务英语人才培养模式的创新，而这里对于商务英语综合实

训课程而言，是我们课程形式和授课方式的创新建议。对于商务英语人才培养，高校本身存在着校企脱节，重理论而轻实践，重学习而轻锻炼等问题；而与基础理论课程学习不同的是，商务英语综合实训课程需要真实具备实操经验的校外企业管理者、企业培训师进行授课和指导。

对于以上的问题，本文建议邀请企业导师进行真实模拟实训，探索"双师型"商务英语综合实训课程授课模式，高校建立"双师型"授课队伍。对于我们的授课模式进行创新，在实景授课过程中，让学生进入企业进行实训，在授课，即实景实训，或者观摩实景商务运营过程中，企业导师进行讲解、演示，运用包括肢体动作模态演示 PPT 多媒体模态进行展示，等等。这里更多体现的是授课主体的创新转变，授课场景的创新转变，各类教学模态的结合，让学生更深刻地感受和学习商务英语实操技巧。

（三）增强课堂交互性

课堂交互指的是课堂实训过程中，师生互动和生生互动。交互过程本身就是声音模态，肢体模态，文字模态等复合模态不断进行发生的过程，是调动学生多重感官参与课堂的过程。

师生互动在各类课堂活动都具有重要意义，在商务英语实训课中，指的是老师运用多媒体多模态进行授课，演示，评价和反馈，从而传授知识和针对性地对学生提出学习或者提升建议。生生互动在商务英语实训课不是单纯的课堂交流，而更多指的是合作学习，其内涵是分工合作，问题解决以及两者的互动联系，在生生互动的过程中，参与，互动和协作解决问题是其互动的主要内容，也就是说通过有效的互动，学生的团队协作，解决问题的能力可以得到提升。

（四）进行计算机辅助教学

传统的计算机辅助教学一般指的是演示型教学模式，教师使用事先准备的教学课件进行讲课，这样的模式属于最基本的计算机辅助教学方式。本文对于计算机辅助教学的创新建议体现在教学形式，纠错形式，反馈形式和评价方式等方面。

首先，教学形式上，我们结合本章"建议一"和"建议二"，进行的是实景化教学，学生进入企业学习，企业导师讲解真实商务活动中的实操技巧，包括商务计算机软件使用等。此外，计算机学习的交互性更多地被使用，学生能够根据自身水平实现实践操作，通过制作收集，系统能够提供文字、语音和图像等多种模态相互结合的课件，助力学习效果。然后，纠错形式上，我们前面借助计算机的交互学习功能，可以记录学生的薄弱点，从而进行跟踪，强化和反馈，比如，学生通过反复播放课件强化自己的知识理解，或者矫正自己某个单词的发音。然后，因为借助了计算机的教学，授课和记录等功能，课堂反馈不仅仅是文字的形式，而且还有各类图表显示着学习过程中曾经出现过的问题，需要强化的知识点和技巧等；评价方式，老师不是基于最后一次考试的结果，而是结合每一次实训表现，计算机的记录反馈进行全方位系统化的评价,这样的评价对于学生继续学习和工作是具有深刻意义的。

四、结 语

综上所述,本文主要综述了多模态教学的研究和成果,结合商务英语教学的最新研究动态和研究方向,总结和归纳了商务英语综合实训课程的内容和特点,基于这两者对商务英语实训课设计与应用提出了创新性的思考与建议,即课程设计要结合跨文化交际的学习和相关的案例,要尝试进行校企合作团培和实操,课堂要增强交互性以调动学生多重感官参与,进行计算机辅助教学以提高教学效率和教学质量。

参考文献

［1］Forceville C,Urios,Aparisi E. Multimodal Metaphor［M］. New York：Mouton de Gruyter,2009：19-42.

［2］朱永生. 多模态话语分析的理论基础与研究方法［J］.外语学刊 2007（5）：82-86.

［3］胡壮麟. 社会符号学研究中的多模态化［J］.语言教学与研究 2007（1）：1-10.

［4］张德禄. 多模态话语理论与媒体技术在外语教学中的应用［J］. 外语教学 2009（4）：15-20.

［5］叶汉中. 多模态视角下高中英语听说课教学的探索——以北师大版高中英语教材 Module 2 Unit 6 Lesson 2 Great Buildings 为例［J］. 中小学外语教学（中学篇）,2019,42（01）：60-65.

［6］李晶晶. 多模态批评话语分析视角下的口译过程研究［J］.外国语（上海外国语大学学报）,2019,42（06）：60-70.

［7］王珊,刘峻宇. 国际汉语词汇教学中的多模态话语分析［J］.汉语学习,2020（06）：85-96.

［8］黄创. 基于多模态教学的商务英语综合实训［J］.商场现代化,2009（15）：247-249.

［9］张曼. 多模态教学模式下的商务英语人才培养路径探究［J］.长春师范大学学报,2018,37（01）：180-182.

［10］梅明玉,朱晓洁. 基于沉浸式具身学习的商务英语教学研究［J］.现代教育技术,2019,29（11）：80-86.

［11］王云,王霞. 商务英语视听说教学中多模态教学的实证研究［J］.外语与翻译,2015,22（03）：76-80.

［12］高淑娜,郑茗馨,李嵘剑. 跨文化视角下的语码转换与商务英语谈判研究［J］.吉林省教育学院学报（中旬）,2013,29（11）：131-133.

作者简介

卢建兴（1992—1）,湖北商贸学院外语外事学院助教,研究方向：外语教育,应用语言学。E-mail：1550056152@qq.com。

陈萍（1975—6）,湖北商贸学院外语外事学院副教授,研究方向：教育理论与教育管理,高等教育。E-mail：767751905@qq.com。

"过"在语法教学中的研究

姜珂珂

（上海海事大学，上海，200120）

【摘要】"过"在现代汉语中具有多种词性，是对外汉语教学中的难点，本文重点研究"过"的基本用法、偏误分析、偏误产生的原因以及教学应用建议。文章主要是在以前学者们的研究基础上和对外汉语教学上采取相应的措施以及研究方法上，进一步分析留学生可能出现的偏误及其原因，帮助汉语学习者更清楚地了解"过"的使用，帮助汉语教师在教授"过"的语法教学时解决和分析学生出现的偏误问题。

【关键词】偏误；"过"；语法教学

一、引　言

"我也想过过过儿过过的生活"，这是最近在网络上很火的一句话，不仅对于外国人来说特别难理解，对于很多母语为汉语的中国人来说，也需要稍加思索。"过"字是现代汉语中经常使用的词，有很多种意义和用法，同样，在对外汉语教学中，是外国学生学习的难点，也是重点。在针对外国留学生的汉语教学中，研究"过"的本体，以及其经常出现的偏误，分析其原因，有助于对外汉语教师更好地开展语法教学。

二、"过"的本体研究

"过"可以用作一般动词、名词、副词、趋向动词和动态助词。不同的词性各有自己的使用条件和出场环境。

（一）"过"作为一般动词

吕叔湘先生在《现代汉语八百词》中对动词"过"进行过分析，他认为"过"在用作动词使用时有经过（地点）、度过（时间）、超过（范围）、使经过（处理）的意义。

经过，跨过，路过后面加场所地点，在语法功能上做谓语，后面带处所宾语。如：

我曾经跨过山和大海，也穿过人山人海。

度过、经过，多指时间，可带动态助词"了"，后面是名词宾语。如：

今天过得真不错。

超过某种范围，也可指限度，成功通过。如：

他过了大学英语六级。

使经过处理，产生作用或者效果。如：

我们把课文过一遍。

（二）"过"作为名词

例句中的过儿很明显就是名词的用法，除此之外，"过"作为名词还常指过失、过错。在句子里主要做宾语，也可以做主语。如：

他已经改过自新了。

（三）"过"作为副词

表示程度。一般修饰双音节动词、形容词或者动词补语，不能出现在主语前。如：

你做得太过了！

表示过分、过于、太，一般出现在单音节形容词前，用作状语。如：

你过誉了，我其实很普通。

（四）"过"作为趋向动词

"过"作为趋向动词常用在别的动词后作补语，表示人或者事物从一处到另外一处，随动作而改变方向和趋向。出现的句型为：动词＋"过"＋名词。如：

我回过头看见了他。

还表示动作从某处经过，一般句式是：动词＋"过"＋处所。如：

他游不过海。

还有比较的意思，这时可以在动词和"过"之间加"得"和"不"。如：

没人能说得过他。

"过"作为趋向动词也可以和形容词连用，一般出现的句型是：形容词＋"过"＋名词。此时也有比较的意思，表示超过，多用于积极类的比较，并且形容词只能用单音节词。如：

他成绩好过我很多。

（五）"过"作为动态助词

学术界普遍把动态助词"过"分为两种，一种是表示动作的完结，一种是表示过去时。

用在动词或者形容词后，表示动作的完结，常常和"了"一起用。如：

我吃过饭了。

表示某一动作曾经在某一时间发生或者存在，表示过去的一种状态或者经历，经常和"曾经""以前"搭配使用。如：

这部电影我以前看过。

三、"过"的相关研究及其出现的偏误类型

由于"过"在语法教学中最经常使用的是动态助词，根据语料库的统计，错误的类型大致可以分为缺失型、误加型、位置不当和混淆型。

（一）缺失型

该使用"过"的时候却没有用。如：

<u>有人来了，这些东西很明显被翻了。</u>

"来"是动作，在局子里表示已经完成，不是正在进行，"来"后面应该加上过。

<u>他们夫妻感情很好，从来没吵架。</u>

这句话意思是要表明以前从来没有吵架这个行为，当否认过去的行为时，否定副词"没"要放在动词前，并且要保留动态助词"过"。

（二）误加型

不该用"过"，却用了"过"。如：

<u>到现在我已经在上海海事大学学习过两个多月了。</u>

"过"用在动词后，动词所表示的行为动作必须发生在过去，这句话说明动作已经发生了。学习是一直持续的动作，所以不能用"过"。在动词后使用"过"需要特别考虑的是，动作行为是发生在过去，但是不能确定它发生的状态，也就是说现在不再进行该动作。

<u>他们怎么总是那样任性过，令人生气。</u>

"总是"表明连续，"过"表明状态已经完结，在这个句子里显然不符合。

（三）位置不当型

过的位置在句子里使用有误。如：

<u>她是个好女孩，没被人伤心过。</u>

汉语中的离合词一般由动词和名词两部分组成，当离合词需要加"过"时，对它的处理方式像其他的动态助词一样，"过"应该放在离合词的动词和名词中间。"伤心"是离合词，因此，"过"应该放在"伤"和"心"之间。

<u>去年过年的时候我回老家去过。</u>

"回……去……"这个句子中因为"过"作为一种动态助词能够和它同时存在，因此在"回去"的使用中不能将二者分开，所以要将"回去"作为一个动词。

四、"过"的偏误原因

在汉语学习中，尤其是"过"的语法教学，动态助词是一个非常复杂的语法点。经常产生偏误的原因，不仅在于语言的差异，还在于教师的教授方法和学习者的学习策略等方面。

（一）学生的原因

在对外汉语教学的过程中，以及对留学生的调查问卷分析，很多关于"过"产生偏误的原因是大部分外国学习者没有正确的了解"过"和自己母语的区别。从而产生迁移的影响。在心理学中又根据迁移性质的不同划分为正迁移和负迁移（刘珣，2000）。

对于外国留学生来说完全理解语法点的使用规则比较困难，为了减轻学习负担并且使语言结构更容易理解和记忆，盲目地总结一些知识并随意使用，导致了一系列的偏误。这种由目的语负迁移引起偏误的语法点在其母语中并没有与之对应的项目，学习者常常会对已经学习的知识进行错误的归纳，从而引起偏误。外国留学生在习得汉语时常用到的学习策略有过度泛化，交际策略有回避、简化、语言转换和语义代替。可见，不当的学习策略非常妨碍学生习得汉语。一味地采取回避、简化这样的学习方法，只能让难点永远都是难点。

（二）教师的原因

中国人在学习汉语时，很少会专门对"过"进行系统地学习。因此，在教授汉语的过程中，特别是在汉语初级阶段的学习中，很多经验不足的汉语教师并没有意识到"过"会是一个难点，在心理准备上、课程设计上都不够充分。很多对外汉语教师上课时习惯用英语解释、翻译，这非常不利于培养学生的汉语语感，因为学生在理解时会优先想到母语，理解了意思之后却依然不会汉语的语法规则。所以教师在教授"过"时，如果对知识点掌握不够，不能正确示范，或不能针对学生出现的偏误及时调整教学，这些都会影响学生学习。

五、结　语

"过"是现代汉语中经常使用的一个词，是对外汉语教学中的一个重点、难点，在语法教学中不仅是为了让学生掌握这个语法点，更多地是为了帮助学生理解运用，进而提升学生的汉语水平。教师应根据学生的特点运用有效的教学方法，准确找出学生的偏误和原因，结合教学原则，更好的讲解"过"的具体知识，运用些教学技巧，使原本枯燥的学习变得生动，让学生有兴趣地主动学习。

参考文献

[1] 史文雯. 汉语"过"的语法化研究 [D]. 四川师范大学，2013.

[2] 陈贤之. 现代汉语"过"和泰语句法语义对比 [D]. 广西民族大学，2015.

[3] 冯佩雯. 动态助词"了""着""过"的偏误及用法分析 [J]. 甘肃联合大学学报（社会科学版），2013，29（04）：98-101.

[4] 江雪. 英语母语者动态助词"了、过"的偏误分析及教学建议 [D]. 吉林大学，2014.

[5] 孙杰. 对外汉语中助词"过"的偏误研究 [J]. 汉字文化，2019，（S2）：96-97.

作者简介

姜珂珂（1997—），女，上海海事大学硕士研究生，研究方向：对外汉语。E-mail：875965667@qq.com。

翻转课堂课中活动对外语交际意愿的影响*

曾 婧 程靖茹

（昆明理工大学，昆明，650000）

【摘要】本研究基于高校选修德语课程的教学实践，对比分析了翻转课堂模式下不同课中活动设计对学生外语交际意愿的影响。对问卷的量性分析结果显示，课前学习一致的前提下，以学生为中心的互动式、合作式课堂活动设计能够促进学生的外语交际意愿，而以教师为中心的授课方式对学生的外语交际意愿有负面影响。本研究表明，外语翻转课堂的核心仍是课堂活动，而非"翻转"形式。提高外语翻转课堂的有效性要注重课堂活动的设计，才能发挥翻转课堂的作用。

【关键词】翻转课堂；外语交际意愿；行动研究

一、引 言

近年来，线上教育的发展势不可挡，其中翻转课堂模式因为能够实现"学生为中心"的课程设计、促进学生的学习自主性、满足个性化学习而受到教育者的重视。

但有学者发现，目前许多翻转课堂"只具其形，未得其神"，没有实现以学生为中心的理念（鲍宇等 2020：10；曾文婕 2020：78）。"翻转"本身，只是一种教学模式，并非课程实质教学理念的体现。要解决翻转流于表面的问题需要对课中活动的设计和教学理念进行研究。

外语教学领域的绝大部分翻转课堂研究聚焦大学英语及英语专业课程，少见其他语种的翻转课堂实证研究，且缺少对外语交际意愿的观察。因此，本文以翻转课堂对外语交际意愿的影响为研究对象，了解在德语选修课程里翻转课堂的课中活动设计对学生外语交际意愿的影响，以寻求能改善学生外语交际意愿的课中活动设计。

二、研究现状

（一）外语交际意愿研究现状

中国学生在外语课堂上不积极互动、和教师、同学欠缺交流，国内外学者将这种现象归结于外语交际意愿（Willingness to communicate）的欠缺（Wen & Clément 2003；李红

---

* 本文系昆明理工大学大学英语智慧教学团队阶段研究成果；昆明理工大学线上线下混合式一流本课程阶段研究成果。

2009）。交际意愿（WTC）理论最初用于研究母语交际意愿，于 20 世纪 90 年代起应用于二语习得领域。Macintyre et al.（1998：547）将二语交际意愿定义为："a readiness to enter into discourse at a particular time with a specific person or persons，using a L2."

当前研究发现中国学生并非没有交际欲望，而是需要正确的培养和引导来激发其潜力，且改善课堂设计是提高学生外语交际意愿最重要的方法之一（彭剑娥 2008）。教师对课堂的组织管理能直接影响学生的 WTC：比如营造良好的课堂氛围（吴婷 2016），组织适合的学习活动、增加学生交际的机会（林殿芳 2018；吴庄、文卫平 2009），改善教学方式（何暄 2013；赵婴 2015）等都能有效提高学生的 WTC。

（二）翻转课堂研究现状

自 2007 年 Bergmann 和 Sams 提出翻转课堂理念，其设计和施行随着在线教育的发展、网络技术和电子设备的革新变的愈发方便，使之成为国内外教育界的讨论热点（Cheng et al. 2019；郭建鹏 2019）。近年来我国外语教学界重视将课程和学习从"教师为中心"变为"学生为中心"，翻转课堂的相关研究随之增多。我国针对翻转课堂的研究以外语翻转课堂为主（赵俊芳 2018：90），相关研究近年来呈稳步上升趋势（闭富春、李佳新 2020：62；屈社明 2019：63）。研究发现，翻转课堂能够增加锻炼口语和听说能力的时间和外语输出能力（陈姝宇 2019），提高学生的课堂参与度与积极性（姜倩、陶友兰 2018），且翻转课堂尤其适合人文艺术学科（Cheng et al. 2019：814）。

虽然学界目前对翻转课堂的关注度高，实证研究不少，但当前研究存在一定的局限性：

首先，大部分研究局限于翻转课堂和传统课堂的对比，少有研究验证不同类型翻转课堂设计和实施的效果（Cheng et al. 2019：816）。翻转课堂模式的先驱 Bergmann（2017）也提出：已经有许多研究证实了翻转课堂的有效性，学者们应该探究何种策略和模式最适合何种课堂。因此应该关注不同翻转课堂设计对外语课堂造成的影响。

其次，缺乏对课堂活动设计的研究。张萍等（2017）发现，当前关于翻转课堂的有效性研究证明良好的学习效果并非源于视频学习。这也证实了早期 Clark（1994）针对 CBI（Computer-based instruction）提出的理论：改善教学效果的原因并非是电脑这个媒介，而是运用于 CBI 中的教学理念。DeLozier & Rhodes（2017）也在研究中发现，课前视频教学本身并不会影响学生的学习，其主要作用在于为课堂提供了更多的促进学生主动学习的时间，从而改善学习效果。屈社明（2019：66）分析了 CSSCI 外语语言学类期刊中的翻转课堂研究论文发现国内研究忽视了对教学过程、教学理念、方法的关注。

翻转课堂的课中设计应该是翻转课堂模式的主体、翻转成败的关键（李西顺 2018：44）。胡杰辉（2017：27）对翻转课堂促学效能的研究表明："翻转课堂的核心促学机制在于师生互动下课堂活动任务的促学效能。"张萍等（2017：47–52）认为成功实施翻转课堂的关键要素之一就是精心设计能够促进学生互动和合作的教学活动。这些发现和观点同一些国际学者的主张一致，如 DeLozier 和 Rhodes（2017：147）就提出未来应该研究翻转课堂中合作式、互动式活动设计的应用。

综上，当前针对 WTC 的研究表明课堂活动的设计和实施方法会对学生的外语交际意愿产生影响，翻转课堂亦不例外，提高学生的 WTC 是外语课堂的关键目标（Macintyre et al.，1998：559），但目前国内关于翻转课堂对 WTC 影响的实证研究极少。因此本研究将目光聚焦在课中活动设计对学习者外语交际意愿的影响上，意图了解何种课堂设计更有利于培养和提高学生的外语交际意愿水平。

三、研究设计

（一）研究问题

行动研究适合在小范围内探索教学中的具体问题，利于教师本人对自己的课堂进行深入了解并改善课堂（Feldmeier，2014：255；刘润清，2016：209-210），因此本研究采用行动研究方法，尝试回答以下研究问题。

（1）翻转课程的课中活动设计是否会对学生的外语交际意愿产生影响？

（2）哪种课中活动设计对学生的外语交际意愿有积极的影响？

（二）课程设计

本研究于 2019 年秋季学期、2020 年春季学期和 2020 年秋季学期在我国西部某省属普通高校开展，包括《德语入门》及《德语进阶》两门面向全校学生的公共选修课程。课程全程讲授、翻转课前学习的微课视频及雨课堂自主学习任务单均由本文作者设计、实施。

三门课程的整体设计理念均基于布鲁姆教育目标分类学（安德森，2019：35-36），课前学习概念性知识（如语法、词汇知识），课上学习概念性知识在情境中的运用，即知识的内化。作者遵循布鲁姆教育目标分类学，设计、制作课程练习和学习视频，注重前序知识衔接和脚手架支撑，以求科学地、循序渐进地促进学生对知识的理解和运用。因三门课程均为公共选修课程，学生投入时间、精力有限，本课程采用翻转课堂的传统模式，不设课后练习（郭建鹏，2019：13）。

三门课程的课前学习方法相同：学生通过雨课堂自主学习任务单观看教师自制微课视频，完成相关基础自测练习，掌握概念性知识。雨课堂后台的课前学习情况显示三个班级的课前学习完成度均较高（A 班 85%、B 班 94%、C 班 94%），可见课程设计保证了学生的课前学习积极性。

三门课程的区别在于课中学习环境构建和学习活动设计：A 班和 C 班为线下课堂，每周课程均设有多个任务式、合作式趣味学习活动，构建以学生为中心的情景式、互动式外语课堂。B班因受疫情影响，只能进行线上授课，限于雨课堂线上直播功能只能开展教师主导的线上学习，互动方式主要是师生线上互动，缺乏生生合作互动，与以教师为中心的传统课堂类似。学生对三门课程的期末学习体验满意度都较高（A班4.04，B班4.13，C班4.3，满分5），Kruskal-Wallis H检验结果显示无显著差异，可见三班对课程总体设计和实施认可度均较高。

（三）数据收集

本研究通过在开学和期末发放问卷调查，了解学生外语交际意愿的变化。外语交际意愿量表根据学生实际情况改编自Mahmoodi & Mohammad-Hadi（2014）采用的六级李克特量表问卷。三个班级的六次问卷信度检验显示信度都较高（见表1）。

表1 问卷调查信度

班级	A班		B班		C班	
问卷时间	开学	期末	开学	期末	开学	期末
Cronbach α 系数	0.911	0.970	0.788	0.956	0.897	0.877

四、结果

获取调查数据后，采用SPSS 25.0对各班的WTC数值进行分析对比。对三班开学WTC问卷数据进行正态分布检测发现部分变量与正态分布有显著性差异，故本研究将使用非参数检验方法（秦晓晴、毕劲，2016：309）进行分析。因三个班级期末学习体验评价都较好，本研究对课中活动的效果没有倾向性，采用双尾检验方法。因各项数据收集时间不同，不同数据的班级人数会有一定浮动。

（一）A、B、C班之间开学WTC差异

对三班开学时的WTC数据使用描述分析发现A班交际意愿最低，B班和C班相差不大：

表2 开学WTC问卷三班均值

序号	1	2	3	4	5	6	7	8	9	10	11	12	13	14	15
A（45）	2.6	2.38	2.78	2.33	3.07	2.93	3.24	2.98	2.64	2.87	2.89	2.91	2.53	2.82	2.73
B（42）	4.29	3.86	3.88	3.29	4.62	4.45	4.6	4.33	4.24	4.26	4.48	4.38	4.14	4.05	4.14
C（24）	3.83	3.63	3.79	3.5	4.21	4	4.67	4.46	4.42	4.25	4.38	4.38	4.29	4.29	4.29

使用 Kruskal-Wallis H 检验 A、B、C 两班开学的 WTC 差异，发现三个班级之间的开学 WTC 有显著差异。

表3   A、B、C班开学外语交际意愿Kruskal–Wallis H检验结果

序号	克鲁斯卡尔-沃利斯H（K）	自由度	渐近显著性	蒙特卡洛显著性		
				显著性	99% 置信区间	
					下限	上限
1	27.391	2	0.000	0.000^c	0.000	0.000
2	22.328	2	0.000	0.000^c	0.000	0.000
3	14.459	2	0.001	0.001^c	0.000	0.001
4	14.659	2	0.001	0.001^c	0.000	0.001
5	32.290	2	0.000	0.000^c	0.000	0.000
6	25.648	2	0.000	0.000^c	0.000	0.000
7	36.648	2	0.000	0.000^c	0.000	0.000
8	31.877	2	0.000	0.000^c	0.000	0.000
9	33.563	2	0.000	0.000^c	0.000	0.000
10	27.470	2	0.000	0.000^c	0.000	0.000
11	36.773	2	0.000	0.000^c	0.000	0.000
12	32.997	2	0.000	0.000^c	0.000	0.000
13	34.071	2	0.000	0.000^c	0.000	0.000
14	26.261	2	0.000	0.000^c	0.000	0.000
15	30.016	2	0.000	0.000^c	0.000	0.000

因 Kruskal-Wallis H 检验结果达到了显著性水平，需要使用 Mann-Whitney U 检验方法进行事后检验，确定差异存在于哪些组间，事后检验的显著性水平为 0.0167（秦晓晴、毕劲 2016：345）。经过三次 MWU 检验发现，A 班与 B 班和 C 班的开学 WTC 差异达到了显著水平，根据 Cohen 提出的参照体系（秦晓晴、毕劲，2016：206），上述数据的效应量较大。可见 A 班的开学 WTC 低于 B 班和 C 班，而 B 班和 C 班的开学 WTC 不存在差异。

（二）A、B、C 班之间期末 WTC 差异

对三班的期末 WTC 数据进行描述分析，显示期末交际意愿均值中 C 班最高，A 班次之，B 班最低（表4）。使用 Kruskal-Wallis H 检验 A、B、C 三班期末的 WTC 差异，发现存在显著差异（表5）。

表4   期末WTC问卷三班均值

序号	1	2	3	4	5	6	7	8	9	10	11	12	13	14	15
A（54）	3.06	2.93	3.11	2.89	3.2	3.02	3.19	3.22	3.11	3.13	3.15	3.09	3.07	3.02	3.07
B（39）	2.87	2.67	2.92	2.69	3.05	2.85	3.08	2.97	2.92	2.97	3.00	3.03	2.82	2.82	2.92
C（18）	4.28	4.17	4.78	4.33	5.00	4.78	4.83	4.94	4.94	5.06	5.11	5.06	4.83	4.78	5.11

表5　A、B、C班期末外语交际意愿 Kruskal–Wallis H检验结果

序号	克鲁斯卡尔-沃利斯H（K）	自由度	渐近显著性	蒙特卡洛显著性		
				显著性	99% 置信区间	
					下限	上限
1	12.439	2	0.002	0.002ᶜ	0.001	0.003
2	11.800	2	0.003	0.002ᶜ	0.001	0.002
3	23.156	2	0.000	0.000ᶜ	0.000	0.000
4	12.782	2	0.002	0.001ᶜ	0.000	0.002
5	30.189	2	0.000	0.000ᶜ	0.000	0.000
6	24.460	2	0.000	0.000ᶜ	0.000	0.000
7	23.438	2	0.000	0.000ᶜ	0.000	0.000
8	28.149	2	0.000	0.000ᶜ	0.000	0.000
9	31.396	2	0.000	0.000ᶜ	0.000	0.000
10	31.651	2	0.000	0.000ᶜ	0.000	0.000
11	33.104	2	0.000	0.000ᶜ	0.000	0.000
12	31.994	2	0.000	0.000ᶜ	0.000	0.000
13	27.671	2	0.000	0.000ᶜ	0.000	0.000
14	24.132	2	0.000	0.000ᶜ	0.000	0.000
15	36.424	2	0.000	0.000ᶜ	0.000	0.000

经过三次 MWU 检验，发现 C 班的 WTC 与 A、B 班有显著性差异，其数值高于 A、B 班，且效应量较大。

（三）A、B、C 三班内部的交际意愿变化分析

上述分析表明三个班级中 C 班的交际意愿开学和期末都较高且稳定。对 C 班的 WTC 数据进行 Wilcoxon 检验了解班级内部学期始末的 WTC 差异，发现 C 班开学和期末的 WTC 不存在显著差异。对 A 班和 B 班开学和期末的 WTC 数值进行 Wilcoxon 检验，发现两班的 WTC 均产生了较大的变化：A 班的部分 WTC 数值期末高于开学，B 班的大多数 WTC 数值期末低于开学。

该结果说明在授课过程中 A 班的 WTC 有所提高，B 班的 WTC 显著下降，C 班的 WTC 则始终保持较高水平。

五、结　语

本研究分析了三个德语班级开学和期末的 WTC 情况，比对了班级之间和班级内部的 WTC 变化，对研究问题做出以下回答。

　　翻转课堂的课中活动设计会对学习者的外语交际意愿产生不同程度的影响：以教师为中心、缺乏互动和合作的教学设计对学习者的外语交际意愿有负面影响，会降低学习者本来较高的外语交际意愿（如 B 班）；以学生为中心的互动式、合作式教学活动有利于培养学生的外语交际意愿，能够提高本来较低的外语交际意愿（如 A 班），也能够让学生保持较高的外语交际意愿（如 C 班）。

　　本研究说明：（1）外语翻转课堂的课中活动设计和实施能影响外语翻转课堂的效果。即使翻转都成功、课前学习设计和实施一致、学生的主观学习体验一致，不同的课中活动设计也会对学生的外语交际意愿造成不同的影响。以学生为中心，注重互动和合作的外语教学活动能够培养和促进学生的外语交际意愿，对外语学习有促进作用。（2）仅靠"翻转"这一技术无法建构以学生为中心的课程，在翻转课堂的设计和实施中教师应该对课中活动给予更多关注和思考。课前学习设计和视频制作对于翻转课堂来说固然重要，但课中活动才是外语翻转课堂的核心，最大化利用翻转带来的充足课堂时间，才能改善和提高学生的语言应用能力。

　　本研究为我国外语翻转课堂的设计提供了思路，侧面反映了非英语语种选修课程翻转课堂的可行性，但存在一定局限性：（1）研究样本较小、研究时间较短；（2）本研究对比线上直播课程和线下互动式课堂的区别，不能完全说明线下传统课堂和线下互动式课堂的区别，也没有考量其他线上互动形式（如线上学生讨论、线上学习游戏等）的有效性；（3）本研究仅利用问卷调查考察了 WTC 的总体变化情况，未深入调查学生个体 WTC 的变化情况及其他可能受课堂活动影响的学习因素。因此建议未来研究可扩大研究样本，延长研究时间，丰富研究方法，以求更加全面的了解翻转课堂的课中活动设计对外语学习的影响，探索网络外语翻转课堂的可行性。

参考文献

［1］ Bergmann J. *Foreword*［A］. In. The flipped classroom：Practice and practices in higher education［C］. Reidsema et al（ed.）. Singapore：Springer，2017

［2］ Cheng L. et al. Effects of the flipped classroom instructional strategy on students' learning outcomes：a meta-analysis［J］. *Educational Technology Research and Development*，2019（4）：793-824.

［3］ Clark R E. Media will never influence leaning［J］. *Educational technology research and development*，1994（2）：21-30.

［4］ Delozier S J, Rhodes M G. Flipped Classrooms：a Review of Key Ideas and Recommendations for Practice［J］. *Educational Psychology Review*，2017（1）：141-151.

［5］ Feldmeier A. *Besondere Forschungsansätze: Aktionsforschung*［A］. In Empirische Forschungsmethoden für Deutsch als Fremd- und Zweitsprache［C］. Settinieri，J（ed.）. Paderborn：Schöningh，2014.

［6］ Mahmoodi M-H，Moazam I. Willingness to Communicate（WTC）and L2 Achievement：The Case of Arabic Language Learners［J］. *Procedia - Social and Behavioral Sciences*，2014（98）：1069-1076.

［7］Macintyre P D，Dörnyei Z，Clément R，et al. Conceptualizing Willingness to Communicate in a L2：A Situational Model of L2 Confidence and Affiliation［J］. *Modern Language Journal*，1998（4）：545–562.

［8］Wen W P，Clément R. A Chinese Conceptualisation of Willingness to Communicate in ESL［J］. *Language, Culture and Curriculum*，2003（1）：18–38.

［9］安德森 洛.布鲁姆教育目标分类学：分类学视野下的学与教及其测评［M］.北京：外语教学与研究出版社，2019.

［10］鲍宇、李希妍等.翻转课堂教学个性化改进方法及其实证研究［J］.电化教育研究，2020（1）：10-114.

［11］闭富春、李佳新.国内外语翻转课堂研究述评：基于14种外语类核心期刊最近五年（2014—2018）论文的统计分析［J］.高教学刊，2020（5）：62-64。

［12］陈姝宇.翻转课堂对法语学习者语言输出能力的影响研究［J］.中国农村教育，2019（7）：25.

［13］郭建鹏.翻转课堂教学模式：变式与统一［J］.中国高教研究，2019（6）：8-14.

［14］何暄.任务型教学影响大学生英语课堂口语交际意愿的实验研究［J］.中国成人教育，2013（7）：140–142.

［15］胡杰辉.外语翻转课堂促学效能差异的对比研究［J］.外语界，2017（6）：20-28.

［16］姜倩、陶友兰."翻转课堂"在MTI翻译理论教学的应用与效果分析：以MTI《翻译概论》课教学为例［J］.外语教学，2018（5）：70-74.

［17］林殿芳.影响学生课堂交际意愿的教师因素研究［J］.外语教学，2018（4）：59-64.

［18］刘润清.外语教学中的科研方法［M］.北京：外语教学与研究出版社，2016.

［19］李红.中国传统文化对大学生英语课堂交际意愿的影响［J］.教育理论与实践，2009（7）：57-58.

［20］李西顺.翻转课堂的理论局限及功能边界［J］.现代远程教育研究，2018（4）：41-48.

［21］宁强.大学英语后续课程混合教学模式应用研究［J］.外语语文，2018（2）：145-151.

［22］彭剑娥.文化视觉下大学生英语交际意愿的实证研究［J］.语言教学与研究，2008（6）：30-36.

［23］秦晓晴、毕劲.外语教学定量研究方法及数据分析［M］.北京：外语教学与研究出版社，2016.

［24］屈社明.国内高等外语教育翻转课堂研究：基于CSSCI外国语言学类来源期刊论文的内容分析［J］.外语电化教学，2019（6）：62-68.

［25］吴婷.教师课堂管教策略与大学生英语交际意愿相关性的实证研究［J］.外语教学，2016（3）：61-65.

［26］吴庄、文卫平.英语专业本科生的第二语言交际意愿：社会环境、动机指向、性格与情感意识的影响［J］.外语教学理论与实践，2009（1）：32-35，56.

［27］曾文婕.怎样设计"以学生学习为中心"的大学翻转课堂［J］.现代远程教育研究，2020（5）：77-85.

［28］张萍、Ding Lin、张文硕.翻转课堂的理念、演变与有效性研究［J］.教育学报，2017（1）：46-55。

［29］赵俊芳.我国高校翻转课堂的实践问题及对策研究［J］.现代大学教育，2018（6）：89-93.

［30］赵婴.基于视频会议的跨文化交流对交际意愿的影响［J］.现代教育技术，2015（11）：60-66.

作者简介

曾婧（1985—），女，博士，昆明理工大学外国语言文化学院讲师，研究方向：对外德语教学。E-mail：zengzengdeutsch@126.com。

程靖茹（1990—），女，硕士，昆明理工大学外文学院讲师，研究方向：教育学，对外德语教学法。E-mail：jingru.cheng@foxmail.com。

语块教学理论在大学英语教学中的应用

邵 帅

（中国劳动关系学院，北京，100048）

【摘要】语块在语言中普遍存在。语块教学为大学英语教学提供了新的视角，注入新的内容。本文基于语块教学理念，结合具体的教学案例，按照课前导入、课中讲解练习、课后复习巩固的环节来展示语块教学的相关设计和内容，并对语块教学中的一些问题和启示做了总结。

【关键词】语块；教学设计；反思

一、语块教学理论概述

语块在语言中所占的比例相当高。例如，在 LLO 语料库和 LOB 语料库中的比例为 52% 和 59%（Erman &Warren，2000）；在学术口语和笔语中占 30% 和 21%（Biber et al.，1999）。语言教学者和研究者日益重视语块在语言习得中的重要作用，并对这一语言现象进行不断的探讨。

借鉴不同研究者的界定，我们可以把语块定义为：无须语法分析就能被整体习得并使用的模式化语言结构。其大致包括：固定词组，如 at one time，for good，take advantage of；常见搭配，如 a rosy future，work wonders，land a job；习语，如 A fall into the pit，a gain in your wit；句子架构和引语，如 the more...the more...，Stay hungry，stay foolish 等。

目前，研究者们就语块能达成的普遍共识有：语块教学符合人的认知规律，熟练掌握语块对于听者和说者能大大减少信息解码和编码的时间与压力，从而让言语交际能够更顺畅；语块储备的数量和质量深深地影响着二语学习者语言表达的地道性和流利性；二语学习者预制语块的运用能力与各项语言水平和综合语言能力存在着显著的正相关关系（丁言仁、戚焱，2005），语块构成的范例体系和基于语法规则的分析体系同样重要（魏梅、孙海洋，2011）。

当前，有关二语语块习得的研究主要集中在语块的识别、语块的存储和使用机制以及语块教学的有效性等三个方面。徐泉指出外语语块教学中还有许多亟待解决的问题，其中包括：研究语块课堂教学的程序、方法和策略（徐泉，2010）。笔者将根据语块教学的理念，结合具体的课堂教学案例来反思总结语块教学中的一些问题和启示。

二、课堂语块教学设计

这里，让我们以新视野大学英语（第三版）第一册 Unit 3 Section A College life in the

Internet age 为例，按照课前导入、课中讲解练习、课后复习巩固的环节来展示语块教学的相关设计和内容。

（一）课前导入

良好的课前导入能够调动学生学习的热情，同时也可以拓展学生知识面，优化学生的知识结构。本课首先以三位名人关于电脑和互联网的论述来导入。其中 Bill Gates 的名言为："I think it's fair to say that personal computers have become the most empowering tool we've ever created. They're tools of communication, they're tools of creativity, and they can be shaped by their users." 通过这样的语句，学生对于本单元将要学习的主题会有明确的心理预期，激活相关背景知识和言语表达方式，同时，学生也将吸收 "I think it's fair to say that..." "personal computers" "the most empowering tool" "shaped by their users" 等语块表达。

接下来，学生会被要求识别图片中不同的学习方式并讨论 2 个问题。在呈现问题时，会配以相关的语块，供学生参考。比如，Do you think the Internet is indispensable in teaching and learning nowadays? 这个问题就附带了这样的语块：The Internet is indispensable: get access to the lastest development of teaching and learning, enjoy many interesting online courses, communicate with teachers after class; the Internet is not indispensable: teaching and learning have been carried out long before the Internet came into being, teaching and leaning could surely continue without the Internet.

然后，学生会听到一段关于数字教育的材料，并填出缺失的信息。听完这一段学生可以了解如今用于教学的多样化科技产品，但是教育内容依然是最应该受到关注的。除了一些重点单词以外，学生需要听写出 received a question, educational technology, depend on, are connected to, video conferencing, are equipped with, a smart board, operate by touch, as always 等语块信息。

（二）课中讲解练习

在这一环节，学生首先需要用最快的速度通读一遍课文，然后除了要回答与课文内容相关的一些问题以检测理解水平外，还要自己划出重要或难懂的语块并猜测这些语块的含义。接下来，教师让学生通过连线的方式找到文中英语语块对应的汉语意思，纠正一些错误的理解，然后再对这些语块进行详细的讲解。讲解涉及语块的含义、构成方式和用法等。比如，对于 frontiers of new technology（新技术的前沿），sophisticated thinking（深入思考），inferiority complex（自卑感）等，教师有必要告知学生 frontier（边境）、sophisticated（复杂的）、inferiority（低劣）、complex（情结）等词的意思。每讲解完一个，学生可以开展造句、翻译等练习。

在学生自行阅读理解课文之前，不告知其语块、生词的意义有助于培养其阅读理解的能力。让他们自己找出文中的语块实际上是在培养他们的语块意识，而且这样做也能加深他们对陌生语块的印象。教师讲解语块的含义以及构成方式是为了学生更好地理解、识记语块；造句、翻译等练习则旨在让学生熟练恰当地运用语块。

（三）复习巩固

要让学生扎实地掌握所学语块，适度的重复性强化是必要的，只不过重复的形式要多样化。在课后，除了通过听写，句子填空等练习帮助学生巩固所学过的语块外，教师可以让学生根据列出的语块做一些篇章填空或与所学材料相关的翻译练习和写作练习。前面的练习方式比较简单、省时，后面的练习方式更有助于提升学生在语篇中运用语块的能力。对于学有余力者，教师应该鼓励他们结合该单元主题内容查找并阅读更多相关的英语文章，吸收更多的语块。

三、对语块教学的反思

在语块教学中，我们需要注意如下几个方面的问题：

第一，语块的选择问题。选择语块首先要保证其正确性，网络上现在充斥着大量不规范的语块，有些甚至被当代年轻人在社交媒体广泛应用，影响力很强，在学生的习作中经常可以看到像"people mountain and people sea"（人山人海），"seven up eight down"（七上八下）这样令人啼笑皆非的表达。教师一定要有所辨别，最好从权威的英语媒体或教学材料中选择。语块的选取最好能够与学生水平相适应，数量适中，难度适宜。对于学生而言，推介语块的数量和复杂度既要有一定的挑战性，但又不能过度超出其学习能力范围。此外，语块的选择应基于主题，兼顾通俗性与专业性。结合主题进行语块教学有助于学生在特定的语境下学习语块，这样会更有效率。通俗语块使用频率高，理应成为教学的重点；专业性的语块为学生以后进行专业交流奠定基础。再者，选择语块不应忽视口语和书面语语体色彩的区别。

第二，语块的解释问题。虽然说学生在应用语块时不必咬文嚼字，而是从记忆中以整体的形式进行提取，但是在语块教学中，教师应做详细的解释，引导学生处理好语块整体与各构成部分之间的关系，知其然又知其所以然，以便掌握得更牢固，应用得更恰当。

第三，语块的参考应用问题。在口语或写作练习中，为学生提供参考语块并不意味着他们要严格按照这些语块来组织语言。这些语块只是起到辅助作用，内容依然要先行。教师应鼓励学生进行自由思考，自主选择是否使用参考语块。

第四，语块的输入与输出问题。没有足够的语块输入，学习者的言语会单调、僵化；缺乏输出，学习者的言语生成能力也会受损，输入与输出同样重要。因此，在语块教学中，教师切忌满堂灌而不给学生提供输出练习的机会。为了获得好的教学效果，输入与输出的形式不要单一化。输入可以采用听写、填空、连线、直接呈现、头脑风暴等多样化的形式；输出包括但不限于复述、造句、自由表达、翻译、写作等。

语块教学为大学英语教学提供了新的视角，注入了新的内容。期待更多的同行能将其应用于教学实践并进一步丰富发展该理论体系。

参考文献

［1］Biber，D.，Johansson，S.，Leech，G.，Conrad，S.，Finegan，E. *Longman Grammar of Spoken and Written English*［M］. Harlow：Longman，1999.

［2］Erman，B.，Warren，B. The Idiom Principle and the Open-choice Principle［J］. *Text*，2000（1）.

［3］丁言仁，戚焱. 词块运用和英语口语和写作水平的相关研究［J］. 解放军外国语学院学报，2005（3）：49-53.

［4］魏梅，孙海洋. 国内外二语语块习得研究的进展与启示［J］. 中国海洋大学学报（社会科学版），2011（6）：43-48.

［5］徐泉. 外语教学研究视角下的语块：发展与问题［J］. 中国外语，2010（2）：75-79.

作者简介

邵帅（1982—），男，硕士，中国劳动关系学院外语教学部副教授，研究方向：翻译理论与实践，英语教学法，英美文化。E-mail：dillion828@sina.com。

应用型本科院校足球专修课程改革研究*

何　鹏

（太原工业学院，太原，030008）

【摘要】 在应用型人才培养、大力推动校园足球发展和改革的双重背景下，高校足球专修课程改革势在必行。本文从足球课程目标、内容、教学模式、考核评价四个方面，梳理、分析我国高校足球专修课程的开展情况，在此基础上进行分析、思考提出足球专修课程改革的方向，旨为足球专修课程持续发展提供参考与借鉴。课程存在以下问题：课程目标定位模糊；课程内容单一以技战术为主要内容；教学模式单一；考核评价片面。研究提出课程改革的方向：以人才需求为导向，确定课程培养目标，培养学生足球综合能力；摒弃"唯技术论"，优化课程内容；创新教学模式、运用前沿的教学方法；建立多元化的课程考核评价体系。

【关键词】 应用型；本科院校；足球；课程改革

一、引　言

进入 21 世纪我国经济飞速发展，高等教育招生规模也迅速扩张。目前我国高等教育已经从大众教育阶段步入普及化阶段。根据对用人单位对大学生的调查结果显示，用人单位越来越注重大学生实际应用、解决问题的能力，社会的快速发展需要大量的应用型人才予以支撑。2014 年，国家提出要加强应用型人才培养，应用型本科院校作为应用型人才培养的重要阵地，面对社会发展应用型人才的需求，需要适应社会发展，完善应用型人才培养体系，为社会发展培养大量的应用型人才。

二、新时代应用型人才培养模式及培养目标

应用型人才培养模式，是在现代教育理论、教育思想的指引下，以培养学生综合素质、能力、知识为目标，切实提升学生的实际应用能力、实操能力的一种人才培养方式（王海波，2020）。人才培养目标规定着人才培养的类型、规格，是学校教育的基本依据。应用型人才培养目标是高校教育教学的根本依据，需要培养具有扎实理论基础、具有实践操作能力且具有一定科学研究能力，能解决实际问题的高素质人才（吴松、夏建国，2016）。课程是学校实现人才培养蓝图的具体表现及重要途径，课程目标应根据国家、社会、地方政府人才需求，结合学科特色、学校办法理念及办学条件等方面，找准定位、确定人才培养的规格、目标，构建知识、能力、素质三位一体的结构（斯力格，2005）。

* 本文系太原工业学院应用性课程建设项目研究成果，项目编号：2018YJ89Y。

三、足球专修课程存在的问题

（一）课程目标定位模糊

课程目标是一门课程"培养什么样的人"的总纲要，是课程设置的核心部分（朱伟强，2008）。目前足球专修课程目标设定模糊，只是笼统的提出"培养学生的足球教学、训练、裁判、科研能力"，没有清晰体现出学生能力培养应有的侧重点，这必然会影响到课程教学实践的针对性和人才培养的侧重点。实际教学过程中足球技战术内容占据了大部分的课时比例，特别重视学生技战术的运用，把学生作为运动员来培养，忽视了学生能力的培养。足球专修课程目标已难以适应当前社会复合型足球人才培养需求。

（二）课程内容以技战术为主要内容

当前足球专修课程以学生掌握足球的基本技术、基本战术为重点，注重学生竞技能力的提高。足球技术、战术构成了课程主要内容，占了大量的课时比例，足球文化、足球竞赛规则、裁判法、赛事组织等相关内容课程中很少涉及。受传统足球教育理念的影响，大部分一线足球教师认为足球专修课程就应以学生技战术能力的提高为核心，致使学生变成了运动员，教师变成了教练员，足球课变成了专业训练课。课程设置中缺少足球实践运用的教学内容，学生实操运用能力难以提升。

（三）教学模式单一

现足球专修课程教学过程中，每节课均围绕着某一单项足球技战术进行教学，教师始终采用传统教学模式，动作示范—要领讲解—无球模仿—固定球练习—移动中练习—动作纠错—强化练习—比赛实践（王崇喜，2014），教学模式老套，单一。课堂气氛消极，内容枯燥，教学方法陈旧，学生的学习积极性肯定会受到负面影响，对教学效果的提升产生了负面影响，与综合能力的培养脱节。

（四）考核评价片面

考核评价是衡量课程完成教学培养目标的标尺。科学合理的教学评价体系，既能辨别课程教学效果的优劣，又能起到指引作用，引导学生正确的学习（蔡艺、谢欢，2019）。目前的足球专修课程考核评价相对片面，以结果评价为主，忽视学生学习的过程中学习态度等方面的评价，评价的方式主要以单项技术的掌握程度，辅以足球理论的记忆性书面考核为评价内容。这种考核体系容易造成学生足球知识的单一和贫乏，评价片面，偏离了复合型足球人才培养的方向。

四、足球专修课程改革方向与思考

（一）以人才需求为导向，确定课程培养目标

就应用型本科院校足球专修课程改革，应该以应用型人才培养模式、培养目标为指导，以人才需求为导向，提升就业能力为目的，给予专修学生足够的关注与重视，强化学生理论、实践知识及社会实践综合能力的培养。使学生具备足球课程的教学能力，重点培养学生足球项目的组织、实践能力，可以运用所学知识、技能多渠道多方式的指导足球活动（刘桦楠、季浏，2017）。应用型本科院校足球专修课应培养具有渊博足球理论知识，熟悉足球训练教学教法，熟练组织足球比赛，能执法各级别足球比赛，能在中小学、足球协会、企事业单位、民间足球等组织的足球活动中，胜任教育教学、训练、赛事组织、医疗、裁判员等工作的"一专多能"的复合型人才，学生步入社会能在工作岗位中充分运用专业足球技能与知识。

（二）摈弃"唯技术论"，优化课程内容

课程内容设置应以培养"一专多能"的复合型足球课程培养目标为导向，以提升学生的足球综合能力为核心，摒弃重技术轻理论的传统观念，注重球感、技术、战术、身体素质、足球文化素养、足球知识等内容的融会贯通。增设教学方法、训练指导、赛事组织、竞赛规则、运动创伤、营养与卫生、裁判员、足球文化等课程内容，着重培养学生学习过程中，设计、编排、组织、指导足球活动等的实操能力，丰富课程内容，并根据其课时占比合理分配学时，不断优化课程内容设置。

（三）创新教学模式，运用前沿教学方法

足球专修课程应确认学生在教学活动中的主体地位，重视学生的差异性及个性发展，不断尝试教学模式的创新，充分激发学生学习的积极性。教学方法是教师实现课程目标、确保教学效果的手段。随着科技的快速发展，教学方法也不断革新。教师要改变传统观念，不断提高业务能力，善于学习、接受、运用前沿的教学方法，根据每节课的课程目标，结合教学场地设施，可以运用翻转课堂、网络视频教学、游戏教学法、竞赛体验教学、分组合作教学等多种方法手段提升学生的课程参与度，激发学生的学习兴趣，提升课堂教学效果。如以足球比赛"越位"规则教学内容为例，可以利用足球比赛越位犯规视频案例，FLASH 技术加以分析，则会清晰并且动态地呈现出越位位置、越位犯规条件以及判罚时机等要素，利于学生脑中形成完整且清晰的越位概念。又如可以通过分组合作教学法，在各个教学环节中让学生扮演不同的身份、角色，承担相应的课程职责，充分发挥学生学习的主体地位，从而提高课程参与度，达到学生足球能力的培养目标。

（四）健全课程考核评价体系

课程考核评价发挥着课程建设指挥棒的作用。仅以某一项或两项足球技术掌握程度作为考核结果的考核体系容易造成学生足球知识的单一和贫乏。应以课程培养目标为导向，构建与学生综合能力评价相匹配的多维度考核体系，将学生的学习态度、课堂表现、技战术实践、教学组织指导、赛事组织、执裁能力等指标纳入考评内容，坚持结果与过程评价相结合，定量与定性评价相结合的评价原则，既要重视定量评价教学活动的结果，又要重视定性评价过程，将笔试、技战术实践、训练指导、裁判员实训、教学比赛、足球文化知识等内容有机结合，建立多元化的考核评价体系。

五、结　语

随着国家发展对应用型人才需求量不断增加，应用型人才培养课程改革已成为应用型本科院校的关注点。2015 年 3 月，国务院办公厅发布《中国足球改革发展总体方案》，方案指出要大力推动校园足球的发展和改革（袁微，2018）。在社会需求、国家政策的影响下，对足球课程的发展提出了新的要求。目前足球专修课程教学还停留在"唯技术论"，旨在足球专项学生的技战术磨炼得更为精湛，忽视学生了综合能力的培养，课程培养目标已无法满足培养一专多能的复合型人才"的要求。足球专修课程作为体育专业的主流课程，改革势在必行。要适应、符合新形势下的应用型人才培养的要求，应该以人才需求为导向，确定课程培养目标，优化课程内容，创新教学模式，丰富教学方法，健全课程考核评价体系，提高足球专修学生的综合能力，提升实践运用能力，拓宽就业面，以期为社会发展培养更多的优秀体育人才。

参考文献

[1] 王海波.应用型人才培养模式下的高校足球专业教学改革研究［J］.当代体育科技，2020(10):152-153，156.

[2] 吴松，夏建国.应用型本科人才培养目标下课程体系构建研究综述［J］.当代职业教育，2016(8):10-14.

[3] 斯力格.沈阳体育学院运动训练系足球专修课程改革［J］.沈阳体育学院学报，2005，24(2):78-80.

[4] 朱伟强.基于标准的体育课程设计［M］.北京：北京体育大学出版社，2008.

[5] 王崇喜.球类运动：足球［M］.北京：高等教育出版社，2014.

[6] 蔡艺，谢欢.普通高校体育教育专业足球专修课程教学改革的思考—以《全国青少年校园足球教学指南（试行）》的颁行为视角［J］.河南教育学院学报（自然科学版），2019(4):76-80.

[7] 刘桦楠，季浏.我国高校体育教育专业足球专修课程改革的思考—基于复合型足球师资的培养导向［J］.北京体育大学学报，2017(3):79-85.

[8] 袁微."校园足球"背景下高校足球教学改革及优化策略研究[J].当代体育科技，2018(5):83.

［9］中央全面深化改革领导小组.中国足球改革发展总体方案［M］.北京：人民出版社，2015.

作者简介

何鹏（1982—），男，硕士研究生，太原工业学院副教授，研究方向：体育教育训练学。E-mail:81161919@qq.com。

葛浩文夫妇翻译中的"求真"和"务实"

——基于《我叫刘跃进》译本的考察

杨宁伟

（河南师范大学，新乡，453007）

【摘要】 葛浩文夫妇一生致力于中国现当代文学翻译，已将数十位作家的经典作品介绍到英语世界，其译本读者众多，广受好评，对推动中国文化"走出去"，尤其是"走进去"做出了巨大贡献。本文在译者行为批评视域下，借助"求真—务实"连续统评价模式，从字词、句子和篇章三个层面对《我叫刘跃进》译本中所体现的"求真"和"务实"行为进行描述和分析，并对其译文"合理度"作出判断，总结出葛浩文夫妇译者行为的一般规律，为中国现当代文学外译提供参考。

【关键词】 葛浩文；译者行为；求真；务实

一、导 言

葛浩文（Howard Goldblatt）是美国圣母大学荣休教授，曾求学于印第安纳大学，师从柳无忌并取得中国文学博士学位。他不仅是著名的中国现当代文学研究者，还是"英语世界最为优秀的中国当代文学翻译家"（Lovell，2006：196）。自 20 世纪 80 年代始，葛浩文在四十年中翻译了包括萧红、老舍、莫言、刘震云、贾平凹、苏童等数十位中国现当代作家的百余部作品，其中多部作品在英语世界取得了良好的反响，如《浮躁》获得美孚飞马文学奖；翻译《荒人手记》使他荣获"国家文学翻译奖"，翻译《生死疲劳》使莫言获得美国纽曼华语文学奖。此外，作为莫言作品的主要英文译者，他对莫言获得诺贝尔奖起到了至关重要的作用。葛浩文的夫人林丽君（Sylvia Li-chun Lin）是美国圣母大学退休教授，著名学者、翻译家。她与葛浩文合作翻译了多部当代中国小说，如刘震云的《我叫刘跃进》和《我不是潘金莲》，毕飞宇的《青衣》《玉米》和《推拿》，雪漠的《大漠祭》和《猎原》。葛浩文夫妇是译著等身的学者型翻译家, 译作质量上乘, 读者广泛, 受到西方世界的广泛认可。在当前"中国文化走出去"的宏大语境下, 对其翻译作品(策略)和独特的合作模式所体现出来的译者行为进行分析探讨, 无疑对中国现当代文学翻译实践和理论研究具有重要的启示意义。

二、译者行为批评中的"求真"和"务实"

译者行为批评是植根于我国本土的原创性翻译理论之一。它将译者置身于翻译过程中进行具有充分实践意义的考察, 是真正聚焦于"人"(译者)的研究, 是"以人为本"开展的翻译批评。译者行为研究可视为翻译社会学的一部分, 属语境研究, 但并不忽视传统的文本研究, 是"真正内部和外部相结合、文本和人本相结合的研究"(王宏、沈洁, 2019: 38)。为尽可能客观描述翻译的社会化过程, 基于"翻译内"和"翻译外"的分野(周领顺, 2014a: 12-16), 周领顺尝试构建了"求真—务实"连续统评价模式。"求真"是指译者为实现务实目标而全部或部分求取原文语言所负载意义真相的行为; "务实"是指译者在对原文语言所负载的意义全部或部分求真的基础上为满足务实性需要所采取的态度和方法。(周领顺 2020: 53)该模式借助于"连续统"思想, 将翻译视为一个动态过程, 体现了在"求真"和"务实"两端互相牵制下译文所呈现的各种渐变状态。"求真—务实"连续统评价模式兼具规约性和描写性双重特征, "不仅可以使译者自律, 也可以使译评者他评"(周领顺, 2014b: 31)既可用于考察译者的社会性和行为的社会化程度, 又可督促译者在实践中努力寻求"求真""务实"之间的平衡——既要保持翻译活动的本质, 又要兼顾其社会功能的实现。

三、《我叫刘跃进》译本中的"求真"与"务实"

《我叫刘跃进》是长江文艺出版社2007年推出的一部刘震云的长篇小说, 并荣获当年《当代》长篇小说年度最佳(专家奖)"。该书讲的是工地厨子刘跃进丢了一个包。在找包的过程中, 又捡到一个包, 包里有个U盘, 关系到好几条人命。为找到这个U盘, 一群"狼"开始寻找刘跃进这只弱小的"羊"。但"狼"几次都与U盘失之交臂, 成就了一个"羊"吃"狼"的故事。整个故事包含人物众多, 涉及高官、富豪、个体户、民工、小偷等社会各个阶层, 但人物形象鲜明, 情节凌而不乱, 节奏紧张有序, 延续了刘震云一贯的幽默、乡土的作品特征, "绕"的语言思维逻辑和以小见大、讽刺现实的叙事风格。

刘震云毕业于北京大学中文系, 自20世纪80年代开始文学创作, 出道伊始, 就被称作新写实小说的代表作家。2011年他凭借长篇小说《一句顶一万句》获第八届茅盾文学奖, 并以160万元的版税收入在第六届"中国作家富豪榜"上位列第26名。刘震云的作品已被翻译成多种文字出版, 2016年和2018年, 为表彰其作品在阿拉伯语和法语世界产生的影响, 他分别获得"埃及文化最高荣誉奖"和"法兰西共和国文学与艺术骑士勋章"。刘震云还跟冯小刚、马俪文等导演合作，将自己的多部小说，如《我叫刘跃进》《一九四二》《一句顶一万句》改编成影视作品上映，并获得了"第15届中国电影华表奖优秀改编剧本奖"和"第29届中国电影金鸡奖最佳改编剧本奖"等多个奖项。

葛浩文夫妇两人共翻译了刘震云五部作品，除了《手机》，其余四部都是两人合作完成。《我叫刘跃进》是两人合作翻译的第二部作品，于2015年由 Arcade Publishing 出版发行。正是得益于两人的"珠联璧合"，刘震云作品在英语世界的接受才完成了由"寂静无声"到"柳暗花明"，再到"众声喧哗"的华丽转身，逐渐得到了越来越多的西方汉学家和主流媒体的赞许和认可。"对于其作品中的政治叙事、灾难叙事、女性叙事以及在描述各类社会问题和各色平凡"小人物"时所使用的"寓言反讽"和"伦理写作"手法，西方世界更是给予了高度评价"（胡安江，彭红艳 2017：7）。

译者处于翻译活动的中心地位，开展针对译者的研究"有利于充分认识译者在翻译过程中做出的种种选择，领悟翻译本身的丰富与复杂性，继承与发扬翻译家精神，为人类文化与文明互鉴提供有效途径"（冯全功，2018：102）。本文在译者行为批评视域下，借助"求真—务实"连续统评价模式，从字词、句子和篇章三个层面对《我叫刘跃进》译本中所体现的"求真"和"务实"行为进行描述和分析，并对其译文"合理度"作出判断，总结出葛浩文夫妇译者行为的一般规律，为中国现当代文学外译提供参考。

（一）字词层面

《我叫刘跃进》的创作素材主要来源于底层，文中出现了大量的俗语、方言、惯用语、谚语和歇后语等"乡土语言单位"（周领顺，2016：89）。作者用通俗、生动、活泛的话语展现了小人物琐碎繁杂的平凡生活。"'土'是文化，越土越有个性，而有个性的文化才最值得推广"（同上：90）。所以在字词层面，我们重点关注葛浩文夫妇对于"乡土语言"的处理。为了对译文、译者行为进行全面客观地描写，周领顺、杜玉（2017：22）提出了"译者行为度"的概念，在"求真—务实"连续统上划分出"求真""半求真""半求真半务实""半务实""务实"五种渐变状态，并将其界定为："求真"即译者使译文与原文保持着"如影随形"的关系。"半求真"即对原文的求真度不足，译者只做到了部分求真。"半求真半务实"即译者使译文部分求真于原文，部分务实于读者。"半务实"即译者偏向了"务实"一端，译文距离原文渐行渐远。"务实"是译者通过一些务实性的行为，希冀达到他所期待的务实效果。下文将根据"译者行为度"的五个参数对部分"乡土语言"译文（译者行为痕迹）进行考察。

1. 求真

例1

原文：今天演出，比昨天入戏还快，愤怒起来，真把自己气得<u>脸红脖子粗</u>。

译文：Today he was in character, getting angrier and angrier until <u>his face turned red and his</u>

neck thickened.

例 2

原文：<u>车到山前必有路，船到弯处自然直。</u>左右一想，心情也好起来了。

译文：<u>When a cart reaches the foothills a road will open up，and when a boat comes to a bend the river will straighten out.</u>

"脸红脖子粗"说的是人因着急上火造成面部、颈部红涨，形容人激动或发怒的样子。"车到山前必有路，船到弯处自然直"比喻事到临头，自然会有解决的办法，常用于宽慰处于困境中的人，要坦然面对。译者扮演了"语言人"的角色，采取直译，保留了"脸""脖子""车""船"等意象，并无省译和删减，做到了对原文的高度求真。

2. 半求真

原文：响鼓不用重锤。

译文：You don't need to pound a drum to get sound out of it.

"响鼓不用重锤"指的是一面上乘的鼓，不用使劲敲，鼓声就很响亮。比喻聪明人不用多说就能明白事理。原文中的"响鼓"和"重锤"都是名词，其中"响"和"重"具有核心意义，但译文中却都没有体现出来，属于求真度不足，造成原文意义缺失。译文可改为"You don't need to pound a **good quality** drum **heavily** to get sound out of it"。

3. 半求真半务实

原文：严格如<u>热锅上的蚂蚁</u>，坐立不安。

译文：He was as <u>frantic</u> as an ant in a heated wok.

原文：七年前就是个<u>破鞋</u>；你妈嫁的是啥人，是个卖假酒的，法院早该判了他！

译文：Do you know what kind of woman your mother is? She's <u>a loose woman</u>，a worn-out shoe.

"热锅上的蚂蚁"表现的是心里烦躁、焦急，坐立不安的样子。"破鞋"指代乱搞男女关系的女人。译者一方面求真于原文，"蚂蚁""热锅"和"破鞋"的意象均得到保留，另一方面，通过添加"frantic"和"a loose woman"帮助读者了解意象背后的比喻义，在求真的基础上又兼顾了务实的效果，使译文在功能上达到了与原文相当的程度。

4. 半务实

原文：离婚前，刘跃进在县城一家叫"祥记"的餐馆当厨子，做红案，也做白案。

译文：He did everything，from preparing the food to making the noodles and buns.

"半务实"指的是译文对原文的求真度为零，用西方读者熟知的意象去替代汉语文化特色词。但离开对原文意义求真的务实，实非翻译上的务实。"红案"和"白案"是厨师的分类。"红案"师傅做的是肉菜和装碗、蒸碗的，包括红烧肉、酥肉、蜂蜜肉、糟肉、排骨等；"白案"师傅是做面食的，擀面条、烙饼、做点心等。"白案"和"红案"被译为了"from preparing the food to making the noodles and buns"，尽管不影响读者对于故事情节的理解，但译文与原文的含义相差甚远。

5. 务实

例 1

原文：这个小王八蛋，<u>也不是省油的灯</u>；与他共事，也得走一步看一步。

译文：The little bastard had always been <u>a handful</u>, so Liu had to be careful and watch his step.

例 2

原文：这个东北女人，风里雨里过来，<u>不是个省油的灯</u>。

译文：So it had to be Manli, a woman who had gone through a great deal and was no <u>spring chicken</u>.

例 3

原文：光头崔哥张口五十万。严格便知道对方<u>不是省油的灯</u>；不是遇到了小毛贼，而是遇到了经过事的大盗；不像韩胜利那么好糊弄。

译文：Now Yan knew that Cui was no <u>small-time crook</u>; he was dealing with an experienced gangster, not a petty thief like Han Shengli.

"不是省油的灯"多数情况下含贬义，暗指某人攻于心计，奸狡圆滑，老谋深算，不好对付，不甘寂寞，从不吃亏，贯于损人利己等等。译者不仅采取了意译，还根据指代的人物不同，选择了不同的译法，如例 1 中是刘跃进说他儿子不是省油的灯，而 "handful" 的意思正是 "难管教的小孩"；例 2 中指的是理发店女老板马曼丽，而 "spring chicken" 的意思正是 "年轻幼稚的女子"；例 3 中指的是街头混混和流氓团伙的小头目，而 "small-time crook" 的意思正是 "小骗子" 或 "三流的骗子"。译者积极向目的语读者靠拢，消除了原文中的文化意象，实现了功能对等，增强了译文的可读性。

（二）句子层面

刘震云小说语言的最大特点就是 "绕"。这集中体现在 "不是 A，而是 B" 句型的频繁使用，借助读者心理预期的反差来达到新奇的表达效果。"不是 A，而是 B" 是基本句型，可衍生出 "不是 A，不是 B，不是 C，而是 D" 的暗含肯定式、运用顶真修辞的顶真否定式和 "不是 A，当然也是 A；还不是 A，而是 B" 的回环否定式（马晨蕊，2017：84-86），等等。

例 1

原文：今天又在 "曼丽发廊" 演一场戏，让马曼丽还了二百一；二百一也不重要，重要的是马曼丽还账开了头；开了头，就等于认下这账。

译文：Then he'd had another performance at the Manli Hair Salon, and had gotten 210 yuan out of Ma, which, similarly, was less important than the fact that she'd begun paying him back. The first payment was an admission that she owed him money.

例2

原文：另外，几拨人寻找刘跃进皆是为了 U 盘，老邢寻找刘跃进也是为了 U 盘，但不仅是为了 U 盘，U 盘只是他寻找中的一部分。或者说，他在寻找更重要的东西。或者说，他不知道 U 盘里藏得到底是什么，找这 U 盘，是否比找别的重要。他扮作调查员欺骗严格，并不是为了调查严格，而是为了调查老蔺和贾主任。或者说，调查严格只是一个切口；除了这个切口，还有许多切口。或者说，调查老蔺和贾主任，也不是为了调查老蔺和贾主任，而是为了调查另一个人。

译文：Like everyone else，he wanted to find Liu because of the USB drive，but he was looking for something more，something pivotal，and yet he did not know what was on the drive or whether locating it would prove to be more consequential than finding something else. He deceived Yan Ge，but the real targets of his investigation were Lin and Director Jia；in a way，Yan was a point of entry，which he hoped would lead him to his targets，someone even higher than Lin and Jia.

"绕"是刘震云语言的一大特征，一方面使作品更平民化和口语化，另外，"这种语言的绕，正是作者对自己所描绘的拧巴生活状态所不断进行艺术阐释和思考的表现"（崔宗超，2014：178）。用缠绕的语言讲述生活中的"拧巴"，可谓相辅相成，相得益彰。译者在翻译过程中并没有复制这些典型句式，而是站在读者的立场，使用了英文的行文标准和写作习惯。葛浩文认为："无论如何，译文首先要读起来通顺，我总不能把译文弄得怪里怪气的，让英语读者觉得中国人的语言很古怪"。（孟祥春 2014：48）尽管这提高了文本的可阅读性，但在不影响读者理解的情况下，笔者以为，可以适当保留一些源文本的文体特征，以便提醒读者他是在阅读一本具有异域风情的文学作品。

（三）篇章层面

在篇章层面，译者基于"务实"的考虑，做了明显的删减，尤其是最后几章，删减的幅度较大。主要分为以下三种情况：（1）删除部分含历史文化背景的内容。如第五章中"严格回想自己的发迹，往往想起宋朝的高俅。当然，也不同于高俅。"和第九章中"张春桥也是胶东人，身处高位，不苟言笑；从他的文章看，也算一个有理想的人，后来死在了监狱。"两段话。高俅和张春桥都是中国历史人物，西方的普通读者不一定熟知，在原文中也仅仅是对严格和老蔺人物形象作类比补充说明，删掉不会影响目的语读者的理解。（2）删除不影响故事情节发展或与主要情节关系不大的内容。如第三十六章主要讲的马曼丽被抓走的过程，译者删除了一页半关于马曼丽和和小工杨玉环之间矛盾的前因后果；如第三十九章主要讲的光头崔哥和老蔺进行 U 盘交易的事情，译者删除了近一页关于曹哥（曹无伤）喜好读书和听书的介绍。刘震云被称为"中国'最绕'的作家"。他解释道："这是一个民族的思维带过来的，特别容易把一件事说成另外一件事。接着又说成第三件事。你要说清一件事，必须说清八件事。一件事里有八个道理，八八六十四个道理，这说起来的话就特别的费劲。不把六十四个管道给钻出来，这个事情说不清楚"（范宁，2013：95）。译者是站在译入语读者的立场上，西方人喜欢直达主题，删掉这些与故事发展关系不大的内容，保证了故事的连贯性与紧凑性，更符合英语读者的阅读和思维习惯。（3）删除前文出现过或已发生过的情节内容。如第二十一章中青面兽杨志在贝多芬别墅偷盗的细节在第十五章已经发生过；如第二十三章中描述青面兽杨志与刘跃进之间纠葛的内容是先前发生的故事情节，作者又完整交代了一遍。《我叫刘跃进》涉及人物众多，故事情节复杂多变，通过重复前面发生的事情或许可以帮助读者更好理清故事发展脉络和人物关系，但对于西方读者而言可能显得多余和啰嗦，译者删减过之后，整个故事会显得"清爽"一些。

四、结　语

本文从字词、句式和篇章三个层面对《我叫刘跃进》英译本进行了考察，发现该译本在部分"求真"的基础上，整体倾向于"务实"，呈现出较高的务实度。这与葛浩文的翻译思想，即"在全球文学生产大语境下，以'忠实'为前提、以'可读'、'平易'、'有市场'为基本诉求、以目的语读者为中心、凸显自我的再创作"（孟祥春，2014：77）是相一致的。同时，也符合译者行为的一般准则："求真为本、求真兼顾务实；务实为用（上）、务实兼顾求真"（周领顺，2014a：106）。但翻译活动总体上是一种满足社会某些需求的目的性行为，所以"译文求用，又主要表现为务实高于求真上"（同上）。

关于"求真"，葛浩文曾谈道："丽君比较倾向减低这种'异国情调'，而我则不觉得强调中国文化或语言特质就一定是在传达异国风情。我想原因之一在于她是中国人，可以抛弃自己的中国性而不怕被人责备，我却不能。我不是中国人，如果也那样做就变得像殖民者了，好像在说'我们的语言更好，我们不需要这种表达法'。"（李文静，2012：58）不可否认，葛浩文通过"求真"引入源语异质性特征，可给译入语读者带来一点不同的体验（鲁迅先生所言的"洋气"），提醒读者正在阅读的是一本外国作家的作品，某种程度上，也反映了对文化霸权的一种抵御，体现了译者对源语文化的尊重，从而减轻译者对文化"殖民者"身份特征的焦虑。

关于"务实"，一方面，跟小说文本的性质相关，"推崇意译就是为了传神的需要，也是小说这种文本类型的性质使然，小说是供人们消遣的、非严肃的文本类型，不是严肃的、研究的社科文献"（葛浩文，2014：199）。另外，出于市场因素考虑，"'意译'派在出版方面更胜一筹，因为无论是商业出版社还是大学出版社都推崇意译派的译者。对此无论我们是庆幸也好，悲伤也罢，事实依旧是，在那些'可译的'小说里，'可读性好'的译作才能出版"（同上）。还有，基于读者的阅读体验和趣味，葛浩文说："其实，他的小说里多有重复的地方，出版社经常跟我说，要删掉，我们不能让美国读者以为这是个不懂写作的人写的书"（周领顺，2015：57）。但对原文删减不一定是译者本人的意愿，大多数情况下是编辑和出版社所为。葛浩文也为自己开脱：“如果人们看到小说内容被删节，那往往是编辑、出版商为考虑西方读者阅读趣味做出的决定，不是译者删的”（同上）。所以，有时候葛浩文表示自己很委屈：“有些读者在比较中英两个版本之后，也不问清楚，就一口咬定是我删改的。他们不知道，很多时候一部作品翻译版权卖出后，出版社可以全权处理”（孙咏珊，2012。转引自孟祥春，2015：81）。葛浩文成了编辑和出版社的“替罪羊”。无论是译者本身或是屈于出版社的压力做的修改，还是编辑在译作出版前做的删减，都可视为是一种“务实”的行为。也正是这种“积极向读者靠拢”的努力，才帮助莫言获得诺贝尔奖，使中国现当代文学渐渐走向国际文学市场，让西方世界社会和读者逐步接触和接受中国的小说、文学和文化。

五、余　论

不可否认，葛浩文为中国现当代文学译介做出了巨大的贡献，也收获了相当高的声誉。随着莫言获得诺贝尔奖，关于葛浩文的研究更是成为了“显学”，越来越多人开始追捧“葛浩文式翻译”，甚至出现了较为极端的观点，如《文汇报》首席记者樊丽萍（2013：第1版）借用“沪上翻译界的一些专家”的观点提出，“抠字眼”这种陈旧的翻译理念，已经成了影响中国文学和文化‘走出去’的绊脚石”。莫言的获奖与葛浩文的成功带给翻译界的启示应该是好的翻译可“连译带改”。对此，南京大学刘云虹（2019：6-7）提出：葛浩文的翻译是否是“连译带改”并有悖于翻译忠实性原则值得商榷；其次，如果说葛浩文的翻译方法确实在某种程度上对翻译忠实性有所违背，那么将这种“不忠实”的翻译方法上升为中国文学外译中唯一正确的方法与模式并据此对以“忠实”为原则的翻译观念提出质疑是否具有合理性。《译林》创刊人李景端（2015：第5版）认为应理性看待“葛浩文式翻译”，“连译带改”有一定的存在价值，但并非翻译学中必然的逻辑规律，只不过是为话语权薄弱的作品，寻找便于推销的一种手法，绝不是推动“走出去”和振兴翻译的“灵丹妙药”。宣扬“连译带改”是对中华文化缺乏自信的表现，易造成译者在翻译进程中的错位，把葛浩文的翻译贡献和葛浩文式翻译，吹得很神乎，几乎把他看作是中国作家“走出去”的救世主，显然是言过其实了。通过对《我叫刘跃进》译本的考察，笔者认为笼统的将葛浩文的翻译定为“连译带改”是有失偏颇的。尽管有些删减，但译本整体是“忠实”于原著的。从对“葛浩文式翻译”的争议中，笔者认为：（1）作为译评者，应具有科学、理性的态度，不能只看到现象就把某种翻译方式极力抬高，更不能笼统将它作为翻译通用的法则，而应具体问题具体分析；（2）要在大量占有资料的基础上，通过实例分析和文献解读，结合译者生平和翻译实践经历，对葛浩文翻译观、翻译思想与翻译原则进行整体观照和把握，不可一叶障目，将其翻译简单化地等同于“连译带改”和“不忠实”；（3）作为翻译实践者和研究者要认识到，翻译不仅是一个语言转换的行为，更是一个社会性活动，我们需要在社会学视域下对翻译行为进行全面考察，提升翻译批评科学性、客观性和全面性；（4）“中国文化走出去”是一个长期的事业，我们要有信心，但更需要耐心。

参考文献

［1］Lovell，J. *The Politics of Cultural Capital: China's Quest for a Nobel Prize in Literature*［M］. Honolulu : University of Hawaii Press.，2006.

［2］崔宗超.“拧巴”与“绕”：生存伦理与语言逻辑的双重错位—刘震云小说主旨与风格探微［J］.小说评论，2014，（4）：176-182.

［3］樊丽萍.“抠字眼”的翻译理念该更新了［J］.文汇报，2013-9-11.

［4］范宁.刘震云：我是中国说话最绕的作家吗［J］.长江文艺，2013，（3）：92-99.

［5］冯全功.译者研究的路径专题主持人按语［J］.山东外语教学，2018，（6）：102.

［6］葛浩文.葛浩文文集：论中国文学［M］.北京：现代出版社，2014.

［7］胡安江，彭红艳.从“寂静无声”到“众声喧哗”：刘震云在英语世界的译介与接受［J］.外语与外语教学，2017，（3）：1-11.

［8］李景端.葛浩文式翻译是翻译的“灵丹妙药”吗？［N］.中华读书报，2015-10-21.

［9］李文静.中国文学英译的合作、协商与文化传播——汉英翻译家葛浩文与林丽君访谈录［J］.中国翻译，2012，（1）：57-60.

［10］刘云虹.主编的话［A］.刘云虹编.葛浩文翻译研究［C］.南京：南京大学出版社，2019.

［11］马晨蕊.浅析刘震云语言世界中的“绕”思维——以《一句顶一万句》为例［J］.名作欣赏，2017，（30）：84-86.

［12］孟祥春.葛浩文论译者——基于葛浩文讲座与访谈的批评性阐释［J］.中国翻译，2014，（3）：72-77.

［13］孟祥春.“我只能是我自己”——葛浩文访谈［J］.东方翻译，2014，（3）：46-49.

［14］孟祥春. Glocal Chimerican 葛浩文英译研究［J］.外国语，2015，（4）：77-87.

［15］王宏，沈洁.搭建中西译论融通的桥梁——评“译者行为批评”［J］.北京第二外国语学院学报.2019，（2）：35-45.

［16］周领顺.译者行为批评：理论框架［M］.北京：商务印书馆，2014a.

［17］周领顺.译者行为批评：路径探索［M］.北京：商务印书馆，2014b.

［18］周领顺.葛浩文论编辑之于译文形成的影响——葛浩文翻译思想简评之一［J］.翻译论坛，2015，（3）：54-61.

［19］周领顺.汉语“乡土语言”翻译研究前瞻——以葛浩文英译莫言为例［J］.山东外语教学，2016，（5）：88-94，105.

［20］周领顺，杜玉.汉语“乡土语言”葛译译者行为度——“求真-务实”译者行为连续统评价模式视域［J］.上海翻译，2017，（6）：21-26.

［21］周领顺.译者行为批评关键词集释——代专栏导言［J］.语言教育，2020，（1）：51-53，59.

作者简介

杨宁伟（1988—），男，河南师范大学讲师，硕士，研究方向：译者行为批评。E-mail：yangningwei6@163.com。

学生口译能力评估和影响因素研究

——以全国口译大赛为例[*]

丁彬洁　沈明霞　邵艺巧

（浙大城市学院，杭州，310015）

【摘要】本研究通过分析口译质量，反观学生口译能力。通过转录 3 届全国英语口译大赛的视频制成双语语料库，本文对选手译文进行较为全面的质量评估，从而考察其口译能力。研究发现：（1）口译能力越高的选手口译输出越流利；（2）英语听辨理解能力的薄弱会导致英译汉时出现的信息错译比汉译英时多。结合本研究的问卷调查，本文认为双语能力是口译能力最重要的子能力。同时，口译教学需要为学生提供更多的实践机会，增加实战次数，从而提高学生口译能力，积累口译经验。

【关键词】口译能力；能力评估；质量评估；全国英语口译大赛

一、引　言

　　近年，由于中国对外开放程度日益加大，各行业对高水平口译人才的需求急剧增加，但能胜任口译工作的人才缺口高达 90%（王斌华，2011），而口译能力的强弱决定了译员水平的高低。某项口译子能力若欠缺，则会在口译过程中影响口译表现；若想要有针对性地提高口译能力，我们必须通过分析口译产出的质量来评估译员口译各项能力，从而着重提高某项薄弱的子能力。因此，本研究在中国口译能力量表的指导下，转录三届全国英语口译大赛交传总决赛的视频，制成双语语料库，结合口译质量评估和口译能力评估，对各选手的译文质量进行分类标记和统计，呈现并分析典型的案例，并深入分析造成各类质量问题的成因，找出口译能力的相关薄弱点，以期让翻译专业学生能从中受到启发，提高口译能力；本文还结合问卷调查结果，分析高校口译教学的不足之处，为培养高水平口译人才提供可行性建议。

二、口译能力结构

　　明确口译能力结构和口译质量评估标准是本研究的起点。回顾国内外和口译能力相关的研究，主要可以分为 3 类研究维度：（1）口译过程研究：主要集中在口译模式、口译能力结

---

　　* 本文系 2021 年国家级大学生创新创业训练计划项目"学生口译能力评估和影响因素研究——以全国口译大赛为例"的研究成果（项目编号：202113021031）和浙江省哲学社会科学规划项目"句式复杂度对译语非流利产出的影响研究"的成果（项目编号：21NDJC181YB）。

构模型等理论的探索和创新，以及口译各项子能力的运用对口译表现的实证研究（如董燕萍，et al. 2013 等）；（2）口译能力发展研究：主要以教学为取向，研究口译教学模式以及探究口译能力发展途径，探讨如何培养合格的口译员（如刘猛，2014）；（3）口译评估研究：主要集中在口译质量评估（如蔡小红、方凡泉，2003），有关口译能力评估的研究较为缺乏（如李游子，2007；陈瑜，2017），但近年有一些学者如王巍巍、许艺、穆雷、王斌华等在构建中国口译能力量表领域做出了卓越的贡献（如王巍巍，2017）。

根据中国口译能力量表的参数，结合国内外学者提出的口译能力结构模块，口译能力主要由双语能力、口译技巧、百科知识及心理素质四大板块构成；其中，源语听辨理解能力和目标语的口头表达能力是译员双语能力的主要标志（王斌华，2012）。本文通过对应中国口译能力量表中的口译质量评估标准，结合全国口译大赛的评分标准，对本研究制定的双语语料库在准确度、流利度、完整度三个质量维度进行相关指标标记，并对频次统计结果采用配对样本 T 检验和独立样本均值检验，用 R 语言绘制箱线图以及 python、Excel 绘制统计图将检验结果可视化。

三、准确度指标分类和结果分析

根据全国口译大赛的评分细则和中国口译能力量表，本研究将评估准确度的指标分为信息错误（information error）和语法错误（grammatical error）两类，分别用 IE 和 GE 进行标注；根据频次统计结果发现，选手在英译汉过程中会出现较多的信息错误，几乎没有出现语法错误，这可能与源语听辨理解能力、笔记能力以及心理因素有关。

例 1

【原文】Overall, I don't think it would be a good film to present to international audience as a means of telling China's story. The patriotism was laid on just a little too thick with a bit too much flag-waving and telling something. （选自第八届全国口译大赛）

【选手译文】那么总体上我认为中国曾经一定没有向全世界讲述一个非常好的中国故事［IE］，呃［FP］当谈到爱国主义的时候，西方人大多是也在脑海中所想象当中的是非常多的呃［FP］，摇旗呐喊的场面［IE］。

【分析】原文第一句出现了信息错误（原文内容应译为"总的来说，我认为这不是一部向外国观众讲述中国故事的好电影"）。虽然原文句子难度不大，但可能译员的听力理解或者笔记能力出现问题，导致译文出现信息错误；第二句含有被动句式和从句，句式较为复杂；从句"a bit too much flag-waving and telling something"中 flag-waving 意为爱国主义的偏激表现，会造成一定的源语听辨理解障碍，在翻译过程中很容易直译成挥舞旗帜，但结合上下文，该词应该翻译成强烈的民族情绪，对选手是不小的挑战，导致出现信息错误。从这个例子可以看出，当句式较为复杂，而选手听辨理解能力和笔记能力较弱时，也会加重心理负担，从而出现较多错译、漏译。

在汉译英时，选手作为汉语母语者，源语听辨是没有问题的，但出现大量信息错误和少量语法错误可能是选手的双语转换能力不足、目标语的表达能力出现问题以及百科知识积累不足导致无法理解原文而产生错译或漏译。

例 2

【原文】所以有一个德国人就抛出了所谓的"黄祸"的概念。"黄祸"的概念，后来在很多欧美的通俗的媒体当中得到了进一步的发挥（选自第七届全国口译大赛）。

【选手译文】A Germany **er[FP]** person，**er[FP]** some Germany**[RL] [IE]** said **uh[FP]** compared [RL] [IE] the Chinese people with the locusts[IE] and this concept was later popularized by the Western media.

【分析】"黄祸"是一种成形于 19 世纪的极端民族主义理论，宣扬黄种人对于白人是威胁。很明显，选手不知此意，出现错译，这可能是因为百科知识积累不足，且选手对 Germany 和 German 二词的词意和词性掌握不扎实，目标语的表达能力可能存在欠缺。

想要更全面地评估选手的口译能力，本研究将选手中译英出现 IE 和 GE 的频次统计绘制箱线图，从图 1 可知，IE 的箱体比 GE 长，GE 的频次相对于 IE 更集中，IE 的箱体位置比 GE 高，IE 的频次取值相对于 GE 大。

为进一步研究 IE 和 GE 频次的差异性，本研究对选手中译英出现 IE 和 GE 的频次进行独立样本 T 检验，根据表 1 可知，信息错误的平均次数是 6.84，语法错误的平均次数是 1.90，两者的平均次数之差是 4.94，检验统计量的值是 156.5，p 值为 1.2555×10^{-5}。在显著性水平为 0.05 的情况下，p<0.05，认为中译英出现的 IE 和 GE 的频次有显著性差异。结合图 2 可以更明显看出，中译英时，选手出现信息错误（IE）次数明显大于语法错误（GE）次数。可见，作为全国最高水平的口译大赛选手，语言能力中的语法基本不太存在问题，但双语转换能力还存在问题，可能与百科知识积累不够等有关。

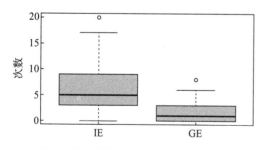

图1　中译英情况下IE和GE的箱线图1

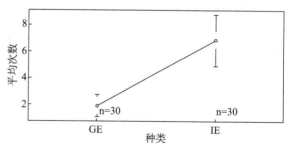

图2　中译英情况下IE和GE的箱线图2

表1　信息错误（IE）和语法错误（GE）的独立样本T检验

非准确度指标	样本数	均值	均值差	统计量W	显著性
信息错误（IE）	30	6.84	4.94	156.5	1.255e-05
语法错（GE）	30	1.90			

表2　中译英（CE）和英译中（EC）的信息错误（IE）的配对样本均值检验

信息错误次数	样本数	均值	均值差	统计量V	显著性
中译英（CE）	30	6.84	1.33	298.5	0.176
英译中（EC）	30	8.17			

全国口译大赛对选手中译英和英译中的能力均进行了考察，而信息错误在准确度方面能较好反映选手的能力，因此本文对中译英和英译中的信息错误频次进行配对样本均值检验，旨在研究选手中译英和英译中对信息错误影响的差异。根据表2可知，选手中译英信息错误的平均次数是6.84，英译中信息错误的平均次数是8.17，两者平均次数之差是1.33，检验统计量的值是298.5，p=0.176。在显著性水平为0.05的情况下，p>0.05，认为中译英和英译中的IE次数没有显著性差异，认为选手在中译英和英译中的信息错误（IE）表现大致相同。选手的英语听力理解能力水平可能与双语转换能力同时存在问题。

四、流利度指标分类和成因分析

参考国内外学者对汉英交传中的非流利停顿研究后，本研究主要聚焦四类非流利指标，分别为有声停顿、重复、替换、错误启动，在语料库中分别以FP、RP、RL、FS进行标记，经过频次统计后，发现这几类发生频次的占比排序是FP＞RL＞RP＞FS，如图3。将3届冠军选手和同届其他选手非流利指标总频次的均值进行对比，发现冠军选手的非流利频次明显低于其他选手的平均值，如图4所示。

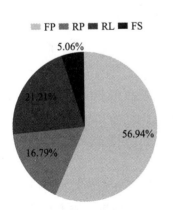

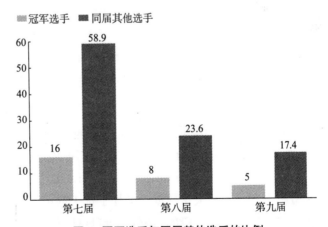

图3　四类语料库中的比例　　　　图4　冠军选手与同届其他选手的比例

结合前人研究，本研究认为选手出现非流利可能是由于"整理口译内容所致"以及"修正口译产出所致"（徐海铭，2010：67）。这可能与选手的笔记能力、双语转换能力、目标语口头表达能力以及心理因素相关。

例 1

【原文】西方人塑造中国的形象，最早要追溯到欧洲的中世纪，那个时代影响最大的无疑是马可波罗的游记。（选自第八届全国口译大赛）

【选手译文】**Err [FP]** the **err [FP]** Chinese image **uh [FP]** created by the European Union created by the European **worlds [GE][RL]** <u>can be dated could be [RL]</u> dated back to the Medieval century. The first people who created the Chinese image [IE] **er [FP]** should be the Marco Polo.

【分析】分析原文可以发现句子并不难，没有复杂的句式以及生僻的词汇，但选手仍出现了较多的有声停顿"uh"，"er"；以及 2 次替换修正。这可能与上面提到的笔记能力、双语转换能力、目标语口头表达能力以及心理因素相关。同时，选手对译文进行修正，显示出选手具备一定的自我监控能力。

五、完整度指标和成因分析

评估完整度的相关指标只有一个，即信息遗漏（information loss），在语料库中标记为[IL]。这里的信息遗漏不包括因译者采用的口译策略，如将讲话者的重复语句省略等，而是出现主要信息遗漏造成语义不完整，这种现象在汉译英和英译汉中都不少见，且大赛中讲话人的讲话持续时间在 1 分半到 2 分钟，信息量较大，此时非常考验选手的笔记能力和记忆能力，若两者能力欠缺，则会出现漏译的情况。

例 1

【原文】... 现在一些政要故意撒谎，而在过去这会导致弹劾或者政要主动辞职；<u>此外，许多政府在面对新冠肺炎疫情挑战时表现平平，进一步降低了民众对政府的信任。</u>在七国集团中只有日本政府的信任度没有下降，而英国的表现最差，从 3 月份到 5 月份，人们对政府处理疫情的认可度下降至 51%，降低了 18 个百分点。到 9 月份 56% 的英国人对政府应对新冠疫情的反应表示不信任。（选自第九届全国口译大赛）

【选手译文】[IL]However[IE]，in the G7，only Japan didn't saw an incline decline[RL]in the government trust. The Britain performed the bad the baddest[RL][GE]among them. From March to April[IE]，the percentage decreased to 51% by 18 percentage points. And in September，the British people accounted for 56% didn't trust their government[IE].

【分析】此句出现大量数据，增加了选手的记忆负担，虽然选手在翻译数据时未出现严重错误，但却漏译了这一段的主题句，可见选手虽抓住了数据信息，但笔记能力和记忆能力尚有一定欠缺。主题句的漏译，会让听众感觉内容比较突兀，影响交际效果。

六、问卷调查

本研究制作了一份从学生角度看口译能力构成和影响因素的问卷，并且涉及现有的高校教学模式，分发对象大多为大三、大四的英语专业的学生且已经上过基础的口译课程，共收到 40 份有效答卷。据问卷结果显示，学生普遍认为双语能力是口译能力中最为重要的子能力，且认为缺乏系统性学习和双语能力不足是对口译能力的影响是最大的，见图 5。

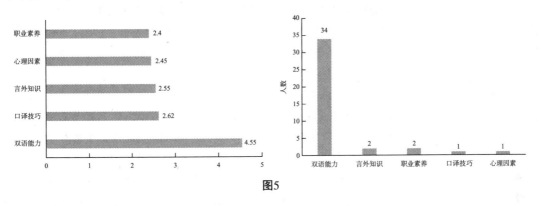

图5

此外，调查结果显示学生在口译学习中存在以下两大问题：

（1）同学们在课上无法得到充分的口译练习且课后练习缺乏主动性。

（2）同学们缺乏实战经验，且对口译有较强的恐惧感，抗压能力差。

在语料分析中，我们也发现即使是全国最高水平的选手，也会因为面对巨大的心理压力而影响口译质量，降低口译能力的发挥。因此，教师在注重口译技巧的讲解和运用之余，可以增加学生实战机会，并追踪学生课后练习情况，这可以在一定程度上帮助学生提高口译能力。

七、结语与讨论

本文从口译质量入手，反观学生口译能力，在三个维度即准确度、流利度、完整度方面对三届全国口译大赛进行分析。研究发现在准确度方面，信息错误的频次远远大于语法错误，且在英译汉时更为常见，反映出选手在英语源语听辨理解能力上有所欠缺，但这也涉及到选手的心理因素和笔记能力；在流利度方面，选手虽出现较多的有声停顿，但可以看出选手在极力减少错误启动的次数，尽量减少译文的非流利性。同时译员有意识地修正自己的译文，使之更言之有理，反映选手运用口译策略意识较强，具有一定的自我监控和自我修正能力，且能力越高的选手非流利停顿次数越少；完整度上，中译英和汉译英的信息遗漏频次没有显著性差异，中译英时信息遗漏发生次数略频繁一些，可能选手在双语转换能力上略有不足。

本文结合问卷调查结果，发现双语转换能力是口译能力中最重要的子能力，并提出学生口译学习中的两大难题，希望口译教师能响应学生的期待，多增加实战次数，为学生提供更多口译实践机会，从而积累口译经验，提高口译能力，弥补口译人才在市场上的巨大缺口。

参考文献

［1］蔡小红，方凡泉.论口译的质量与效果评估［J］.外语与外语教学，2003（3）：41-45+48.

［2］陈瑜.以口译过程为导向的口译能力评估研究［D］.2017.上海外国语大学.

［3］董燕萍，et al.学生译员口译能力结构的测试与分析［J］.外国语（上海外国语大学学报），2013，36（4）：75-85.

［4］李游子.口译学习指标和测试评估［J］.外语研究，2007（2）：69-70.

［5］刘猛.认知能力与交替传译能力的关系［D］.2014.上海外国语大学.

［6］王斌华.口译能力的评估模式及测试设计再探——以全国英语口译大赛为例［J］.外语界，2011（1）：66-71.

［7］王斌华.从口译能力到译员能力：专业口译教学理念的拓展［J］.外语与外语教学，2012（6）：75-78.

［8］王巍巍.中国英语口译能力等级量表构建与应用——以口译教学中的形成性评估为例［J］.外语界，2017（6）：2-10.

［9］徐海铭.汉英交替传译活动中的口译停顿现象实证研究——以国际会议职业口译受训译员为例［J］.外语研究，2010（1）：64-71+112.

作者简介

丁彬洁（2000—），女，浙大城市学院英语专业大四学生，本科在读，方向：翻译。E-mail：1397089437@qq.com。

沈明霞（1980—），女，浙大城市学院副教授，研究方向：口译认知与口译教学。E-mail：shenmx@zucc.edu.cn。

邵艺巧（2001—），女，浙大城市学院数据科学与大数据技术专业大三学生，本科在读，方向：商务数据挖掘。E-mail：3428306686@qq.com。

功能对等理论指导下的护理学文献英汉翻译

吴紫嫣　董敏华

（浙江中医药大学，杭江，310000）

【摘要】在全球化大背景下的 21 世纪，随着各国交往的日益频繁，翻译在促进各国之间经济发展和文明进步中的作用日益突出。近年来，中国不断加大对医疗事业的投入，医学英语在中外合作交流中起到至关重要的影响（Chen Chen，2019）。医学英语是英语应用语言学与医学各学科交叉渗透的一个学科，其中包含了护理学的翻译。护理学作为医学领域的重要分支，其翻译既具有医学翻译特点，又有着属于护理学科的专业特点。本研究旨在从翻译理论家奈达的功能对等理论出发，从护理学翻译文献着手，研究护理学文献的翻译特点。

【关键词】功能对等理论；医学英语；护理学翻译

一、引　言

随着国际医疗交流合作的日益频繁，在临床，科研，教学及医疗服务中，医学英语正被越来越多的人员所使用。作为科技翻译的一个分支，医学翻译的重要性也日益明显（Eugene A. N，1993）。护理学英语是医学英语重要的组成部分，护理学文献术语多，词汇量大，句子长而且结构复杂。因此，在护理学文献的翻译过程中，除了扎实的英语语言基础和护理学专业知识以外，必要的翻译理论和技巧的掌握，能使译者的翻译文本在内容上更加精准，在语言上更加规范。

二、奈达功能对等理论简介

尤金·奈达（Eugene A. Nida）是西方语言学派翻译理论的主要代表，其翻译理论在全球翻译界影响深远。他认为"翻译是用最恰当、自然和对等的语言从语义到文体再现源语的信息"（Eugene A. N，1993）。奈达根据翻译的本质，提出了著名的"动态对等"翻译理论，即"功能对等"。在这一理论中，奈达有关翻译的定义指明翻译不仅是词汇意义上的对等，还包括句法等的对等，翻译传达的信息既有表层词汇信息也有深层的文化信息，且当形式与内容的对等无法兼顾时，形式应当让位于内容（周星煜，2018）。护理学作为医学领域的重要分支，具有医学文献的特点，即描述的对象一般较为复杂且文献语句必须保持科学严谨。因此护理学文献中不仅有许多专有名词，而且还具有大量的长难句和被动句，给翻译带来了一定的难度。奈达作为美国著名的翻译理论家和翻译家，提出的"功能对等"翻译理论在诸多领域的翻译中被广泛接受和使用。护理学翻译作为严谨科学英语翻译，必然要融入科学的理论帮助译者更好的传递原作者的信息。

三、功能对等理论在护理学文献中的应用

（一）词汇对等

根据功能对等理论，对于一个词准确的理解是依赖语境的帮助来实现的，任何语言活动都不可能脱离具体的语言环境，医学语境下普通词汇的特点是词义在特定的医学语境中与日常词汇的含义不同，如果望文生义，译文就难以理解。例如在 *Advanced Practice Palliative Nursing* 一文中有这样一段文字 "Pain was well controlled on a morphine PCA." （路勇敢，2016）其中出现的 PCA 在《英汉医学词汇》（第二版）中有两种词义，第一个词义为"被动皮肤过敏症"，第二个为"病人自控镇痛"。根据语境得知，这句话讲的是如何解决疼痛问题，所以 PCA 在这里选取第二个词义更合适，因此译为"病人自控镇痛（PCA）"。因此这段文字应当译为"疼痛在以吗啡为主要成分的病人自控镇痛（PCA）中得到了很好的控制"。如果在不了解此篇文章临终关怀的背景下翻译，很容易翻译错误，导致译文难以理解。

在护理学文献中，不仅有着专有名词，还有很多普通词汇，这些词汇在医学英语的特定的语境下，含义也就随之变得固定。比如说在人民军医出版社出版的《实用护理英语》中，就曾因为未了解护理专业的静脉输液的特定背景，导致翻译产生失误。译者将 "Using Hastting、Tolsma，Yucha、Tompkins，Robson，& Szeverenyi's research findings，nurses would prescribe the use of warm，not cold，applications for the resolution of intravenous infiltrations." 翻译为"利用 Hastting、Tolsma 及 Szeverenyi 等人的研究成果，护士们可以嘱咐使用温热的而不是冷的敷料，促进静脉输液向组织的浸润"。这里译者对于静脉输液的目的欠明确，静脉输液所输液体均应经静脉直接进入血液循环，正常的静脉输液是无法向组织浸润的。该句中"infiltrations"是因开通静脉通路失误造成的液体渗漏出血管。"resolution"是指消除这种局部外渗液。由此可见，该句的意思应该是"利用 Hastting、Tolsma 及 Szeverenyi 等人的研究成果，护士们可以给患者使用温热敷（而不是冷敷），促使静脉输液外渗到组织中的液体消散（戴善云、胡文婕，2006）。

不管是护理学专有名词还是普通词汇，根据功能对等理论，这些词汇的翻译都应与护理学文献的背景相符合，才能达到准确并且通顺的译文，否则如果仅按照词汇最常见的含义来进行翻译，译文很有可能会产生歧义。

（二）句法对等

1. 长难句翻译

护理学文献的主要特征就是准确严谨，其所描述的对象通常较复杂，更注重句子结构上

的逻辑正确，因此长难句在医用英语中被大量使用，以满足它的作用，完整准确无误地传递信息。在〈《护理业之未来：引领改革，呵护健康》（节选）翻译实践报告〉中出现了长难句："The Tax Relief and Health Care Act of 2006 directed the Centers for Medicare and Medicaid Services（CMS）to undertake a demonstration program to test the effectiveness of PCMH models for Medicare enrollees and the capacity to achieve both quality outcomes and lower health care spending through such approaches to organize primary care."（陈梦阳，2017）根据功能对等理论，译者在保留原文含义的基础上，在衔接处增加适当的衔接句型，包括"以……""并……"和"来……"，这三个衔接词，使读者更容易理解原文意思，避免歧义。最后译者将此长难句翻译为"2006年的《税收减免和护理法案》要求医疗保险和医疗补助服务中心（CMS）开展示范项目，以测试医疗保险参与者的PCMH模型的有效性，并通过这种组织初级护理的方法，来实现优质服务和降低医疗护理支出"。

2. 被动语态翻译

被动句在护理学文献这类强调客观事实的文本中应用十分普遍，被动句的运用有利于突出医学文本中的概念、理论等，达到医学文本尊重客观事实的效果。护理学翻译中的被动句主要分为以下两类：被动句翻译为主动句、被动句翻译为无主句。

被动转主动语态在《Health Advice on Ebola Virus Disease》一文中有所体现。对于"Using the term "death rattle" can be frightening for families to hear."（陈梦阳，2017）的译文，翻译为主动语态："家属可能害怕听到"临终喉鸣"这一术语。"要比翻译为"使用"临终喉鸣"一词可能会让家属感到害怕。"更加合适。因为添加了主语，所以翻译成的中文更加自然，避免了翻译腔的产生。同理，在"Gail shared that she had some regrets in life，but hoped to be forgiven."中出现的"be forgiven"，应当翻译为"得到宽恕"而不是"被原谅"（Chen Wenwen，2015）。

在护理学文献中，并非所有的被动句均要翻译为主动，有些被动语态使用仍然保留被动语态，翻译为无主形式要更加客观，符合医学英语客观的特点。例如，在《医学类著作 *Advanced Practice Palliative Nursing*（Chapter59-60）英汉翻译实践类报告》一文中，就把"associated abdominal，pelvic，or rectal pain should also be assessed，as well as the presence of palpable masses or feces，fever or other signs of infection，skin integrity，hydration status，vital signs，weight loss，and potential risk factors."（丁立，2019）翻译为"相关的腹部、盆腔或直肠疼痛也应被评估，以及是否存在可触及的肿块或粪便、发烧或其他感染迹象、皮肤完整性、水合状态、生命体征、体重减轻和潜在危险因素"。例句中的谓语动词为"assess"是及物动词。在翻译这句话中，可采用把及物动词"assess"当作不及物动词译出，翻译成主动语态，即原文的"被评估"译为"进行评估"，更符合汉语的表达习惯。

护理学文献具有严谨和科学的特征，在这种语言环境下，产生大量的长难句和被动语态。根据功能对等理论，长难句的翻译应该遵循用最恰当、自然和对等的语言再现源语的信息的原则，不应拘泥于长难句的格式。被动语态的翻译亦然，译文是否需要保留被动语态同样需要根据文献的内容决定，最终需要达到医学文本尊重客观事实的效果。

四、结　语

综上所述，本论文将奈达的功能对等理论与部分护理学文献的翻译相结合，从词汇和句法上对等进行分析，对护理学文献中出现的专有名词、大量长难句和被动语态使用功能对等理论进行翻译，较好地完成了源语言到目的语的转换。

参考文献

［1］Chen Chen. *Research of Medical English Paper Translation Under the Skopos The- ory*［J］. Social Science，2019，371（2）：195-198.

［2］Chen Wenwen. A Project Report on the E-C Translation of "Health Advice on Ebola Virus Disease"［D］. Foreign Languages&Cultures Nanjing Normal University，2015.

［3］Eugene A. N. Language，Culture，and Translating.［M］. Shanghai：Shanghai Foreign Language Education Press，1993。

［4］陈梦阳.《护理业之未来：引领改革，呵护健康》（节选）翻译实践报告［D］.湘潭大学，2017

［5］丁立. 医学类著作 *Advanced Practice Palliative Nursing*（Chapter59-60）英汉翻译实践类报告［C］.黑龙江大学，2019.

［6］戴善云，胡文捷.《实用护理英语》教材翻译个案的商榷［J］.湖南中医学院报，2006，26（3）：58-59.

［7］路勇敢. 浅谈功能对等理论在医学英语翻译中的运用［J］.华夏教师，2016，12（9）：69.

［8］郑岚. 交际翻译理论与动态功能对等理论在医学英语翻译中的应用［J］.辽宁医学院学报，2014，12（4）：142-144.

［9］周星煜. 功能对等理论指导下的医学翻译［J］.海外英语，2018，12（8）：142-173.

作者简介

吴紫嫣（2000—），女，浙江中医药大学本科在读，本科，研究方向：翻译英语和护理学。E-mail：876615738@qq.com。

董敏华（通讯作者）（1972—），男，浙江中医药大学讲师，副教授，研究方向：翻译英语。E-mail：dmhlhf@163.com。

"大师与经典"

——《傅雷与翻译文学经典研究》评介

王红丽

（南京师范大学，南京，210097）

【摘要】《傅雷与翻译文学经典研究》以傅译经典为研究对象，对翻译文学经典的概念、品质、生成、价值等理论问题做出解答；通过探讨傅雷的翻译活动、翻译作品、翻译思想，宏观阐述和微观解剖，奉献给读者可资学习和借鉴的文学翻译典范和翻译文学研究之法。该著作呈现出会通的学术意识，辩证的学术思维，敏锐的学术嗅觉，开阔的学术视野。在大师远去的时代，我们应从翻译文学经典生成的内外因入手，去努力创造经典，深入研究经典。

【关键词】傅雷；翻译文学经典；研究评介

一、引　言

任何时代都需要经典。经典的文学作品不仅能给人以愉悦的阅读与审美体验，更能"陶冶我们的性情，开拓我们的精神空间"（钱理群，2006：36）。而翻译文学经典除了给我们带来优质的异域文学和文化以外，也能为我们的文学翻译实践活动树立标杆，提供可资学习的范本。尤其当下，中国已然成为翻译大国，在走向翻译强国的道路上，译坛呼唤经典，翻译经典的生成和翻译经典的研究都是时代赋予我们的使命。在我国的外国文学翻译史上，傅雷无疑是一座耀眼的丰碑，柳鸣九称其为"一两个世纪也难得出现一两位的翻译巨匠"（柳鸣九，2009：27）。傅雷以其精湛的译笔，鲜明的"神似"翻译观以及执着求真的翻译精神，为我们留下了大量宝贵的研究材料，值得我们挖掘和深入探讨。什么是翻译文学经典？它具有哪些品质和内涵？外国文学名著怎样才能变成翻译文学经典？傅译经典生成的密码如何破译？傅雷的翻译活动及其成果在文学价值和审美价值外，又有哪些文化意义和社会意义？哪些值得传承的精神价值和人文思想价值？《傅雷与翻译文学经典研究》（以下简称《研究》）给我们拿出了颇有辨析力的答案。

二、内容简介

《研究》于2020年底由浙江大学出版社出版，这是作者继《翻译文学经典的影响与接受》之后，以傅译经典为研究对象的又一力作。该著作取材于作者的国家社科基金项目"法国文学汉译经典研究"的结项成果,精选其中傅雷和翻译文学经典的相关部分,重新加工提炼而成,凝结了宋学智教授多年的学术精华,可谓一部诚意之作。该著作收录于许钧教授主编的"中华翻译研究文库",和其他优秀成果一起,集中展现了当代翻译研究者的学术面貌。

《研究》一书聚焦"傅雷与法国文学翻译、与翻译文学经典生成的关系,进入文学经典和翻译文学经典的研究场域,展开思考、挖掘、探索和研究"(宋学智,2020:7)。全书分为六章,一、二两章重点论述了何谓翻译文学经典,探讨了翻译文学经典化的内外部因素及其辩证关系,系统总结了文学经典和外国文学经典在中国的研究历史与现状,辨明了翻译文学经典与外国文学经典及世界文学经典三者之间错综复杂的关系。三至六章深入傅雷翻译这座"富矿",着重从以下几方面展开讨论:(1)从史的角度勾勒出20世纪50年代初至今我国的傅雷翻译研究经历的四个阶段,回顾了傅雷翻译研究中的几度波澜,再现了巴氏三译家面对翻译批评的共同遭遇与不同反应;(2)从具体的文本出发,对比傅雷的初译和重译、手稿和定稿,对傅译《艺术哲学》和《都尔的本堂神甫》进行了实践性分析与过程性解剖;(3)以理论为关照,对傅雷的"神似说"、傅雷与"化境""神似"与"化境"等议题进行了再认识与再阐释,同时开辟了人文学这一傅雷翻译研究的新视角;(4)全面地阐述了傅雷作为一代翻译巨匠及其超越翻译家符号的历史影响,深入地揭示了傅雷给当代学人的重要启示,从学术视角展望了傅雷翻译研究乃至中国译学研究的未来空间。

三、研究评介

《研究》内容充实,结构清晰,行文严谨,逻辑缜密,处处闪耀着思想的火花。全书近26万字,没有一页滥竽充数的学术泡沫。细阅全书,笔者认为以下几点最能反映该著的特点,即:会通的学术意识,辩证的学术思维,敏锐的学术嗅觉,开阔的学术视野。下面笔者就从这四个方面来进行具体的评介。

(一)会通的学术意识

会通,意即会合疏通,也可解为融会贯通。从文学经典到翻译文学经典,本身就是会通文学经典与翻译的结果。作者会通的学术意识尤其表现在对"神似"和"化境"关系的论述上。罗新璋在《我国自成体系的翻译理论》中提出"案本—求信—神似—化境"的发展脉络,得到译界的普遍认同。其中,"神似"说以傅雷为代表,"化境"论由钱钟书倡导,二者似乎各自为战,代表了中国译学发展的两个不同阶段。这一排序的另一层含义似乎可以理解为,"化境"高于"神似",优于"神似"。但作者并不这么认为。

《研究》深入傅雷的各类书信文字及文艺评论,挖掘出多处傅雷谈"化"的言论,如1962年4月1日致傅聪的信中有言:"我自己……在翻译工作上也苦于化得太少,化得不够,化得不妙。"(傅雷,2006:353)再如1963年1月6日致罗新璋的信中说道,翻译"第一要求将原作（连同思想·感情·气氛·情调，等等）化为我有，方能谈到逐译"（傅雷，2006：719）。这说明傅雷对翻译之"化"是有自己的体悟和思考的。作者继而回归钱钟书和傅雷的相关译论，经过分析将"化境""归纳为两个指标，一是关于译文语言形式：即便换了一个躯壳，也要符合译入语的表达方式、行文范式；二是关于原作内容：要求译文保存'原有的风味'，保存'依然故我的精神姿致'"（宋学智，2020：213）；将傅雷的翻译观归纳为"译文语言形式的规范性和对原作精神风貌的再现这两项要求"（宋学智，2020：214）。作者由此得出结论："神似"和"化境"的两个指标在本质上是相同的，二者并非"我国译论发展进程中前后两个阶段的产物……而应该属于同一发展阶段中如影随形的连带关系。两者之间'本无高低优劣之分'"（宋学智，2020：214）。当然，从宽泛的意义上说"化境"比"神似"更进一步的说法也是成立的。

　　以会通的学术意识去审视某些看似互不相关的概念、观点、学说，挖掘、探求、揭示其本质，或许会发现别有洞天。作者不囿于成见，打通了"神似"与"化境"之间的任督二脉，颠覆了我们以往的认知。然而作者并未止步于此，而是进一步会通古今，发现了金圣叹和傅雷的契合点，进而将金圣叹的小说美学理论与傅雷的翻译观及翻译实践联系起来。限于篇幅，此处不再细述。

（二）辩证的学术思维

　　我们从中学起就开始学习马克思唯物主义辩证法，然而真正能把辩证法化为我有，运用到日常生活、学习和工作当中去的恐怕不多。《研究》一书中辩证法运用自如，行文严谨，逻辑严密；论证过程有理有据，令人信服。

　　在论及翻译文学经典化的问题时，国内学者往往倾向于关注意识形态对文学作品的操纵，尤其是负面的操纵作用，似有验证勒菲弗尔提出的意识形态、诗学和赞助人三要素之嫌。作者辩证地指出，意识形态不只存在于文本外部，也存在于文学作品之中。翻译文学经典化是外部的意识形态和作者及译者在文本内部有意无意表露出来的意识形态"合力"的结果。针对部分学者过分关注外部因素对文学作品经典化的作用，如佐哈尔提出"文本在经典化的过程中不起任何作用，而是这种过程的结果"（佐哈尔，2002：22）的观点，作者运用内外因的辩证关系原理分析指出，文学作品包括翻译文学作品经典化的内因，即文本或译本的诗学价值才是决定因素，外部的意识形态和文化权力只是经典化的条件，是第二位的。当然，内外因在一定条件下可以相互转化，在某些特殊的历史时期政治意识形态也可能凌驾于艺术之上，成为经典化的内因。总之，外部经典化与内部经典化缺一不可。

　　面对"中国有翻译思想但没有翻译理论"这样的质疑，《研究》探讨了思想与理论的关系。作者区分了"大思想"和"小思想"，认为"大思想"大于理论，比理论涵盖得更广；"小思想""是理论的核心要素，是理论的胚胎，理论的酵母……理论正是由这样的'小思想'发展而来的"（宋学智，2020：203）。中西思维方式有着显著差异，这导致中西理论形态的明显不同,我们没必要厚此薄彼。东方理论的一言以蔽之是因为"它把高度概括前的一步一步的递进,一环一环的归纳,一层一层的提炼省略了,而这正是西人理论中的见长之处"(宋学智,2020:205)。当然,我们也不能故步自封,而"应当取西人理论形态之长补我理论形态之短"(宋学智,2020:204)。中国传统译学资源的现代学理转换的可能性就蕴藏在这样的辩证关系当中。

谈到未来的傅雷翻译研究应该如何发展的问题时,作者指出"应当两条腿走路:一条是科学性,一条是艺术性。所谓科学性,就是研究过程中,重客观轻主观,重实证轻虚拟,重知性轻感性。……所谓艺术性,就是把文学作品当作文学作品而不是科学作品,注重并探索作品的文学性、艺术性和人文性"(宋学智,2020:250)。两条腿走路不是非此即彼,而是互为补充,两条腿都要走得坚实有力,避免失衡。笔者认为,这不仅是傅雷翻译研究的方法和路径,也可以看作所有文学翻译研究的指导原则。

此外,作者在探讨世界文学、外国文学与翻译文学三者之间的关系,探讨世界文学经典的动态性和静态性,探讨翻译的异化与归化、傅译批评的研究客体与主体等等议题时,都充分显示出辩证的学术思维。

(三)敏锐的学术嗅觉

学术研究是发现问题、分析问题、解决问题的过程。要想发现问题,必须具备敏锐的学术嗅觉。作者擅长"于无声处听惊雷",在平淡无奇之处发现新的学术增长点。在阅读《研究》一书的过程中,笔者常有原来还可以这样做研究的感叹。试举两例。

法国现实主义文学大师巴尔扎克在中国被广泛译介。除傅雷外,与他同时代的巴氏译者还有两位,分别是穆木天和高名凯。时任人民文学出版社责任编审的赵少侯在1952年的第3期、第4期和第7期《翻译通报》上,先后发表了三篇针对巴尔扎克译作的评论文章,分别是《评穆木天译〈从兄蓬斯〉》,《评高名凯译〈三十岁的女人〉中译本》,《评傅雷译〈高老头〉》。一般读者也许根本不会注意到这一现象,或者不会将三篇评论联系起来,《研究》作者却敏锐地嗅到了其中的学术气息。作者系统回顾了赵氏批评的具体内容和行文语气,分析了三位译者面对批评的不同态度和回应,本着实事求是的原则核查了傅译并对赵少侯的批评进行了再批评。作者于细微处着眼,不仅为我们再现了当年这一段译界往事,也提供了一个"批评与再批评"的范例,尽管二者相隔六十年之久。在此基础上,作者就归化与异化的问题提出了自己的洞见,并为赵氏没有解决的两个译例提供了参考性译文,从而使其再批评落地于实践。

傅雷一生都在为攀登艺术高峰而努力,其对翻译精益求精,不惜一改二改三四改,这使得傅雷的多部译作都有初译、重译乃至再译本。作者选取《艺术哲学》和《都尔的本堂神甫》为例,从不同傅译本(包括傅译手稿)的改动之处入手,进行了认真对比与细致入微的分析;通过对动态翻译过程的考察,力图还原译者翻译时的心理活动。凭借敏锐的学术嗅觉,作者在只言片语的方寸之地发掘出巨大的可阐释空间。

（四）开阔的学术视野

《研究》一书以傅雷的翻译活动为研究场域，在文学翻译和翻译文学两个范畴展开讨论，既有文本层面的具体译例分析与经典生成过程的还原性演示，也有理论层面的对傅雷翻译思想及翻译文学经典的深入挖掘与多维透视。研究兼及语言、文学与文化多个维度，会通中西、传统与现代多个视角，显示出大文科、大文化、跨学科的开阔的学术视野。

受限于传统认识和知识结构，大众包括部分学人容易将翻译文学和外国文学混为一谈，对翻译文学的特质缺乏认识。作者分析了这一遮蔽现象，指出"翻译文学……是原语民族的文学内容和译语民族的语言形式两大主块的有机化合，是两个民族的文学性之间以及两个民族的文化性之间融合与交叉融合而幻化出的新样态"（宋学智，2020：15），这样就将翻译文学和外国文学区别开来。这种兼具"文学性间性"和"文化性间性"的新样态来源于两个民族又超越了民族的范畴，具有了世界文学的意义，由此翻译文学便上升到了世界文学的高度。

互文性理论因其自身具有的开放、多元、兼容等特征，被广泛应用于多个研究领域。《研究》一书除了运用传统意义上的互文性理论对傅译《艺术哲学》进行多方位的解读之外，还创造性地提出"文化互文性"的概念。《研究》认为，由于人类心智具有一致性，"不同民族在面对相似的外界环境时会采取相同的适应手段，故而有可能会独立创造出相同的文化"（宋学智，2020：177）；不同民族与文化之间的交流与传播又会进一步强化文化互文性，以致当今几乎任何一种文化当中都蕴含着其他文化的元素。文化人类学的研究成果也从侧面证明了文化互文性的客观存在。文化互文性的概念立足于全球化的视角，透过文化的多样性与相似性，结合狭义的互文性理论和广义的文本概念生发而来，显示出作者的创新精神与开阔的学术视野。

形式与内容之争是文学研究领域的重要议题，有重内容轻形式者，有重形式轻内容者，也有提倡二者并重者。《研究》作者则跳出这种二元对立的认知模式，高屋建瓴地指出："文学作品能够真正打动读者的不是内容和形式，而是作品中的人文精神和人性的真善美。文学作品的内容与形式都是作者用来表现思想和精神的工具。一件艺术作品若没有灵魂，其形式再完美也只是一具空壳。"（宋学智，2020：275）这一认识超越了二元论的桎梏，具有很高的水准。它提醒我们，文学翻译研究不必局限于形式与内容的关系，而应把重点放在译者是如何运用译入语的形式和内容来传递原作的人文精神的。

四、翻译文坛呼唤经典

2010年，第五届鲁迅文学奖的文学翻译奖项空缺；2016年，第八届傅雷翻译出版奖的人文社科类获奖作品同样缺如。这一现象令人唏嘘，翻译文坛呼唤经典。那么，何谓翻译文学经典?《研究》认为，"翻译文学经典的概念至少应包含如下两个方面：（1）译作在译入语新的文化语境中，既具有长久的文学审美价值又具有普遍的社会现实价值；（2）译作的语言达到了文学语言的审美标准，为文学翻译活动树立了典范"（宋学智，2020：8）。因此，我们呼唤的是这样的经典，它兼具审美价值和社会价值，其语言形式足以成为译入语的典范。

一部外国文学作品如何才能成为翻译文学经典呢？《研究》认为，这是外部经典化和内部经典化合力的结果。一方面，翻译文学经典化离不开外部的政治意识形态和文化权力的助力；另一方面，译者在翻译过程中独具匠心的艺术再创作是翻译文学经典化的核心因素。以此反观当下的社会环境，我们拥有比以往任何时代都更多的对外交往机会和更便利的外语学习条件，拥有开放的市场环境和文化政策，这一切都有利于文学翻译活动的开展。当然也存在不利因素，比如作为赞助人的出版机构有过分追求经济效益的倾向，为了快速出版而压缩译者的翻译周期，为了节约成本而省去专业的审稿环节。从译者的角度来说，有的可能翻译技能有所欠缺，有的心态浮躁或事务繁多，不能全身心地投入到翻译工作中去，有的迫于翻译合同的压力而不得不草草了事等等，哪有时间和精力去慢慢琢磨文字，反复推敲呢？这样译出的作品又如何能"留给读者经典的回味"（宋学智，2020：30）呢？

我们呼唤经典不能停留在口头上，而应落实到实践中。一方面，浮躁的行业风气必须得到有力整顿，译作的翻译质量需要得到有效监督；另一方面，译者必须端正翻译态度，提高文学修养和翻译技能。这也并不是说做到这两点就一定能创造出翻译文学经典，且看傅雷是如何做的：他既是自身领域的专家，又是交叉领域的行家；不仅有大文学观，还有大文化观；他是开放的学者型的翻译家，始终保持着知识分子的批评精神，始终不忘守护民族魂和中国根。（宋学智，2020：246-248）"傅雷的精神、傅雷的思想、傅雷的胸襟、傅雷的学识、傅雷的姿态以及傅雷的价值取向和生命追求，都具有经典一样的生命力"（宋学智，2020：249），这些"技"的层面之外的东西和傅雷高超的译笔一起，共同组成傅译经典的生成要素。

五、结　语

《研究》廓清了翻译文学经典的概念，阐释了翻译文学经典研究的大小场域及其生成的内外部因素，辨明了翻译文学经典和外国文学经典及世界文学经典的关系。《研究》聚焦傅雷的翻译活动，一改以往傅雷翻译研究大多单一的语言学或文艺学范式，从大文化和跨文化的角度展开全方位的探讨，展示了"一个兼收并蓄中西文艺美学思想、具有大文明大文化胸怀的丰满立体的"（宋学智，2020：4）翻译家傅雷的形象。从学理上讲，《研究》对翻译文学经典的相关探讨以及对傅雷翻译思想的挖掘与阐释，都实现了理论上的突破；从实践来看，《研究》对经典失语的当下的文学翻译活动具有重要的现实意义。该作呈现出的会通的学术意识，辩证的学术思维，敏锐的学术嗅觉以及开阔的学术视野等特征，同时也是宋学智教授治学的特点，对他人同样具有一定的启发意义。我们研究傅雷，不只是因为他为我们留下了大量经典的译作以及深刻的翻译和文艺美学思想，还因为他在为人为学方面为我们留下了宝贵的精神财富。在这个大师远去的时代，我们不光要重读经典，解读经典，研究经典，还要学习经典，甚至超越经典。

参考文献

［1］傅雷.傅雷文集·书信卷［M］.北京：当代世界出版社，2006.

［2］柳鸣九.超越荒诞——法国20世纪文学史观［M］.上海：文汇出版社，2009.

［3］钱理群.我们为什么要读经典［J］.基础教育，2006（12）：36-37.

［4］宋学智.傅雷与翻译文学经典研究［M］.杭州：浙江大学出版社，2020.

［5］佐哈尔，张南峰 译.多元系统论［J］.中国翻译，2002（4）：19-25.

作者简介

王红丽（1987—），女，南京师范大学外国语学院博士研究生，研究方向：法国文学与翻译。E-mail：rosabelle323@126.com。

形合意合视域下英汉语篇衔接转换对比与翻译

——以《黄帝内经》罗希文译本为例

童 林

（河南开封科技传媒学院，开封，475004）

【摘要】 形合与意合是英汉两种语言的基本差异之一，英语为形合，重视显性连接，汉语重意合，重视"悟"的作用，强调先因后果。该文从英汉语言对比入手，通过对比分析《黄帝内经·素问》原文及英译本，对形合与意合进行实证分析，认为形合与意合特征在罗希文译本中主要体现在使用连接词、关联词、介词、时态与体态以及四字格短语等方面。

【关键词】 形合；意合；《黄帝内经》；翻译

一、引　言

形合意合是英汉两种语言的基本差异之一，也是语言学中的热点研究对象，有学者从思维差异的角度解读形合意合的思维成因，有的学者则从阐释学视角对形合意合进行文化解读，还有学者对形合意合进行哲学思辨，可谓视角多样、成果颇丰。本文通过分析《黄帝内经》英译本的句法、词法的微观处理，对形合意合进行实证分析。《黄帝内经》作为中国最早的医学典籍，现已有李照国、罗希文、Dawson、Ilza Veith、文树德、吕聪明等十余个译本，他们通过全译或节译的方式将《黄帝内经》译介出去，在中医药文化传播中做出了巨大贡献。本文选择罗希文博士翻译的《黄帝内经·素问》译文并对罗译本中句法和词法的处理进行微观分析，对形合与意合进行实证研究。

二、关于形合与意合

"一般认为，形合与意合的概念最早由王力先生在其初版《中国语法理论》一书中提出"（王菊泉 2007：409）。王力认为，"中国的复合句往往是一种意合法，在西文称为parataxis"（王立 1984：89）。连淑能认为，"所谓形合，指的是词语或分句之间用语言形式手段（如关联词）连接起来，表达语法意义和逻辑关系。……所谓意合，指的是词语或分句之间不用语言形式手段连接，其中的语法意义和逻辑关系通过词语或分句的含义表达出来"（连孰能 2010：89）。汉语以意合为主，讲究意会，不在形式上的显性连接，如马致远的《天净沙·秋思》，全词几乎没有出现任何显性连接，便将词人的悲秋之情准确地传达了出来。英语以形合为主，重形式上的显性连接，读者根据衔接手段便可理清文本的逻辑关系，如简·奥斯汀的《傲慢与偏见》，首句 It is a truth universally acknowledged，that a single man in possession of a good fortune must be in want of a wife，通过 it is...that 结构，使重要信息后置，定下了文章诙谐的基调。

形合与意合与中西方的思维方式密切关联，汉语之所以重意合，与我们的模糊性思维有关，而"模糊思维与中国古典人本哲学相辅相成……古代贤者认为，真正的哲学应该以人为本位研究人的种种辩证关系，探求人际关系的稳定、和谐以求统一天下的最终目标。人际关系的灵活性和模糊性使模糊思维得以孕育与发展，而模糊性思维的养成则顺应了表述多变人际关系的客观要求……比较而言，西方哲学更注重逻辑的外在表述形式，这与亚里士多德的'三段论'式形式逻辑推理密不可分"（张思洁、张柏然，2001：14）。

三、《黄帝内经》形合与意合对比分析

英语重形合，重视显性连接，多用关联词、介词、连接词和词形变化等；汉语重意合，重视"悟"的作用，少用或者不用关联词，强调先因后果，多用反复、排比等修辞以及四字格短语等等。以下将根据上述内容，结合《黄帝内经·素问》英汉语具体分析。

（一）关联词与连接词的增添与省略

英语注重显性连接，通过增加连接词和关联词使意义明确化。而汉语不用或少用关联词，使意义模糊化，给读者以丰富的阐释空间。

例 1：余闻上古之人，春秋皆度百岁，而动作不衰；今时之人，年半百而动作皆衰，时世异耶？人将失之耶？（《上古天真论》）

罗译：I was told that people in ancient times could remain their vitality while they were over hundreds of years of age. But people now cannot remain their vitality and become decrepit even at the age of fifty. What has made this difference? Is it because of the change of time and environment，or people have lost the way to keep good health?（*Treatise on Ancient Theory of Primordial Energy*）

例 2：故善为脉者，谨察五脏六腑，一逆一从，阴阳表里，雌雄之纪。（《金匮真言论》）

罗译：Doctors who understand the pulses carefully analyze the production and checking sequence of the five Viscera and the six Bowels as well as the Yin and Yang，the Exterior and the Interior. （*Dictum of the Gorden Chamber*）

例 3：善诊者察色按脉，先别阴阳。审清浊，而知部分，视喘息，听音声，而知所苦。（《阴阳应象大论》）

罗译：A superior doctor who is skillful in diagnosis will differentiate the Yin and Yang when observing the complexion and feeling the pulse，examine the bright and dark colors and their locations so as to determine the character of the disease，observe the respiration and hear the voice so as to find out the disease troubling the patient. （*Treatise on the Correspondence of Yin and Yang*）

以上两个例子选自《黄帝内经·素问篇》，译者在翻译的过程中增添了连接词和关联词。例1中"余闻上古之人"作为英语的主句，"春秋皆度百岁，而动作不衰"则处理为从句，二者之间用 that 关系词连接，形成宾语从句。"今时之人……"与上一句"上古之人"形成时间上的先后对比，译者在翻译增加了连接词 but，使人未读其文，但知其转折对比之意。例2中"善为脉"处理为后置定语从句，在"者"之后用关系代词 that 连接；"阴阳""清浊""察色按脉"等均处理为"阴与阳""清与浊""察色和观脉"等，添加 and 进行显性连接。例3与前两例几乎相同，或添加连接词或使用关联词将文本意义明细化，体现了英语重视显性连接、汉语重视体悟的特点。

（二）介词的增减与重复

介词使用是英语的一大特色，"据 G. Curme 统计，英语各类介词共约 286 个。介词是英语里最活跃的词类之一"（连埜能 2010 90）。英语使用介词可使语言简洁。在汉语中，介词属于虚词，可以表示方式手段、原因目的以及时间等等，汉语介词虽没有英语多，但使用频率也非常高。林肯在《葛底斯堡演说》中的"and that government <u>of the people，by the people，for the people</u>，shall not perish from the earth."将英语介词的魅力体现的淋漓尽致，而张培基先生将"of the people，by the people，for the people"译为"民有、民治、民享"，则让人体会到了英汉介词在处理上的明显差异。

例1：诊病之始，五决为纪，欲知其始，先建其母。（《五藏生成》）

罗译：At the beginning of diagnosing a disease，five decisions should be made to find out the cause of disease，"mother"（origin）of the disease should be ascertained first. （*Treatise on the Producing and Complementing Relationship of the Five Viscera*）

例2：其民不衣而褐荐，其民华食而脂肥。（《异法方宜论》）

罗译：People are satisfied with coarse clothing made of crude wool and sleeping on straw mats and never seek after elaborate wears. But they eat plenty of meat and various delicacies to make them become stout and corpulent. （*Treatise on Variations of Treatments to Patients of Different Locations*）

三个例子中，译者增添了许多介词。例1中的"为""其"都有明确含义，分别表示"作为"（动词）、"它的"（代词）。而译文中几乎每一句都加上了介词 of，如 at the beginning of diagnosing a disease，of 前后都是三个单词，"mother（origin）of the disease"，of 前后单词数量也一致，通过增添 of 不仅突出语义重点，还展现了语言的对称之美。无独有偶，例2中同样用到介词 of，使得语义表达准确又不失生动。

（三）时和体的明与暗

英语在造句中，对于时间和体态的处理注意标记，用以"说明行为/状态发生/出现的时间（现在和过去）（秦洪武、王克非，2010：122），"而汉语在组合句子时，动词不因时间而发生体态变化，"在表达时间时，汉语只要求句子表层出现表现过去、现在或将来的词"（秦洪武、王克非，2010：123）。

例1：岐伯对曰：悉乎哉问也。请遂言之！（《灵兰秘典论》）

罗译：Qi Bo：A good question you have asked. Allow me to explain them in details.（*Treatise on the Secret Canon in the Imperial Library*）

例2：……食下，则肠实而胃虚。故曰实而不满，满而不实也。（《五藏别论》）

罗译：When the food is digested，the Intestine is filled full and the Stomach emptied. This is the so-called "they can be filled but they will never get full."（*Treatise on the Additional Study of the Five Viscera*）

例1中，黄帝在前面问岐伯人体五脏六腑的职责分工和高低贵贱，岐伯听后回答"你问的可真详细呀！"在源文本中单从"问"字并不能明确体现出时间关系，但在译文中译者则加入时间标记，处理为显性的现在完成时 have asked。例2是岐伯讲解五脏六腑的功能特点后的总结，即六腑是只能被水谷充实，不能被精气充满；而五脏恰恰相反，它是只能被精气充满而不能被水谷充实。源文本中"不实"并不能体现将来时态，但在译文中却将将来时间显性化，通过使用将来时间的语法手段再现原文所含之将来时态。

英语重形合，汉语重意合这是英汉的一般差异，但差异之间并非棱角分明，也即英语并非完全都是形合，汉语也并非都是意合，只是从使用习惯上整体如此罢了。经济全球化的快速发展也带动语言的全球化，语言间相互碰撞交融，你中有我我中有你。如 people mountain people sea 这一中式英语也逐步融入英语之中，因此在组合造句时不应完全将形合意合当成金科玉律，应该根据实际情况灵活取之。

四、结　语

形合与意合是英语和汉语的两大差异，通过对《黄帝内经·素问》的分析，发现英语重视形合，在行文中通过增加连接词、关联词、介词等构成显性连接，使语义明细化、具体化；汉语重视意合，强调对文本内容的体悟，不用或少用连接词，语言尽可能简练地表达。但二者的使用非二元对立，在具体应用中应灵活变通。

参考文献

［1］王菊泉. 关于形合与意合问题的几点思考［J］. 外语教学与研究，2007（06）：409-416+480.

［2］王力. 中国语法理论［M］. 济南：山东教育出版社，1984.89-90.

［3］连淑能. 英汉对比研究［M］. 北京：高等教育出版社，2010.73-75.

［4］张思洁，张柏然. 形合与意合的哲学思维反思［J］. 中国翻译，2001（04）：13-18.

［5］秦洪武，王克非. 英汉比较与翻译［M］. 北京：外语教学与研究出版社，2010.122-124.

作者简介

童林（1994—），男，河南开封科技传媒学院，助教，硕士，研究方向：中医翻译、语言服务。E-mail：877847459@qq.com。

中译英翻译练习对学习者英语输出表现的影响

——基于输入假说的个案研究[*]

刘芷岑　　邹德艳

（大连外国语大学，大连，116000）

【摘要】 基于克拉申的输入假设，"可理解的"是输入前提，且应保持"粗调输入"，本文探讨中译英翻译作为一种语言转换方法对第二语言习得的贡献。基于三个受试个案的连续翻译和比对过程，笔者收集了受试译文与原文的语言重合度和翻译时长等相关数据，并根据数据分析中译英翻译练习是否有助于提升受试的英语输出表现。实验结果显示，受试逐步熟悉新的英文表达，中译英翻译准确度有所上升，体现了高质高频语言输入对语言输出水平的提升作用。本研究有助于更深入了解语言输入与输出之间的互动关系，以及翻译对于语言习得的有效作用。

【关键词】 翻译实践；语言输入；语言输出；动态系统论

一、引　言

输入是语言学习的基础，不断输入英文语言知识，熟练英文表达习惯，可以提升学习者的英文语言储备。英文输出则是巩固英文语言学习的有效方式。多数教师受传统教学方法的影响，教学局限在英语的内部形式，而往往忽略了语言的实际运用能力（王娜、赵华香，2017：177）。连续进行英文口语和写作练习，可以内化和固化英文输入过程中积累的语言知识，同时提升英文输出质量，从而提升英文语言能力。翻译作为联结两种不同语言的桥梁，对英文输入和英文输出提出了双向需求。因此，翻译不仅是一种语言转换方式，也可以是提升英文语言能力的重要方法。本研究的目的在于为翻译的适用性提供更多选择，思考如何以翻译为途径，加强语言输入和输出的连续性和互动效果分析，探讨其如何巩固双语转换能力，进而提升语言习得效率。

二、文献综述

语言能力是语言学习的基础，大脑中数十亿的细胞会开发新的通路或突触连接来积累新的语言学习经验。因此，提升语言能力需要从不同方面获取语言知识，包括词汇、语法和语

---

* 本文系大连外国语大学 2021 研究生创新项目，项目编号：YJSCX2021-131。

用等。传统的英文写作教学通过背诵单词表、完成任务型阅读或模仿满分作文等应试方式来提升写作分数。然而，这些方式使用的材料是以应试为目的编写的，有助于提升英文语法的准确性和词汇量，但是无法帮助学习者摆脱母语语言习惯对二语习得过程的束缚。钱思颖（2019）传统语言学认为，使用母语造成的负迁移是语言错误的主要原因之一，因此外语学习成功与否取决于能否有效地消除母语的影响。传统语言学还认为，摈弃翻译有助于学习者摆脱对母语思维的依赖。"然而，由于母语是语言学习者的第一语言，它的语音系统、语法规则、词汇用法、句型结构等早已客观地存在于学习者的头脑中，是抹不去、甩不掉的"（张季红，2015：40）。前人的研究主要集中探讨二语习得的重点和困境，翻译作为语言习得的学习方法，已得到学界认可，但其对于个案学习者的影响及学习者的个性化习得效果研究还比较少。

美国应用语言学家克拉申（Krashen）在 20 世纪 80 年代提出可理解性输入理论，指出"可理解的输入"（Comprehensible Input）是人们习得语言的必要条件和关键，可用公式"i+1"来表示。"i"表示学习者当前的语言知识或能力水平，"1"表示输入略高于学习者现有水平的语言形式或功能。该理论强调语言输入对提升语言能力的重要性。并且，语言输入程度必须在可理解范围内，否则超出学习者理解范围的输入会让学习者感到焦虑。克拉申的输入假设还强调"输入的结构应该是充满丰富语言结构的自然输入"。此外，它是"粗调输入，而不是精调输入"。

1985 年，斯温（Swain）发展了输入假设，提出可理解性输出假设（Comprehensive Output Hypothesis）。该假设指出："学习者口头或书面表达时，能扩展自己的中介语来满足交际需求，他们利用自己内化的知识，或是从未来的输入中寻找解决语言不足的线索。输出需创造新语言形式和意义，学习者在此过程中，发现自己用目的语能做什么和不能做什么。"语言输入是语言内化的过程，语言输出是内化语言的实践、反复训练和升华的过程。中译英作为一种英文语言输出方式，可以由学习者进行反复实践，来达到内化其语言输入的目的。

Larsen-Freeman 等（1997）动态系统论为我们观察和解释二语学习和发展现象 提供了新视角，认为语言发展过程呈非线性，并将变异性 视为自组织系统内在特征，进步、后退、停滞和跳跃在任何二语学习过程中都是普遍现象。"动态系统理论引入二语发展领域，让读者认识到语言发展是一个连续的过程，受到学习者内、外部各种变异条件的影响。语言变异是动态系统固有的属性之一，语言随着时间的推移会增长，也会衰退，语言习得和语言磨蚀是语言学习过程中不可分割的两方面"（徐丽华、蔡金亭，2014：145）。因此，语言输入和语言输出行为应提升连贯性，加强语言学习过程中学习者产生的语言系统变异所提供的积极影响，削弱外部条件对语言系统形成过程可能造成的消极影响。系统复杂性及发展变化是自下而上产生的，某些子系统的运动或环境的变化可能造成系统摄动（杨连瑞等，2017：57）。二语习得过程需要以英文输入和英文输出作为子系统，通过对输入和输出的不断强化，进而达到对英文语言系统的改变。

综上所述，本文以《经济学人》外文杂志上的一篇英文文章的中文译本为实验材料，通过观察受试连续三次进行中译英翻译及比对练习中，英文语言在每一个循环中的变化情况，对受试的词汇和语言表达准确度变化进行分析，从而判断实验对象英文语言表现的变化，进而分析中译英翻译练习是否有助于提升受试的英文输出表现。

（一）研究设计

1. 研究问题

中译英翻译过程即语言输出过程，利用英文语言积累将源语言转换成目标语言。与标准源语言进行比对和修改的过程即语言输入过程。在此过程中，译者可以发现中文与英文的差异，从而积累更加地道的英文表达方式，改善英文表达习惯。本研究采用定量和定性相结合的方法，将实验过程进行可视化分析，旨在找出连续翻译和比对对于被试英文表现的影响及其变化过程。基于此，本研究有两个研究问题。

（1）连续翻译和比对是否有助于提升学习者的英文输出质量？

（2）连续翻译和比对如何影响学习者的英文输出质量？

2. 研究对象

本研究的三名受试均为东北某外国语大学翻译专业四年级本科生。三名受试都通过了全国翻译专业资格（水平）英语三级笔译考试（CATTI Class3）和英语专业四级考试（TEM4）。他们在课堂上接受了专业的训练，积累了一定的英文语言知识。他们都喜欢学习英文，并希望提高自己的英文水平和翻译成绩。他们有能力理解和翻译给定的翻译材料。在实验前，他们都未读过实验材料。

3. 实验材料

翻译材料选自《经济学人》，这是一篇关于"人们是否应该对科学技术的发展持悲观态度"的文章。实验采用前三段的中译文本作为翻译任务，由受试将其翻译成英文。中译文本由资深译者完成并校对，保证了文章的可译性。实验对象以中译文本为源语，以英文原文为目标语。笔者选择15处英文表达作为观测点，考察受试的英文输出变化情况。

4. 实验工具和方法

BB Flashback Express 是一款多功能屏幕录制软件，可以提供详细的选项录制屏幕、网络摄像和声音，剪辑镜头，制作剪辑，并通过字幕、箭头、图像以及添加评论和音乐来增强录音效果。该软件记录了实验受试翻译和比对文本的过程。录制完成后，过程被保存，需要时可重播。该软件可帮助笔者观察更多细节，发现更多翻译过程中的问题。另外，该软件的录音功能可帮助笔者在采访环节记录受试在翻译过程中的思考和对实验所采用方法的评价，帮助笔者将受试的学习行为进行可视化处理。

每个实验受试都完成以下练习步骤：翻译、比对和访谈。第一步，受试将中文翻译成英文，并仔细考虑并确保产出语准确。第二步，将标准英文文本提供给受试，将自己的译文与给定的文本进行比较，并标出认为可以改进的地方。在这个过程中，受试不需要背诵生词和短语，只是确保对生词和短语留有印象。第三步，笔者针对第一次的翻译和比对过程进行采访。第四步，受试对文章进行第二次翻译。在第二次翻译中，受试可根据对标准英文文本留有的印象，应用其中的词语和表达。然后实验重复前四步。最后，收集和分析数据。笔者对被试每次的译文进行对比，根据选定的 15 处英文表达的翻译准确性衡量译文质量。

在每次翻译和修改之后，笔者针对翻译过程对受试提问。此外，笔者要求受试在最后一次练习后谈谈自己对实验所用训练方法的总体感受。问题主要包括以下三个。

（1）你的译文和标准译文的区别是什么？

（2）你认为通过翻译积累新单词和新表达会比直接阅读一篇英文文章更令人印象深刻吗？为什么？

（3）你认为这种方法对提高翻译能力有帮助吗？为什么？

（二）研究结果

1. 受试的英文输出表现

根据克拉申的可理解性输入理论，实验对象对输入段落的理解应该是不完全的。语言能力是提高翻译质量的基础，而词汇处理是第二语言习得的第一步。它考察了认知、语言和非语言因素如何相互作用，从而对第二语言中处理、存储、回忆和产生新词产生影响。翻译的过程也是词汇处理的过程。影响翻译质量的因素很多，词汇的正确和恰当使用是保障翻译质量的关键。

因此，笔者提前设置了 15 处有一定难度的英文表达，笔者将 15 处英文表达的设置标准分为两类，第一类是陌生表达，第二类是消极表达。本研究以英文表达的正确和恰当使用作为衡量翻译准确性的标准，以输出时长作为衡量英文表达掌握程度的标准。

2. 输出质量

为考察连续翻译和比对过程对于输出质量的影响，下表列出了受试在每次翻译中使用的 15 个英文表达的数量。此过程采用评分的方式，通过记录受试的英文表达输入和输出过程，展现英文学习中，子系统不断发展时，英语语言系统产生的变化。并且，通过量化的方式展现学习者翻译过程中出现的语言习得和磨蚀状态。实验的评分标准为受试完整翻译英文表达得 1 分，部分翻译英文表达得 0.5 分，未翻译出英文表达得 0 分。图中展示受试的整体得分情况。

从图 1 中我们可以发现，通过重复翻译和比对，受试的输入量增加，输出频率加快，语言准确性有所提高。而且，根据受试的翻译文本可以看出，如果在第二轮能够使用不熟悉的英文表达，受试在第三轮仍然可以使用同样的英文表达，三个受试均未出现遗忘现象。这表明，受试连续三次对同一篇文章进行反复翻译和比对，时间流逝对已经习得的语言腐蚀性较小，而且，受试可以在保持语言腐蚀程度最低的同时，不断增加输入，提升英文习得水平。

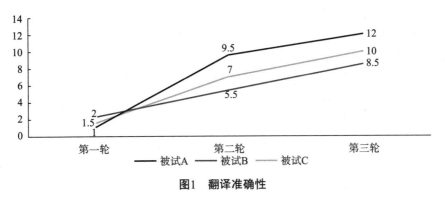

图1　翻译准确性

　　但是，根据受试的翻译文本还可以看出，受试在比对过程中输入的英文表达无法在下一轮翻译中全部输出，只能对已输出的英文表达进行巩固记忆。接下来笔者将以受试得分情况为基础，对每个受试的习得过程进行分析。受试 A 在第一轮比对过程中共输入 11 处英文表达，第二轮输入 3 处英文表达，总计应为 14 分，但其最终仅输出 12 分。这表明，时间和外界因素对受试 A 的习得过程产生干扰，受试 A 无法完全输出已输入的英文表达。在采访中，受试 A 表示，她有意愿积极地去使用尽可能多的表达，但仍然无法完全准确使用。虽然受试 A 本身的英文能力比另外两名受试较弱，但在输入和输出过程中表达了强烈的学习意愿，具有较高的英文输入能力。受试 B 在第一轮比对过程共输入 5 处英文表达，第二轮输入 4 处英文表达，加上第一轮实验中已经输出的 2 处英文表达，总计应为 11 分，但最终输出 8.5 分。受试 B 也同样受到时间和外界因素的干扰，输入和输出无法达到完全相等。除此之外，虽然受试 B 本身的英文能力较强，但在采访中，她表示，在比对过程中她主观上排斥使用译文中的表达，认为这些表达不符合她对文章的理解。受试 C 在第一轮比对过程中共输入 7 处英文表达，第二轮输入到 4 处表达，加上第一轮实验中已经输出的 1.5 分的英文表达，总计应为 12.5 分，但最终输出为 10 分。除与受试 A 和受试 B 遇到的相同问题以外，受试 C 的输入内容不仅包括英文表达，还包括对语法的修改。在采访中，受试 C 表示，在比对过程中，除了输入英文外，还需要输入英文语法，所以最后无法完全输出所有英文表达。在三轮翻译过程中，受试 C 可以稳定的输入并输出英文表达，同时不断完善译文的语法和语句结构，表现出较强的语言输入能力。

　　根据以上数据和分析，在本实验中，笔者观察到影响三名受试输入和输出表现差异的原因主要有四个方面，分别是受试本身的英文能力、受试对输入英文表达的意愿、受试英文表达输入能力和时间磨蚀的影响。因此，在英文学习过程中，英文输入材料和英文输出方式的选择都应尽量贴合英文学习者的学习意愿，符合英文学习者对其本身所需要提升英文能力的要求，达到可理解性输入的要求，难度过高或过低的学习材料可能会造成外部和内部干扰因素对学习效果的影响。并且，应加快英文输入和输出的连贯性，高效利用时间，增强学习者的语言习得，削弱语言磨蚀。

3. 输出效率

翻译的流畅度和新英文表达的掌握度可以通过翻译的时间长短来衡量。通常，在译者充分理解原文信息的前提下，通过对英文表达的润色，能够将汉语的句子结构转换成符合英文表达习惯的句子结构，翻译过程就会比较流畅，停顿较少，这意味着完成翻译时长较短。同时，根据动态理论，由于学习者英文输入增加，输出频率加快，以词汇为子系统之一的的语言系统也会因此逐渐发生变化。

在本研究中，基于个人翻译经验，受试通过反复训练可能对标准翻译中的表达印象更深刻。为验证这一假设，笔者记录了每次翻译的持续时间。

表1　翻译效率

翻译次数	翻译时长（分）		
	被试A	被试B	被试C
第一轮	46.44	40.44	34.28
第二轮	36.41	24.57	29.49
第三轮	25.45	18.49	21.43

从表中我们可以看出，从第一轮到第三轮，尽管他们花费在翻译上的时间各有不同，三个受试翻译用时越来越短。

对于第一轮翻译持续时间最长的原因，三位受试都表示时间主要花费在三个方面。

第一，他们遇到很多不熟悉的表达，不得不花时间查字典。例如，三个受试在翻译不熟悉的短语时都查阅了电子词典，包括"侵犯隐私、悲观、独裁、行尸走肉、成见和蔓延"在采访中，他们都说自己第一次翻译时希望自己的翻译更加准确，所以在遇见新单词时都会查字典。当受试查字典的次数越来越少时，也就意味着他们通过重复练习对这些词更加熟悉。

第二，他们需要在第一轮翻译中理解文章的整体意思。由于中文和英文表达差异较大，受试的大部分时间都花在梳理句子逻辑上。回看录制翻译过程时，笔者发现在第一轮翻译中有很多停顿。在采访中，所有受试都表示他们需要时间去理解文章的意思和组织英文。他们都在最后一句话上消耗很多时间进行反复修改"源于对社会能否驾驭看似失控的技术力量的怀疑"。在阅读完英文原文后，受试表示他们对文章的意思有了更准确的理解，这可以帮助他们更好地调整自己的英语表达。

第三，他们必须平衡汉语和英语之间的差异。例如，中文短语 "行尸走肉"在英文中找不到同样意义的短语。受试表示，他们必须反复阅读那个句子，以找到最合适的词来解释这个短语。另一个例子是"蒙上阴影"，在这个短语中，动词"蒙"是一种修辞，在中国这是一个惯用表达方式。但在翻译这个短语时，所有的受试都没有想出一个合适的动词短语来替代这个汉语表达。因此，他们选择了一个形容词来避免语言习惯的差异。但在第二轮中，他们已经从标准翻译中学会了正确的表达方式，在再次翻译时节省了更多的时间。

除此之外，三个受试在记忆固定短语搭配或短语时所需要的时间要短于记忆陌生单词和消极词汇的时间，即受试对固定短语搭配的掌握度更高。

对受试每次翻译和比对用时的过程进行分析后可以发现，在三轮翻译和比对过程中，受试主要是从英文表达和语义理解两方面，对译文不断进行改善。首先是对生僻词汇的认知和输入，随后是对篇章含义的理解，最后是整合语言，进行输出表达。连续输入和输出加深了受试对译文中英文表达的印象，词汇积累有所增加，因此译文输出的质量和效率在不断提升。每次翻译所花费的时间可以反映熟练程度，证明了重复翻译和比对不仅帮助受试记忆新的或不熟悉的表达，而且可以提高其英文语感，影响英文语言系统。

三、结　语

基于克拉申的输入假设，本研究探讨了汉英翻译作为一种语言表达技术对提高二语习得能力的贡献。笔者通过实验，研究受试的三次连续翻译和比对过程，记录受试在该过程中翻译效率和质量所产生的变化，并结合动态系统理论，对实验结果进行量化分析。笔者发现影响受试英文输入和输出质量和效率的原因主要在于受试本身的英文能力、受试对输入英文表达的意愿、受试英文表达输入能力和时间磨蚀的影响。并且，提升英文输出质量是一个循序渐进的过程，需要对以词汇为基础的子系统不断改善，逐步提升受试的英文系统。受试表现可以证明连续翻译和比对确实加深了英文学习者对生僻和消极英文表达的印象，降低了时间等外界因素对英文输入和输出的影响，使汉英翻译成为提高二语习得能力的一种有效方法。

本研究是以词汇作为评判翻译质量的观察点，通过对单一的子系统变化来描述整体语言系统的提升过程。事实上，语言系统的提升过程是由多方面因素共同决定的，因此，进一步的研究应该集中在一个更复杂的层面，即语篇。通过研究连续翻译和比对练习是如何影响学习者对整体句子和篇章结构的理解，进而找到全面提升语言系统的途径，为提升二语习得能力和翻译能力做出贡献。

参考文献

[1] Krashen S. *The Input Hypothesis: Issues & Implications* [M] . Oxford : Pergamon，1982.

[2] Larsen-Freeman，D. Chaos/complexity science and second language acquisition [J] . *Applied Linguistics*，1997（2）: 141-165.

[3] Swain M. *Three Functions of Output in Second Language Learning* [M] . Oxford : Oxford University Press. 1995.

[4] 钱思颖 . 母语负迁移对英语学习者写作和汉英翻译影响的对比研究 [D] . 西安：电子科技大学 . 2019.

［5］王娜，赵华香. 浅谈大学生英语阅读对英语写作能力的影响［J］. 科教文汇，2017（12）：177-178.

［6］徐丽华，蔡金亭.《二语发展的动态路径：方法与技术》述评［J］. 外语教学与研究，2014（1）：144-148.

［7］杨连瑞，李绍鹏，谭欣，纪璐. 动态系统论与第二语言发展研究［A］. 外语教育，2017（5）：56-61.

［8］张季红. 翻译——利用母语促进外语教学的有效手段［J］. 上海翻译，2005（1）：40-43

作者简介

刘芷岑（1998— ），女，大连外国语大学高级翻译学院研究生，研究方向：翻译理论与实践。E-mail：1486144663@qq.com。

邹德艳（1976— ），女，博士，大连外国语大学高级翻译学院教授，研究方向：翻译理论与实践，E-mail：deannazdy@163.com。

基于新修辞理论的对外新闻报道翻译有效性研究

温亚楠

（天津中德应用技术大学，天津，300350）

【摘要】对外新闻报道是国际传播的主阵地，也是传播"中国声音"的主舞台。在新修辞理论的指导下，对外新闻报道翻译要以受众为导向，尊重英汉修辞资源的异同，通过对语言这一象征资源的调适，进而达到满足受众预期、提高我国对外话语的传播力和影响力的目的。

【关键词】对外新闻报道；新修辞；受众；翻译

一、引　言

随着我国的综合国力不断增强，国际影响力不断扩大，世界舞台上也越来越需要"中国声音"，因此近年来，对外传播工作也日益成为我国发展中的重要环节。习总书记在中共中央政治局第三十次集体学习时强调要加强和改进对外传播工作，展示真实、立体、全面的中国。其中，总书记指出，"讲好中国故事，传播好中国声音，展示真实、立体、全面的中国，是加强我国国际传播能力建设的重要任务"，"打造融通中外的新概念、新范畴、新表述，更加充分、更加鲜明地展现中国故事及其背后的思想力量和精神力量"，"要广泛宣介中国主张、中国智慧、中国方案，我国日益走近世界舞台中央，有能力也有责任在全球事务中发挥更大作用，同各国一道为解决全人类问题作出更大贡献"（习近平，2021）。在构建人类命运共同体的宏观语境下，对外新闻报道是对外传播的主要媒介，新闻翻译的质量体现了"中国话语"传播的有效性。而在互联网时代，网络新闻已逐渐成为了对外宣传的主阵地。我国的主流新闻媒体的英文版如《新华网》、《人民网》、《环球网》、《中国日报》都在大篇幅介绍我国取得的显著进展，对世界了解中国起到了积极的作用。美国现代传播学大师沃尔特在其著作《公共舆论》中提出，宣传力取决于传播者如何展示与解读事实的能力（Water Lippmann，1922：2）。因此，对外宣传的重心不仅在于宣传内容，更在于宣传方式。在当今西方发达国家媒体仍占据统治地位，英语仍为国际通用性语言的前提下，如何讲好中国故事，树立中国形象，让世界全面、深入的了解中国是对外新闻翻译的首要任务。本文拟从"新修辞"理论出发，结合主流媒体新闻翻译的实例，旨在为对外新闻传播研究提供新的思路和方法。

二、新修辞理论

"新修辞"并不是指"新的修辞"，它指的是在西方古典修辞的基础上，20世纪30年代在欧洲大陆及美国产生并在60年代之后盛行的修辞理论。它继承发展了古典修辞学说,围绕"论辩""受众"这两个中心课题重新构建了自己的理论体系,它更多的与心理学、哲学、社会学等学科交叉。"在代表当代修辞理论发展的话语中,修辞是一种认知视角和认知活动,描写和呈现语言与现实世界的关联,关注如何有效运用以语言为主的象征手段影响人们的思想、感情、态度以及行为,而不仅仅局限于美学和演讲。"(陈小慰,2014:86)

新修辞的代表人物肯尼斯. 伯克从"动机"入手,围绕"象征手段""戏剧五元模式"和"同一"等建立了一个完整的阐释人类行为的修辞理论体系。"受众"仍然占据了新修辞的核心部分,修辞者要促使受众改变自己原来的看法、态度和行为,按照修辞者的意愿行事这一修辞根本任务。为了完成这一任务,修辞者有必要采取各种有效的说服手段。因此,新修辞的核心是:以认同为起点,以说服为目的。

"在伯克看来,修辞话语与修辞情境是一体的,你中有我,我中有你,它们互相依存,互为彼此,难以分割。"(薛婷婷、毛浩然,2016:33)伯克认为,"修辞情境就是满足'凝聚'与'分裂'两大特征的环境"(薛婷婷、毛浩然,2016:33)。而要实现"分裂"到"凝聚"的转变,合作是唯一的办法(薛婷婷、毛浩然,2016:33)。合作的关键在于"同一",即"只有当我们能够讲另外一个人的话,在言辞、姿势、声调、语序、形象、态度、思想等方面做到和他并无二致,也就是说,只有当我们认同于这个人的演讲方式时,我们才能说得动他"(刘亚猛,2004:110)。在伯克的修辞理论中,三种"同一"策略的选取、安排可以达到预期的传播效果。三种同一方式分别包括:"同情同一"(identification by sympathy),"对立同一"(identification by antithesis)以及不准确同一(identification by inaccuracy)(邓志勇,2011:143)。

新修辞理论中,修辞情境是修辞话语产生的客观条件,任何修辞活动都是在修辞情境下产生。"修辞情境"一词由修辞学家比彻尔提出,他认为修辞情境是"一个由人物、事件、物体和关系组成并呈现一种事实上或潜在的紧急状态的复合体;当情境催生的话语足以影响人们的决定或行动,紧急状态得以改变,从而得到部分或全部消解"。(Bitzer,1968:6)修辞情境由"紧急状态/缺失"(exigence)、"受众"(audience)和"制约"(constraints)构成。"紧急状态/缺失指的是一种不完美的急需得到改善的情状;受众是任何能够被修辞话语影响并能对现实状况做出改变的人群;制约因素则包罗万象,可以是人物、事件、物体或者各类关系,只要他们能对决策或行动起到影响作用"。(申屠青春,2019:99)面对修辞情境中各种客观条件,修辞者要利用自身的主观能动性,在纷繁复杂的情境下分析、处理问题,通过修辞行为即话语来改变现状。

综上所述,新修辞理论作为西方古典修辞的发展,进一步丰富了修辞学的研究内容,它将客观事实与修辞者的主观意志相结合,仍然凸显受众地位,并将修辞活动视为"环境—修辞者—修辞话语—受众"的多向互动过程,这对于对外宣传材料英译提供了新的研究视角。

三、对外话语修辞与新闻翻译

对外新闻报道翻译并不是简单的语言转换。译者必须考虑西方读者的认知、语言习惯、思维习惯、文化背景等要素。对外话语修辞过程要考虑不同受众的需求并在内容、方式上做出适当的调整。在这一过程中，译者即为修辞者，译者要用受众易于接受的方式进行话语建构，通过"同一"的方式达到说服受众并促使行动达成的目的。

对外新闻报道翻译的过程并不只是"译"，而且还有"宣"，此修辞活动的目的在于让世界了解中国，促进外界的认同，提升我国对外形象，消除分歧，加强国际间的理解与合作，提升国际话语权，构建国家软实力等。在以上的大背景下，译者要充分利用贴近受众的诉求模式，明确翻译取向，通过恰当的翻译途径提升译文的有效性。译者要充分考虑修辞情境下的客观条件，因势而动。

从修辞情境的概念来看，对外新闻翻译中，紧急状态为如何发挥译文最大效力，提升对外传播的有效性。受众在这里并不是指普世受众，而是修辞受众，即对修辞话语做出反应并促成改变的受众。对外新闻翻译中的受众即为在我国工作、生活的外籍人士和海外关心中国发展的西方读者。"受众与修辞者之间的共享经验与兴趣是实现修辞话语功能的前提。"（熊正，2019：121）因此修辞者必须以读者喜闻乐见的方式对修辞话语进行不断调适，调整话语内容、变换话语形式，尽力实现原文读者与译文读者的"同一"。制约条件为修辞者受到的制约因素，这体现在不同文化背景下中西方的语言、意识形态、思维习惯等差异。在此制约条件下，修辞者需要运用语言，催生变化，转变读者的思想，打破局限，满足预期，进而达到外宣效果的最大化。

由此看来，新闻翻译处处体现着对外话语修辞，"新闻翻译不仅涉及新闻文本的语言转换，而且涉及对信息的选择、再解读、再语境化进而进行适当的编辑和改写"（袁卓喜，2020：23）。新闻翻译作为修辞性的叙事，译者必须了解西方话语交流模式，从而建构融通中外的话语创新模式。

四、译者的修辞意识及修辞策略运用

在构建融通中外的话语模式中，译者作为东西方语言文化的协调者必须具备修辞意识。首先译者需要厘清翻译目的与受众的关系。译文的功能并不只是满足交流的需要，翻译的目的也不仅仅是解决读者的语言障碍问题。译文以受众为中心就需要译者充分平衡受众预期与效果实现的平衡、译文内容与表达方式的平衡。再者，译者还要充分认识到译文话语的修辞力量，对叙事方式精心雕琢进而实现"同一"，促进有效传播。以下通过三个方面来具体分析对外宣传报道中的修辞调适。

（一）还原内容可信度，增强话语说服力

汉语新闻多面对的是中国读者而英语新闻的对象是海内外母语为英语的读者及外籍人士，因此在进行英译的过程中必须考虑到读者的接受程度。某些表述要显化，某些表述要适当调整，目的都是保证译文的可信度，即真实、有效。

（二）遣词造句符合受众话语修辞习惯

"修辞"在传统意义上，尤其是中国古典修辞学上的理解即为修辞格的使用。中英文由于语言传统的差异，造成词格的使用也不尽相同，每种语言都将各自特有的修辞格用法发挥的淋漓尽致。汉语高调、外放，擅用独有的四字格展现语言美感。而英文内敛、简洁，多使用意义清晰、简明有力的短词，并且充分使用英文特有的修辞方式。

（三）调整感情色彩，符合受众预期

西方修辞学的奠基人亚里士多德将修辞视为说服的方式。在他的分类下，演说者可以通过三种方式影响受众：理性诉诸、情感诉诸和人格诉诸（Aristotle，2012：9）。其中，情感诉诸就是"以情感人"，在现实语境下，情感认同起到的作用有时会大于理性分析，因为情感会引发态度的形成与改变。陈小慰教授在其"亲和翻译"的理论中也曾指出，"亲和翻译是一种在翻译过程中注重情感引导的翻译观和实践策略，旨在增加译文对受众的善意和感染力，激发受众对原语国家、文化和人民产生好感，淡化和消解受众面对'异己'文化可能产生的抵抗心理"（陈小慰，2019：26）。根据受众的不同，新闻翻译需要感情色彩的弱化或加强，体现在某些表达方式中，既需要译者考虑原文的读者的阅读习惯及预期反应，也要考虑到矛盾调和及文化认同。

五、结　语

随着新修辞理论研究的不断深入，修辞研究的重点逐渐从以演说文本为核心的西方古典修辞及以词格为核心的中国传统修辞剥离开来，修辞者和受众的互动关系逐渐成为研究重心。而作为对外宣传中重要领域的对外新闻报道翻译，更是体现了翻译的社会属性。译者不但要考虑"译什么"更要考虑"怎么译"。在修辞情境的三要素制约下，从"同一""合作"的观点出发，译者要充分考虑到受众的认知局限，通过各种调和手段，利用受众喜闻乐见的方式满足其预期，进而达到感染、引导受众的目的。

然而，必须指出的是，新修辞理论指导下的对外新闻报道翻译并不是一味地尊崇本国文化而具有排他性，也不是一味地迎合目的语文化，译者要根据报道的受众群体、目的性对翻译策略进行不断的调适，既要真实的呈现原文信息，又要达到有效的沟通效果。通过各种象

征资源的使用，不仅可以实现语言文字的转换，更能促进文化共融。

参考文献

［1］Aristotle. *The Art of Rhetoric*［M］. London：Haper Press，2012.

［2］Bitzer F. *The Rhetorical Situation*［J］. Philosophy and Rhetoric 1968（1）.

［3］Water，L. *Public Opinion*［M］. New York：MacMillan，1922.

［4］陈小慰. 作为修辞话语的隐喻：汉英差异与翻译［J］. 福州大学学报，2014（2）：85-89.

［5］陈小慰. "亲和翻译"：提升公共翻译"有效性"的一个策略［J］. 上海翻译，2019（4）：23-27.

［6］邓志勇. 修辞理论与修辞哲学：关于修辞学泰斗肯尼斯. 伯克的研究［M］. 上海：学林出版社，2011.

［7］刘亚猛. 追求象征的力量：关于西方修辞思想的思考［M］. 北京：生活·读书·新知三联书店，2004.

［8］申屠青春. 政治演讲劝谏力的来源：对修辞情境的把控［J］. 安阳工学院学报，2019（1）：99-102.

［9］习近平. 加强和改进国际传播工作 展示真实立体全面的中国［DB/OL］. 2021 年 8 月 5 日来自于 http：// jhsjk. people. cn/article/32120102

［10］熊正. "变译"：一种"因势而动"的修辞选择［J］. 西安电子科技大学学报，2019（4）：119-124.

［11］薛婷婷，毛浩然. 基于修辞情境的对外报道编译传播效果优化模型建构研究［J］. 福建师范大学学报，2016（4）：32-40.

［12］袁卓喜. 对外新闻编译与译者的修辞意识［J］. 上海翻译，2020（6）：23-28.

作者简介

温亚楠（1982—），女，硕士，天津中德应用技术大学应用外国语与国际教育学院副教授，研究方向：翻译理论与实践，英语教学。E-mail：wenyanan@tsguas.edu.cn。

国内计算机辅助翻译研究：现状、问题与展望

周金金

（上海海事大学，上海，200000）

【摘要】依据中国知网（CNKI）收录的发表于1988—2021年间的837篇"计算机辅助翻译"相关论文，从理论研究、教学和工具以及翻译技术及应用三方面对我国CAT的发展现状进行梳理，分析其成果与不足并在此基础上对国内CAT今后的研究方向提供几点建议，以期国内CAT能有更好的发展。

【关键词】CAT；CAT教学；翻译技术及应用

一、引言

随着电子时代发展和社会翻译需求与日俱增，计算机辅助翻译（CAT）愈发受到学者关注。CAT是一套人机协作系统，计算机作为辅助工具，协助议员在处理翻译重复率较高的翻译工作时提高翻译效率，保证翻译质量、优化翻译流程，其中翻译记忆是CAT最核心部分（姚运磊、赵小兵，2017）。国内CAT研究从1988才真正发展起来，研究内容从理论阐释走向系统与软件，成果丰硕。

二、国内CAT研究现状

基于CNKI资源总库，以1988年1月1日至2021年12月31日发表的CAT相关论文为研究对象。以电脑辅助翻译、机辅翻译、机器辅助翻译、辅助翻译和计算机辅助翻译为关键词，共检索出837篇文章，检索结果见表1，具体文章篇数和年份统计见图1。经整理发现，CAT获得众多基金和机构支持，研究队伍逐渐扩大，研究进入快速发展时期。发文量从2012年起呈波动式上升，在2019年超出一百，2012—2021年发文量占总研究的84.4%，说明国内对CAT研究愈发重视。

表1　检索结果统计

关键字	电脑辅助翻译	机辅翻译	机器辅助翻译	辅助翻译	计算机辅助翻译	总计
文章篇数	2篇	85篇	52篇	48篇	650篇	837篇

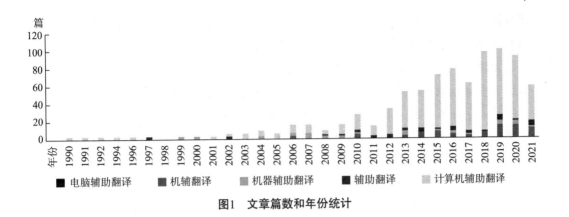

图1 文章篇数和年份统计

（一）理论研究

国内 CAT 理论研究可分为国外国内理论研究。CAT 源于机器翻译，随着语料库等新兴研究方法的出现，机器翻译的研究又重回学者视野中，同时 CAT 研究也进入新时期，所以对国外机器翻译发展史进行研究是必要的。如叶雨婷，陈达（2017）从兴起、停滞、复苏和再度繁荣与发展四个阶段对国外机器翻译发展进行研究。该类属综述类文章，主要对国外相关理论发展史、现状和不足进行概括，数量相对较少。国内理论研究可归为三方面：（1）机器翻译与 CAT 比较分析，如陈旷（2017）对机器翻译和 CAT 进行比较并预测发展趋势。通过比较两者，机器翻译的局限性跃然纸上，同时也道出 CAT 发展的必然性，CAT 是新世纪翻译的趋势且具有智能化的特点。（2）其他理论指导下的 CAT 研究。汤航（2020）从翻译伦理学分析 CAT 的困境并探寻其未来走向。运用成熟理论指导 CAT 可以更客观的反映出 CAT 研究不足。（3）概述国内 CAT 发展与不足。如秦文杰（2017）浅谈计算机辅助翻译的发展劣势。需在不同时期对发展状况和未来走向进行系统概括，这样 CAT 才能有长足发展。

（二）教学

教育部于 2006 年颁布《关于公布 2005 年度教育部备案或批准设置的高等学校本专科专业结果的通知》通告，翻译专业在少数高校试点计划获批，首先在广东外语外贸大学、复旦大学和河北师范大学三所高校招收翻译专业本科生，在全国具有示范作用。随后国内众多高校开始招收翻译专业本科生、硕士生和翻译学博士。受该政策影响，研究 CAT 教学的论文数量日益增长。下文将从翻译课程设置和课程教学对 CAT 教学特点进行探讨。

翻译课程设置层面，国内研究集中在对 CAT 课程设置的思考。如董洪杰（2012）在《理工科院校翻译专业硕士教学中计算机辅助翻译课程的设计研究》以燕山大学翻译专业 CAT 硕士课程为例，探讨如何利用现有教学和科研资源的可行性，提出对口翻译实践培养模式，以适应理工类院校翻译专业硕士培养和发展的需要。课程设置应更注重实用性，根据国内具体情况和学生的实际情况设置合理且适用的 CAT 相关课程。

课程教学层面，研究关注点集中于对教学实践过程中教学内容和方式的考察与反思，以期设有 CAT 技术课程的高校能相互交流，对课程进行完善和推广。例如，李梅（2016）从文科教师的角度对我国四所高校的 CAT 教学大纲进行分析，探讨如何给文科背景的"技术小白" MTI 学生开设课程，并以翻译项目驱动 CAT 教学为指导思想设计了 CAT 教学大纲。值得注意的是，在翻译技术突飞猛进和翻译市场迫切需要技术型翻译人才的情况下，开设怎样的相关课程以及教学效果如何是值得我们深入思考的。

（三）技术、工具及应用

目前国内常用的主流 CAT 软件有雅信和 Transmate（桌面版）等。国内在 CAT 翻译软件研发方面一直在努力，如随着云计算技术的发展，将该技术与 CAT 相结合所产生的云时代翻译技术 - 云翻译平台、基于网络的 CAT 工具进行改进的方法和评价体系 -CATaLog Online。在技术研究方面，从宏观层面对 CAT 技术进行研究，如 CAT 技术和云翻译平台及技术形式的嬗变等。微观层面对具体技术研究，如计算机辅助翻译记忆技术、平行语料库等；在工具层面，研究角度可概括为两方面。（1）对翻译工具进行具体分类、测评框架探究、发展现状和优劣等，如刘洪全（2015）将翻译工具分为了大众、在线、汉化和专业化四大类等。（2）具体辅助工具应用研究，如张剑（2019）进行了 Trados 和 Wordfast 翻译辅助工具对比研究等。CAT 工具应用呈多元化。吴丽华（2015）在《Trados 在医学英语翻译中的应用研究》以 CAT 具有代表性的 Trados 为例分析了其在医学英语翻译过程中的优势，并探讨该应用的不足并提出解决方案。

三、问题与展望

我国 CAT 虽发展时间短但于多领域取得了成就，并具有一定的广度和深度。对其发展进行梳理我们发现 CAT 优劣并存，下文将对不足进行概括并提出建议：（1）理论研究系统化不强。以英汉翻译为例，在机器翻译时要特别关注语言差异，如英语重形合，句式结构呈主从扣接式，汉语则重意合，句式呈流散铺排式。在计算机辅助工具的开发与使用过程中应加强对汉语语法方面的研究，在进行语言转换时才能避免错译、漏译等问题并提高 CAT 技术的翻译质量。（2）教学方面，CAT 课程有待完善。教师队伍需要掌握 CAT 技术并保持发散性思维对该技术进行完善；CAT 教学需更系统，课程设置与教学实践应并行；加强开设 CAT 专业的高校间的交流，对现有课程和教学进行改革，使得 CAT 所设课程更适合学生和教师队伍的学习与使用。（3）技术工具及应用方面，跨学科、跨机构合作有待深化。如何融合 CAT 相关领域的知识、开展跨学科的研究是值得思虑的问题。跨学科发展有助于弥补 CAT 研究并研究广度，在翻译研究过程中要注重人文与技术的融合、研讨最新软件和技术运用并注重软件开发。

四、结语

综上所述，在三十余年的发展历程中，CAT 对翻译行业意义重大并很有研究价值，硕果累累而负重致远。本文从理论研究、教学和技术、工具及应用方面对 CAT 进行系统性概述、发现不足并就理论体系的系统性、CAT 教学和跨学科合作等方面提出发展建议，希望能对国内 CAT 研究有所启发与思考。

参考文献

［1］陈旷 . 机器翻译和计算机辅助翻译的比较及发展趋势 [J]. 海外英语，2017（10）：100+224.

［2］董洪学，韩大伟 . 理工科院校翻译专业硕士教学中计算机辅助翻译课程的设计研究 [J]. 中国大学教学，2012（09）：63-65.

［3］李梅 . 面向文科"技术小白"的计算机辅助翻译课程教学实践探讨 [J]. 当代外语研究，2016（03）：58-63.

［4］刘洪泉 . 科技翻译助推器—翻译工具 [J]. 中国科技翻译，2015（01）：25-26+16.

［5］秦文杰 . 浅谈计算机辅助翻译的发展劣势 [J]. 西部皮革，2017（04）：167.

［6］汤航 . 翻译伦理学视角下计算机辅助翻译的困境与走向 [J]. 太原城市职业技术学院学报，2020（11）：203-205.

［7］吴丽华 . Trados 在医学英语翻译中的应用研究 [D]. 信阳：信阳师范学院，2015.

［8］姚运磊，赵小兵 . 国内计算机辅助翻译综述 [J]. 首都师范大学学报（自然科学版），2017（06）：20-25.

［9］叶雨婷，陈达 . 机器翻译国外发展阶段研究综述 [J]. 文存阅刊，2017（20）：170.

［10］张剑 .TRADOS 和 Wordfast 辅助翻译工具对比研究 [J]. 宁波教育学院学报，2019（01）：98-100.

作者简介

周金金（1998—），女，上海海事大学学生，硕士，研究方向：外国语言学及应用语言学。E-mail：996781746@qq.com。

二语习得中的"文化自信"现状研究*

孟江虹　侯彩静　王文庆

（山西大同大学，大同，037009）

【摘要】本研究从中国文化认知、认同、传承意识、文化态度和文化行为5个维度对英语专业的大学生在二语习得过程中的文化自信现状进行调查。结果显示，学生的文化自信意识薄弱。首先体现在对中国文化认知和认同度低，对传统文化理解不足，在二语习得过程中缺乏表达中国文化的能力；学生普遍具有文化传承意识，但实践力不足；虽然对传统文化有理性的认知，但西方思潮对大学生价值观产生影响，部分学生一定程度上存在价值缺失的问题。本次调查还发现，在二语习得过程中，学生的文化自信受多种因素的影响。除了自身的文化基础弱，西方文化等因素的影响外，英语专业教材、教法、教学理念等诸多因素都对学生的文化自信产生影响。研究解析了二语习得中的文化意识问题，为二语习得的研究提供了新的思路。

【关键词】文化自信；调查研究；文化传承意识；二语习得

一、引　言

　　"文化自信"研究是国家当前的热点课题之一。学者黄晶于2009年首次提出该主张。它是"一个国家、一个民族、一个政党对自身文化的充分肯定，对自身文化生命力的坚定信念"（云杉，2010）。2011年7月1日十七届六中全会上，胡锦涛同志指出，我们应该继承和弘扬中国先进文化，积极继承我们的民族文化，增强"文化自信"和"文化自觉"，建设文化强国。2014年，习总书记指出并强调"文化自信"是最根本的自信，是建立在5000年文化传承基础上的自信，是最深沉的力量。2016年7月1日，在庆祝中国共产党成立95周年的大会上，"文化自信"被确立为继"道路自信、理论自信、制度自信"之后，中国特色社会主义的第四个自信。习近平总书记再次强调了"文化自信"是一种更根本、更广泛、更深刻的自信。这种自信是

　　*本文系山西省哲学社会科学专项课题资助项目，外语教育课程思政"外语教学中的'文化自觉'与'文化自信'培养研究"的阶段性成果，项目编号：2020YE025。

一种非常理性的自信，有助于克服文化自卑和文化盲从。"文化自信"既包括对传统优秀文化的自信，也包括对我党创建的革命文化和社会主义先进文化的自信。

国内学者们围绕"文化自信"的概念、内涵、功能特点、核心内容以及培养方法等多层面多维度展开了研究，形成了一定的研究成果。轩传树（2017）指出"文化自信"是人们对本国文化尤其是精神内核的认知、认同、自觉、自省而形成的心里过程和行为取向。廖小琴（2012）从主体心态、价值追求和精神层面三维度来描述文化自信的内涵。熊晓梅（2012）从文化认同和归属角度进行界定。许多学者，如仲呈祥（2011）、靳凤林（2011）、刘五景（2017）等，从文化自觉、文化自信、文化自强三者的辩证关系论证"文化自信"的功能。张雷声（2012）等从伦理精神、价值自信和理论自信角度阐述了"文化自信"的核心内容。也有学者从时间空间维度、文化内容维度、中西互动维度来审视"文化自信"，如启瑄（2012）、渠长根（2013）提出要对历史文化、红色革命文化、民间文化、文化形象、文化符号等文化内容层面的研究和宣传来推进"文化自信"。

与国内如火如荼的研究相比，国外的研究也非常丰富，但国外的研究并没有明确提出"文化自信"的概念。西方学者对文化的研究起源于 19 世纪以 Taylor，Malinowski 等为代表的文化人类学家和文化哲学人类学家的研究，主要是围绕文化认同、文化适应的研究，包括民族文化认同、群组认同以及文化反思、文化评判等的探讨（薛玉成，2015）。美国学者乔纳森 . 弗里德曼（2003）从文化人类学视角分析了不同民族人民如何塑造自身民族文化的认同。Geertz 等人对文化认同与文化冲突进行了探讨，Antonio Gramsci 研究的文化霸权和文化领导权理论（仰海峰，2005）。Samuel·P·Huntington（1998）从政治学视角对国家认同、国家认同危机等问题进行了探讨，他指出文化认同是民族认同、国家认同的重要基础。其核心是对一个民族的基本价值的认同，是凝结这个民族共同体的精神纽带和民族共同体生命延续的精神基础。他认为 21 世纪国际政治角力的核心单位不再是国家，"文明为人们提供了最广泛的认同。各民族的文化既相互作用又相互重合"。Norton（1995）提出身份认同，将个人认同与语言学习联系起来。他揭示了一个人如何理解通过时间和空间的改变而建立起他与这个世界的关系，并强调语言与学习者身份认同是相互建构的关系。此外，Joseph Nye（1990）推出文化"软实力"理论，等等。但这些西方的文化认知理论都没有上升到文化自信的层面。可以说，"文化自信"的提出，是中国学者在理论方面的创新。

纵观国内外研究现状，可以看出，"文化自信"的研究虽然有丰富的成果，但仍属于起步阶段，理论文献研究多，实践类研究少；宏观角度多，微观视野少。学者们大多是从社会学、人类学和哲学的宏观视角来进行理论性的研究，缺乏微观视角下的实践性研究。研究内容有待深化，研究方法有待丰富，研究范围有待拓宽。

大学生是社会深层文化的接受者，很大程度影响社会的价值取向，关注和培养大学生的文化自信状况具有非常重要的现实意义。从中国知网现有文献看，学者们已经开始关注文化自信在大学教育中的重要性，探索如何培养大学生的文化自信，相关文章达 194 篇。但遗憾的是，目前的各类研究鲜有将文化自信与外语教学结合起来。特别是在二语习得方面的微观研究几乎没有。外语教育在本质上是一种跨文化教育，外语学习者接触外国文化与语言更多，更易受到国外文化意识形态的冲击和影响，再加上当前大学生普遍对中国自身文化呈现出认知匮乏、文化底蕴薄弱的现状，更易造成对自身文化的认知和"文化自信"的缺乏。因此研究二语习得过程中的文化自信问题，对外语教学具有非常重要的意义。通过提升学生文化自信，充分发挥外语教学的育人功能，这是英语教学课程改革的需求，也是中国社会对英语人才培养的需要。

二、研究问题

基于以上动因，本文重点研究英语专业学生在二语习得过程中的文化自信状况，侧重于文化自信状态与英语学习之间是否有关联？调查结果可以针对性地为文化自信在外语教学中的培养策略提供客观依据。研究旨在探讨以下问题。

（1）二语习得过程中，英语专业学生对中华文化的认知程度如何？是否认同传统文化价值观？是否具有文化传承意识？

（2）二语习得过程中，外语专业学生具有什么样的文化态度？文化行为是否理性？

（3）英语专业学生的中华文化认知和文化态度对二语习得是否有影响？

（4）英语专业学生的文化自信受哪些因素的影响？

三、研究方法

（一）测量工具

本次研究采用的是自编问卷。

自信是一种抽象的意识状况，本研究认为将内隐的思维细化后，才能更清楚地分析意识状态。现有文献对"文化自信"概念的内涵描述不够细化，如何将内隐的"自信"思想意识外显化，是本研究的难点，也是重点挖掘的问题。课题组梳理文献的基础上，设计出"二语习得过程中大学生文化自信调查问卷"的测试版，回收、汇总、分析、修改。经过认真讨论和多次分析后，最终将"文化自信"的内涵确定为5个维度，分别是：中国文化内涵的认知度（题目1～6）、价值观的认同度（题目7～11）、文化传承意识（题目12～20）、文化态度（题目21～40）以及文化行为（题目41～48）。每个维度由不同题项来检测。为了确保调查信息的全面性，问卷包括了单项和多项选择题。问卷设计好后，对题目进行了信度和效度的检测，为了避免霍桑效应，课题组对问卷中的一些题目修改为反向题目，最终定下来48个题目（信度0.81），结果显示每个题目的Cronbach's Alpha系数均均在0.7～0.8，说明问卷的每一个项目在可靠性方面均是有效的。

（二）数据收集

研究以课题组所在的外国语学院英语专业学生为调查对象，年龄为 21～23 岁。此次调查于 2021 年 3 月 14 日 -16 日以问卷星导出的电子文档形式发出问卷，调查学生的"文化自信"情况。回收有效问卷 283 份，其中男生占 9.23%，女生占 90.77%。34.98% 的为大二学生，27.56% 为大一学生，22.26% 为大三学生，15.19% 为大四学生。

（三）结果与分析

通过问卷数据，并结合与部分学生的访谈内容，得出如下结果。

第一，英语专业学生对中华传统文化的理解与认知不足。

大多数英语专业学生（73.33%）对中华文化中的深层文化所知甚少。由于英语专业学生读的大多是英语书籍，汉语书籍读的少，对传统文化的精髓未能深刻领会。研究发现，在二语习得过程中，学生的文化表达能力有缺失，在"我可以用英语讲出四个中华文化故事"的调查中，68.16% 的学生选择了不符合 / 不确定，这说明英语专业的学生在二语习得过程中，中国文化自觉程度相对低，文化知识的积累不足直接影响了英语的表述能力。大多数学生是通过网络影视等渠道，而不是通过课堂来获得的，这说明外语教学中对文化知识的教育不够，应该增加中国文化知识相关的课程，加强传统文化知识的普及和传播。

第二，对传统文化价值观认同度不高。

部分学生（43.84%）认为有些传统价值观，已经落伍了，不适应当今竞争激烈的社会。学生（97.69%）普遍认为传统文化既有精华又有瑕疵。数据显示，学生们对文化全球化持肯定的态度，认为文化全球化不会导致本土文化衰微。当学生被问及："在西方文化和中国文化之间，你认为哪一种更有利于建设一个现代强国？"学生们认为西方文化更有优势。对民族文化的认知不足，反映出学生文化主体意识的不稳定性和文化自信心的缺乏。文化认同能力的缺乏必然会导致异质化，影响文化自信教育的效果。

第三，英语专业学生有中国文化的传承意识，但缺乏行动力。

数据显示，学生具有较强的文化传承意识，但缺乏文化实践能力。在"你是否会主动关注并了解我国的传统文化？"题目中，91.15% 的学生选择"会，中国传统文化是优秀的，值得我们了解和传承"。这表明英语专业学生在二语习得过程中，具有很强的文化传承意识。在一项调查旨在宣传中国传统文化活动的题目中，62.96% 的学生选择"如果是休息时间有可能参加"，11.26% 的态度是"不会参加但是支持"。数据表明，学生支持传统文化的发展和传承，但是愿意主动投入实践的比例不高，有相当一部分学生仅仅停留在口头上，未能付诸行动。对于各种跨文化交流活动，42.59% 的学生选择"看情况，有时间就可能参加"，4.63% 的学生"非常不愿意，不参加也不支持"。调查表明，学生对传统文化虽在认知上给予肯定，但行动积极性不足，说明对传统文化的自信没有内化到心。归根到底是由于文化使命感不强，从内心深处缺乏对文化的热爱与追求。同时，用外语表达中国文化知识的能力较弱。这也是学生文化传承力弱的部分原因，因此，应该注重加强在这一领域的提升，更好地用外语传播中国文化。对于文化消费方式，62.96% 选择"参观博物馆或文化古迹"，62.04% 青睐"网络电视节目及电子游戏"，这种基于象征性、娱乐性和休闲文化产品的文化认知是不完整、不深刻的。

因此，应该重点培养学生的文化实践力，提高学生对中国文化的各个方面的兴趣，更好地用外语传播中国文化，增强其文化自觉和文化信心。

第四，文化态度方面，学生对传统文化具有比较理性的认识，但文化自信不足。

数据显示，大部分英语专业学生对传统文化的态度比较理性，71.15% 的学生选择"去其糟粕，取其精华，选择性地学习发扬传统文化"。87.96% 的学生认为非常有必要培养"文化自觉"，树立"文化自信"。这都说明学生思想觉悟较高。在调查"你认为对中国文化的认可影响较大的因素是什么？"这一问题上，59.26% 的学生认为是社会环境，10.19% 的学生归因于校园因素，11.11% 的学生归因于家庭影响，仅有 19.44% 的学生选择"自身的选择爱好"。调查结果显示，大部分学生在思想意识层面上虽能认识到树立"文化自信"的重要性，却把"文化自信"的影响归咎于外部因素。其实"文化自信"的内涵是要在内心树立正确的价值观，内因发挥着更重要的作用。这说明学生对文化认知的热情、兴趣与提升的主动性方面明显不足。

在二语习得中，多数学生（87.69%）对中国文化有很浓厚的兴趣，注重语言与文化的双重吸收，希望"英语教材中多涉及中华文化的内容"，并且赞同"外语教学中，不仅要培养英语各项技能，还要提升中华文化意识"，认为学习本国文化是很有必要的。一些学生认为中华文化知识对二语习得有正迁移作用。数据说明有必要在外语课堂中增加中华文化方面的内容，满足学生的学习兴趣和个人发展，多数学生希望在英语教材中增加中华文化方面的内容。

第五，文化行为方面，学生普遍比较理性，但表现出容易受到外来文化产品的影响。

数据显示，87.96% 的学生在对待外来文化上，选择"根据实际情况辩证取舍，择善而从"。对于外国的影视剧、音乐、动漫的看法上，47.22% 表示"比较喜欢"。对于"圣诞节""情人节"等西方节日，40.56% 表示"有选择的过"。数据表明，英语专业学生在享用外来文化产品的同时，容易受到外来文化思想和价值观的影响，在一定程度上存在盲目推崇，需要增强其文化辨别能力，引导其在内心树立正确的价值观。

二语习得过程中，学生反映目前外语教学活动是围绕西方文化知识，很少讲解中华文化背景，也很少进行文化对比。说明外语课堂中，教师需要平衡中西文化比重，适当增加体现中国特色的语料和教学活动，使学生不仅能够学习西方语言和西方文化，还能够用双语讲述文化故事，深化文化价值认同。教学过程中进行双向的文化输入，有利于培养学生的多视角、多维度的文化视野，形成批判式思维能力，增强文化自信。

四、结　语

本研究对 283 名英语专业学生进行了问卷调查并结合部分学生的访谈信息，有如下发现：

（1）英语专业学生对传统文化内涵的认知不足，对传统文化价值观的认同度不高。很多学生只关注考试科目的学习，很少认真阅读传统文化类书籍，未能深刻领悟中华文化的内涵。二语习得过程中，文化底蕴的不足影响了英语的表述能力，伴有文化失语现象，多数学生们希望外语教学中增设中华文化的内容。（2）文化传承能力不足，进一步提高大学生的文化传承能力已迫在眉睫。二语习得中，一要引导学习者辩证地看待传统文化，提升其文化认同意识；二要增强学生的文化传承行动力，不能将文化传承只停留在口头上。（3）文化潮流、西方文化对大学生价值观产生影响，个人主义倾向明显、功利心重。部分学生一定程度上存在价值缺失等问题，对文化发展表现冷漠。（4）英语教学应坚持中西文化的良性互动，改变目前外语教学中对中华文化的自省不足的问题。不仅要引导学生参与文化交流，树立"文化自信"，更要培养学生批判地吸收西方先进文化，促进外国文化的本土化，促进我国文化的快速发展。（5）"文化自信"的本质是核心价值观的自信，在学习英语语言的同时，培养对传统文化和社会主义核心价值观的认同和热爱，文化自信的增强才能得到保障。

不难看出，调查结果证实了我国培养大学生文化自信的迫切需求，尤其是外语教学中，文化自信的培养势在必行。学生在二语习得过程中，文化自信意识薄弱，有学生自身的因素，也受到教材、教法、教学理念等多方面因素的影响。从学生角度看，文化素养基础弱，文化不自信，易受西方价值观的影响。从教材角度，大多英语课本内容很少涉及中华文化，即使有所涉猎，也存在内容陈旧，流于形式，优秀传统文化得不到弘扬，尤其在二语习得环境下学生缺乏中华文化的熏陶。从教学角度，教师的教学模式单一，对文化自信的培养重视不够。此外，现有的教学评价机制也不利于文化自信的增强。

因此，培养学生的文化自信首先应从教师入手。更新教师的理念是教学改革的关键。当外语教师具有较强的"文化自信"意识，才能利用最优的教学设计，激发学生的文化思维，完善学生的文化素养。在课堂上，要鼓励外语教师有目的融入中华文化特色的思政元素，传授语言知识的同时，培养学生对自身文化的自觉和认知，通过潜移默化的引导，使学生感悟不同文化的特质。此外，教学模式力图多元化，通过情景创设、角色扮演、中西文化比较等多种方式延伸课文相关的文化内容，深化教学内容，更新教学方法，把以往侧重对基础知识传授转向注重文化自信的培养。不仅仅帮助学习者审视异国文化，有意识地提高对本民族文化的再认识，还能促使学生对知识的深层加工、比较，养成客观看待问题的思维模式，强化学生思辨能力。

优选教材内容也是培养文化自信的必要条件。通过增设传统文化特色的知识体系，使教学内容功能性更强。与此同时，考试评价机制需要最大化的革新。考试和评估的方式与内容，对教与学起着很大的导向作用。把形成性评价融入文化自信培养体系，将学生的文化评价能力、思辨能力、对语言文化差异的认知能力以及价值观念纳入考评范畴；邀请学生参与课程考核，明确学习目标并进行自评等方式，使评价方式更科学，促进"文化自信"的培养。

本研究取得了一定预期效果，解析了二语习得中的文化意识问题，为二语习得的研究方向提供了新的思路。但仍存在一些不足之处，比如调查范围相对狭窄。研究还需要进一步深化，使研究成果更具代表性, 使调查分析结果更加客观, 为构建文化自信的培养模式提供客观依据。

参考文献

［1］（美）乔纳森. 弗里德曼. 文化认同与全球性过程［M］. 郭建如（译）. 北京：商务图书馆，2003.

［2］Geertz, C. 文化的解释［M］. 韩莉译. 上海：译林出版社，1999.

［3］Huntington. S. P. *The Clash of Civilizations and the Remaking of World Order*［M］. New York：Simon & Schuster，1998.

［4］Joseph，S. N. Soft Power［J］. *Foreign Policy*，1990（80）：153-171.

［5］Norton，P. B. Social Identity，Investment，and Language Learning［J］. *TESOL Quarterly*，1995（1）：9-31.

［6］Taylor，E. 原始文化［M］. 连树声译. 上海：上海文艺出版社，1992.

［7］靳凤林. "文化自信"：民族复兴的精神支柱［J］. 道德与文明，2011（5）：22-24.

［8］廖小琴. "文化自信"：精神生活质量的新向度〔J〕. 齐鲁学刊，2012（2）：79-82.

［9］刘五景. 文化自信呼唤文化自觉［J］.《人民论坛》，2017（31）：29-31.

［10］启瑄. 提升文化自觉，增强文化自信实现文化自强［J］. 红旗文稿，2012（005）：4-8.

［11］渠长根. 马克思主义中国化、大众话语镜下的红色文化研究［M］. 北京：中国工商出版社，2013.

［12］习近平. 习近平总书记系列重要讲话读本［M］. 北京：人民出版社，2016.

［13］熊晓梅. "文化自觉"自信：高校思想政治的新向度〔J〕. 中国高等教育，2012（18）：27-28.

［14］薛玉成. "文化自信"研究的新进展：一个研究述评〔J〕. 西安建筑科技大学学报，2015（2）：4-7.

［15］轩传树. 文化自信与社会主义意识形态建设［M］. 文化自信：创造引领潮流的时代精神（上海市中国特色社会主义理论体系研究中心编），上海：上海人民出版社，2017.

［16］仰海峰. 葛兰西霸权概念研究［J］. 山东社会科学，2005（11）：39-44.

［17］云杉. 文化自觉 文化自信 文化自强——对繁荣发展中国特色社会主义的思考（中）［J］. 红旗文稿，2010（16）：4-8.

［18］张雷声. 文化自觉、文化自信与社会主义核心价值体系［J］. 思想理论教育导刊，2012（1）：8-9.

［19］仲呈祥. "文化自信"的力量［J］. 求是杂志，2011（7）：48-49.

作者简介

孟江虹（1971—），女，硕士，山西大同大学外国语学院，副教授，研究方向为二语习得、语言教学。E-mail：215414029@qq.com。

侯彩静（1979—），女，硕士，山西大同大学，副教授，研究方向：语言学、应用语言学。E-mail：hcj0621@163.com。

王文庆（1976—），女，硕士，山西大同大学外国语学院，讲师，研究方向：英语语言学、英语教学、跨文化交际。E-mail：499746001@qq.com。

重述历史：解读影片《蜂巢幽灵》中的隐喻元素

蔡忠庭

（马德里卡洛斯三世大学，赫塔菲市，28903）

【摘要】维克多·艾里斯（Víctor Erice）在其1973年的长片作品《蜂巢幽灵》（*The Spirit of the Beehive*）中运用了大量的隐喻手法来影射西班牙弗朗哥独裁统治时期的历史。本文通过解读该影片隐喻背后的象征性，讨论电影与历史的关系，即电影是重述历史的人文表达，它通过独特的叙事技巧在一定意义上可以成为历史的见证者。电影在重述历史的同时，可以让我们直观地了解一个民族的历史记忆，感受特定时期的历史文化内涵。

【关键词】《蜂巢幽灵》；电影；历史；隐喻

一、引　言

《蜂巢幽灵》（*The Spirit of the Beehive*）作为维克多·艾里斯（Víctor Erice）"长片三部曲"[①]的开山之作于1973年上映后便获得了国际电影界较为广泛的关注，并在当年相继荣获芝加哥国际电影节"银雨果奖"以及圣塞巴斯蒂安国际电影节"金贝壳奖"。在著名英国电影杂志《视与听》（*Sight & Sound*）2012年评选出的"有史以来最伟大的电影"（The Greatest Films of All Time 2012）中，该影片位列第81位。

《蜂巢幽灵》将叙事时间定格在1940年，此时西班牙正处于内战（1936—1939）后弗朗哥独裁统治时期。影片故事围绕安娜（Ana）、伊莎贝尔（Isabel）和其父亲费尔南多（Fernando），母亲特蕾莎（Teresa）展开。一天，一辆电影放映车驶入村庄，两位女童观看影片《科学怪人》（*Frankenstein*）后，妹妹安娜便对片中的故事情节耿耿于怀。父亲醉心于养蜂，母亲着迷于给一位陌生人写信，两人交流甚少。该影片在叙事过程中运用了大量的隐喻技巧来重述西班牙内战时期的历史。本文的研究价值在于通过多维度解读影片中隐喻背后的象征性，讨论历史与电影的关系，同时为观众更好地理解影片背后的含义提供新的视角。

二、时间隐喻（1940年，1973年）

美国著名认知语言学家乔治·莱考夫（George Lakoff）和马克·约翰逊（Mark Johnson）（2015：1）指出，"不论是在语言上还是在思想和行动中，日常生活中的隐喻无处不在，我

[①]　指维克多·艾里斯在1973—1993年创作的三部长片，即《蜂巢幽灵》（1973）、《南方》（1983）、《榅桲树阳光》（1992）。

们思想和行为所依据的概念系统本身是以隐喻为基础"。隐喻的基本含义是用 X 来影射 Y，因此，解读隐喻背后的象征性对理解隐喻体而言至关重要。电影利用隐喻这一强有力的工具，将历史事件巧妙嵌入"镜头语言"中，从而实现对历史的重述。

时间在叙事学中被视为文本的生命，而在《蜂巢幽灵》中，时间是最具代表性的隐喻。"1940年卡斯蒂利亚高原的某一个地方"出现在影片第一个镜头中，这句话不仅交代了影片故事发生的时间，地名的模糊化处理也象征着弗朗哥独裁统治时期的专制与封闭。西班牙内战爆发前期，以极右翼和极左翼为代表的多个政治力量迅速在西班牙蔓延，由此出现了不同意识形态之间的政治博弈，这成为导致西班牙内战爆发的重要原因之一。

1936 年 7 月，弗朗西斯科·弗朗哥（Francisco Franco）对当时由人民阵线领导的西班牙共和政府发动军事政变。西班牙内战期间，电影成为了各党派进行政治宣传的工具，帕夫洛维奇等（Pavlović et al.，2009：39-52）指出，"国家工作联盟主导的无政府主义电影，共产党领导下的共产主义 / 马克思风格电影以及西班牙传统主义长枪党指导下的国家主义电影"。西班牙内战于 1939 年结束，因此，前述字幕中的时间隐喻（1940）隐射了西班牙内战后时期，即弗朗哥独裁统治前期。经济衰退、封闭、政治压迫、贫穷、饥饿以及对报刊、电影、广播的严格审查制度成为了该时期的真实写照，这在影片《蜂巢幽灵》中均有印证。为了强化时间隐喻的效果，当电影放映车进入村庄时，镜头中出现了西班牙"长枪党"（Falange）的标志。长枪党是西班牙法西斯政党，内战结束后，该党派也随即成为唯一的合法政党。

《蜂巢幽灵》的上映时间 1973 年恰好属于弗朗哥独裁政府的"最后十年"（1965—1975），这构成了第二个时间隐喻。就这一时期的电影发展而言，"经济危机加剧了审查制度，……电影发展受到严重制约，观众也逐渐减少"（Hopewell，1986：80）。《蜂巢幽灵》克服种种困难后于此时上映，暗示了该影片具有反弗朗哥独裁统治色彩，它通过独特的叙事技巧，在重述西班牙内战史的同时也勾勒出西班牙人民痛苦的历史记忆。然而，值得一提的是，在这十年期间，弗朗哥的健康每况愈下，各界对民主的渴望也愈发强烈，独裁政府逐渐走向衰败。此外，时任首相路易斯·卡雷罗·布兰科（Luis Carrero Blanco）也于 1973 年遭西班牙恐怖组织埃塔（ETA）暗杀。《蜂巢幽灵》巧妙利用其上映时间向观众传达出民主的曙光即将到来，战时以及战后带来的创伤将会逐渐愈合。

三、实体隐喻

（一）信件

母亲特蕾莎几乎将自己所有的情感都寄托在书信上，她在影片的一个镜头中读出了信件的内容："……自从我们在战争中分开以后……我和女儿们都在努力生存……但当我环顾四周时，我便会发现有如此多的缺失，有那么多的东西被破坏……我们从外面得到的消息是如此之少且混乱……"由此可见，西班牙内战成为导致特蕾莎和收信人分离的原因，信件的内容也代表特蕾莎对于战争和独裁统治的控诉，是它们让曾经的美好灰飞烟灭。信件这一隐喻折射出独裁统治时期以特蕾莎为代表的女性形象，独裁统治不仅夺走了她们的希望，也剥夺了她们进入公共领域发声的权利，只能通过文字来表达自己的愤懑与失落。影片中还有一个镜头专门记录了特蕾莎寄发信件的场景：当她把信件投入进火车站的邮筒时，一个坐在列车上的士兵和她进行了眼神交流，这一无声的目光交流不仅揭示出他们对彼此的同情，也暗示出双方对未来的无力与彷徨。

（二）照片

安娜翻看的影集中的照片构成全片除时间以外的第二个至关重要的隐喻。特蕾莎在用钢琴弹奏曾在共和国时期流传甚广的乐曲时，安娜在翻看影集。这部影集保存了特蕾莎和费尔南多年轻时的照片。其中的一张照片尤为特殊，因为该照片的人物分别是父亲费尔南多、米盖尔·德·乌纳穆诺（Miguel de Unamuno 1864—1936）与何塞·奥特加·伊·加塞特（José Ortega y Gasset 1883—1955）。乌纳穆诺和奥特加·伊·加塞特是西班牙 20 世纪杰出的文学家和哲学家，由这张照片可推测出费尔南多与两位文豪之间存在某种关系。影片中的另一个实体隐喻可以帮助我们找到答案——费尔南多书桌上的手工"鸟形折纸"。实际上，乌纳穆诺对这种折纸艺术非常感兴趣，他还在自己的作品中对其进行了详细的论述并把这种折纸命名为"cocotología"（Unamuno，1902）。由此可见，费尔南多曾经是一位满腔热血的知识分子，或许他还是乌纳穆诺的学生，因为他与当时的主流政见不合而被迫选择"国内流亡"，即处于流亡的状态但依旧选择留在母国。

此时，我们也可对特蕾莎信件的未知收信人做出推断，这位收信人或许正在处于"国外流亡"状态，即离开西班牙前往别国。艾里斯通过照片和折纸影射了费尔南多和特蕾莎在独裁统治前的社会身份，也揭示了弗朗哥独裁统治时期对以文学界为代表的知识分子进行的迫害与压迫。

（三）蜂巢

艾里斯本人曾指出影片的题目并不是自己的灵感，而是来自于伟大的诗人和剧作家莫里斯·美特林克（Maurice Maeterlinck）创作的短文《蜜蜂的生活》。在这部作品中，他用"蜂巢的精神"来描述蜜蜂似乎服从的全能、神秘且矛盾的精神，然而人类的理性则对其无法理解（Prieto，2013）。这种"精神"即指蜜蜂无条件地为"蜂后"一人工作。艾里斯借此讽刺弗朗哥如"蜂后"一般对人民进行压迫，他们像被禁锢的"幽灵"一样无法言说，过着令人窒息的生活。

此外，费尔南多家中的淡黄色六边形窗户值得引人深思，蜂巢的基本结构就是封闭的六边形图案，这一隐喻巧妙地揭示了弗朗哥独裁统治时期西班牙闭塞的社会环境。影片中曾出现过费尔南多走向窗前、打开窗户并驻足的连续镜头，艾里斯通过这些镜头语言向观众传达出费尔南多内心的孤寂与失落，而蜂巢形的窗户也暗示着费尔南多的"隐居"生活，这也契合了前文提及的国内流亡状态。费尔南多渴望自由并想要恢复自己的社会角色，但如同牢笼一般的独裁统治让他看不到任何希望。

四、影片《科学怪人》中的"怪人"隐喻

有两种角度来解读影片《科学怪人》中的"怪人"隐喻：一是受伤逃兵，二是弗朗哥。安娜在观看《科学怪人》后便开始在现实生活中寻找所谓的"怪人"，而躲藏在废弃房屋里的受伤逃兵成了她最终寻得的结果。安娜主动照顾逃兵，给他带来了食物和衣服，两人也逐步建立起友谊，然而士兵却被杀害，安娜重新陷入了想象和思考中。因此，在安娜的认知中，"怪人"并不是影片《科学怪人》中杀害小女孩的凶手，而是一位神秘、友好的朋友。尽管安娜的童年处于独裁统治时期，但她却保留了善良的本真，观众依旧能感受到孩童的天真无邪。因此，《蜂巢幽灵》展现出孩子是如何看待历史的，她并不认识弗朗哥也不了解内战的原因，唯一留给孩子的就是某些事情不应该被谈论（Filippon，1988）。

本文在分析时间隐喻时曾着重指出《蜂巢幽灵》中的两个时间段，即 20 世纪 40 年代和 70 年代。虽然影片故事发生的时间是在 1940 年，但也同时折射出弗朗哥政府在 70 年代逐渐走向衰败的历史事实。影片《科学怪人》中的"怪人"最终被民众杀害，这也象征着弗朗哥终究会被西班牙人民打败，独裁统治也会分崩离析，继而迎来自由、博爱、平等的民主社会。1975 年 12 月，独裁者弗朗哥逝世。

五、结　语

影片《蜂巢幽灵》中的隐喻元素准确重述了 20 世纪 40 至 70 年代西班牙弗朗哥独裁统治期间的简史，在描摹独裁时期社会环境的同时，勾勒并整合了西班牙人民对于这段历史的特殊记忆。由此可见，电影作为"第七艺术"，可以通过影像成为历史的见证者，在重述历史的同时给予人类社会特别的人文关怀。将电影作为文献进行历史研究的著名法国史学家马克·费罗（2008：21）认为，"（电影）解构了经过几代政治家和思想家才成功构建起来的绝妙平衡。……而且它所揭示的，远远多于它们想要展示的。它揭露秘密，曝光社会内幕与失误，触及其结构与肌理"。

因此，《蜂巢幽灵》中的镜头语言利用隐喻作为强有力的工具打破了弗朗哥独裁政府控制下的社会和政治平衡。隐喻可以让观众获悉不可见的历史事实，影片中费尔南多和特蕾莎的真实身份或许是最具代表性的被隐藏的史实。与文字性史料相比，电影影像对于重述历史

而言更加高效、可及，它通过同时触发观众的视觉和听觉系统，引起观众的共情与共鸣。

参考文献

［1］Filippon，A. Víctor Erice. Le détour par l' enfance［J］. *Cahiers du cinéma*，1988（405）：6-7.

［2］Hopewell，J. *Out of the Past: Spanish Cinema after Franco*［M］. London：British Film Institute，1986.

［3］Pavlović，T.，Alvarez，I. Blanco-Cano，R.，Grisales，A.，Osorio，A. & Sánchez，A. *100 Years of Spanish Cinema*［M］. Malden，MA：Wiley-Blackwell，2009.

［4］Prieto，C. Querejeta. Entre las heridas de conflictos mal cerrados［N/OL］. *El Confidencial*，2013. Retrieved Nov. 16，2021 from https：//www. elconfidencial.com/cultura/2013-06-09/querejeta-entre-las-heridas- de-conflictos-mal-cerrados_495178/

［5］Unamuno，M. D. *Amor y Pedagogía*［M］. Barcelona：Imp. Henrich y Cia，Editores，1902.

［6］马克·费罗. 电影和历史［M］. 彭姝祎，译. 北京：北京大学出版社，2008.

［7］乔治·莱考夫，马克·约翰逊. 我们赖以生存的隐喻［M］. 何文忠，译. 杭州：浙江大学出版社，2015.

作者简介

蔡忠庭（1994—），男，马德里卡洛斯三世大学博士研究生，研究方向：西班牙语语言文学与文化。E-mail：spa. oscartsai@hotmail.com。

创造性心智：认知，社会与文化*

依波－邦德布扎格 著　　唐珍珍　　雷小燕 译

（哥本哈根大学，哥本哈根，999017；海南外国语职业学院，文昌，571300；铜仁幼儿师范高等专科学校，铜仁，554300）

【摘要】本文概述了现代认知科学领域中具身心智模式的主要趋势与理念。作者依波－邦德布扎格重点论述了认知科学的基本概念和理论是如何影响其他学科的具身心智理论为社会科学和人文学科创建了紧密的跨学科联系。他认为隐喻和意象图式、叙事结构、大脑对新旧图式的动态整合能力，以及大脑绝佳的创造力，都是认知社会科学和人文学科参与社会互动、进行交流和产生创意的途径。他在文中还探讨了人类心智与社会文化差异问题之间的关系。在了解了人类的普遍共性和具身心智的基本作用后，我们能更好地理解文化和社会的差异和变化，进而助力语言学习。

【关键词】认知科学；具身心智；社会文化

一、引　言

虽各学科的学者们都认同人类是在生物物种与其所处的社会文化环境的互动中长期进化发展而来的，但有些认知科学方面的"事实"还是会引起争议。因而，认知科学明确地指出，其探索的不是生物学和人性对抗文化和社会的问题，而是对自然、社会和文化之间非常复杂的相互作用的理解（Bondebjerg，2015）。

基于这样的背景，作者依波－邦德布扎格（Ib Bondebjerg）写了《创造性心智：认知，社会与文化》（*The Creative mind: cognition, society and culture*），对认知科学的基本概念及其在跨学科中的影响进行了较为详尽的介绍，帮助读者梳理认知科学发展的脉络和了解认知与社会和文化之间的关系，也为语言学习研究提供参考。

二、《创造性心智：认知，社会与文化》内容概述

除了引言和结论外，《创造性心智：认知，社会与文化》共六个部分，分别介绍了认知科学领域的界定、认知研究在语言学领域内外的影响、认知社会学、概念整合理论和创造性心智、认知电影理论、记忆。

＊本文系海南省应用外语研究基地 2021 年外语专项课题：东盟海洋国家的语言生态和语言政策及其对海南语言规划的启示研究（项目编号：HNWYJD21-01）。

（一）认知科学领域的界定

依波－邦德布扎格认为可以通过弗朗西斯科·J. 瓦雷拉（Francisco J. Varela）、埃文·汤普森（Evan Thompson）和埃莉诺·罗斯奇（Eleanor Rosch）指出的五个主要领域——神经科学、核心医学科学领域、认知心理学、哲学和人工智能语言学、哲学——来界定认知科学领域（Varela et all.，1991：7）。

汤普森和罗斯奇所著的认知科学领域的开创性著作《具身心智：认知科学与人类经验》（*The Embodied Mind. Cognitive Science and Human Experience*）（1991）中将认知科学定义为结合了对人类生活经验的理解与大脑的生物学结构的科学。他们批判了早期认知科学主流思潮中对认知、社会与文化之间互动的忽视。

认知科学的研究以人类大脑的基本结构和运作模式为出发点，结合了人类在获取经验、相互作用和传播过程中大脑和身体之间的交互，是自然科学、医学科学、社会科学和人文学科之间的融合。

（二）人类用以思考并赖以生存的隐喻

依波－邦德布扎格在这一部分探讨了认知研究在语言学领域内外的影响力，认为认知科学有望成为不同学科表达、分析和理解社会和文化核心领域问题的基础。

乔治·拉科夫（George Lakoff）和马克·约翰逊（Mark Johnsons）开创了认知语言学。他们认为具身理论（语言是具身心智的一部分）取代了传统的语言理论。他们试图将认知科学的研究转向基本认知结构和具身结构与我们生活经验之间的相互作用的研究。他们撰写的《我们赖以生存的隐喻》（*Metaphors we live by*）（1980）也表明语言和思维的方式是具身的。这一理念在他们之后的著作中得到了进一步的延伸：他们发现了镜像神经元的作用并了解了镜像神经元在解释语言和隐喻是如何被具身、改变和发展而成为意义结构网络时所起到的作用（Lakoff，2008）。

约翰逊在其著作《心智中的身体：意义、想象和推理的身体基础》（*The Body in the Mind. The Bodily Basis of Meaning: Imagination and Reason*）（1987）中将语言学向具身心智理论推进了一步。该书更深入地批评了传统客观主义语言学理论，形成了关于想象、隐喻和意义的更为广义的具身理论。

拉科夫和约翰逊的著作中显然存在许多跨学科的维度，如将语言学中的想象、隐喻和意象图式理论运用于传播学和电影研究。跨学科的维度也体现在其他人的著作中。大卫·波德维尔（David Bordwell）的开创之作《剧情片中的叙事》（*Narration in the Fiction film*）（1985）用认知图式理论来解释电影中不同的叙述结构以及观众是如何积极感知电影的，体现了具身心智理论的关键性作用。在《肉身中的哲学：具身心智及其对西方思想的挑战》（*Philosophy in the Flesh. The Embodied Mind and its Challenge to Western Thought*）（1999）一书中，拉科夫和约翰逊主张具身的哲学。在《道德政治：自由派和保守派如何思考》（*Moral Politics. How Liberals and Conservatives Think*）（2016）一书中，拉科夫把具身心智理论运用到了媒体和政治传播学中。

认知科学与语言学、传播学和哲学的结合说明了认知科学的潜在力量——认知科学有望成为不同学科表达、分析和理解社会和文化核心领域问题的基础。

（三）认知社会学：感知自我和他人

依波－邦德布扎格在这一部分指出认知科学关注的焦点是人类具身心智与我们日常生活经验之间的交互。马文·明斯基（Marvin Minsky）的《心智社会》（*The Society of Mind*）（1985）是第一批旨在改变传统心理学焦点的主要论著之一。书中，心智研究被隐喻地看作是头脑和社会共同建构的结果，他们共同创造记忆、学习感官经验或形成人类作为个体对自己的理解和对他人的理解。

《社会认知》（*Social Cognition*）（1984）是认知社会学方面最受欢迎的教科书之一。作者苏珊·菲斯克（Susan T. Fiske）和雪莱·泰勒（Shelley E. Taylor）将社会认知领域定义为"研究人们如何理解他人和自己，关注普通人如何看待人以及他们如何看待自己看他人"（Fiske and Taylor，1991：1）。伊瓦特·泽鲁巴维尔（Eviater Zerubavel）在《社会心景：邀您走进认知社会学》（*Social Mindscapes. An Invitation to Cognitive Sociology*）（1997）中认为菲斯克和泰勒将认知科学向更通用的认知社会学推进了。他指出，认知趋势由探索个人特性转向努力发现人类普遍规律，根据普遍规律形成概念、加工信息、激活心理图示、做决定、解决问题、从深句法结构中生成有意义的句子、获取记忆，并历经认知发展的各阶段（Zerubavel，1997：3）。

尼古拉斯·克里斯塔基斯（Nicholas Christakis）和詹姆斯·福勒（James Fowlers）对社交网络进行了研究并撰写了：《联网：社交网络的神奇力量以及它们如何塑造我们的生活》（*Connected. The Amazing Power of Social Networks and How They Shape Our Lives*）（2009）。他们提出，人类联系是建立在镜像行为的基础上的，即使在人类这样科技发达的复杂世界里，人们的社交网络基本也是由长期的基因演化形成的规则和机制构建的。我们和相似并且已经认同的人联系和交谈，因此很少将社交网络扩展到我们不认识或未认同的人（Christakis & Fowler，2009：172）。人类有一种特殊能力，即我们能够感知别人的想法和感受，包括他们对我们的看法。人类社交网络的嵌入性意味着我们必须与他人合作，判断他们的意图，影响他们或受到他们的影响（Christakis，Fowler，2009：214）。

（四）概念整合理论和创造性心智

依波－邦德布扎格在这一部分将具身心智理解为人类动态且多样的文化和社会经验的整合，这也就需要理解马克·特纳（Mark Turner）和吉勒斯·福康尼耶（Gilles Fauconnnier）的广义上的概念整合理论和狭义上的艺术创作理论。特纳和福康尼耶在他们的书中——《我们的思维方式：概念融合和心智的隐藏的复杂性》（*The Way We Think. Conceptual Blending and the Mind's Hidden Complexities*）（2002）对此及对他们所称的"概念融合"进行了大量的研究。他们声称，在大约 5 万年前的上古石器时代，人类发生了巨大变化，即人"发展出前所未有的创新力"。他们获得了现代人的想象力，这使他们有能力提出新的概念并组合新的动态的思维模式"（Fauconnier and Turner，2002：5）。这种能力被称为概念整合能力。因此，现代人类大脑和心智的一个普遍特征就是拥有这种能力，这使人能够发展大而复杂的概念网络，并在此基础上发展、改变和更新。他们认为概念整合不仅是艺术的核心要素，也是包括语言、艺术和科学活动及基本的日常社交活动在内的所有智力活动的基础。人类利用已经存储的图示来指引现实生活，解决特定的问题或解读一个具体的社会事件。然而，创新就是要创造新图示或者用新方式对我们已有的图示进行组合。所有人都在不断的发展我们已有的概念神经网络。

在特纳的另一本书《巧妙的头脑：认知科学和人类创造力之谜》（The Artful Mind. Cognitive Science and the Riddle of Human Creativity）（2006）中，他重点提到了如何确切地理解艺术中的创造力，以及这与我们在日常生活中处理相当复杂的神经网络的普遍能力有何联系。这体现了将普遍的认知模式与更群体的、甚至是个体的社会文化认知整合起来的趋势。

（五）电影，叙述和认知

依波－邦德布扎格在这一部分否定了主流电影理论，倡导将认知电影理论和电影叙述结合起来。

20 世纪 80 年代，大卫·波德维尔（David Bordwell）在电影研究中将形式分析和认知心理学相结合。在《剧情片中的叙述》（*Narration in the Fiction Film*）（1985）这本书中，波德维尔用新视角——电影感知和认知心理学探讨了电影叙述的经典理论。主流电影理论倾向于将观众以一种特定框架定位起来。而他认为观看电影是认知和情感激起的过程和体验，是一种提示观众的方式，是一种在我们已经存在的心理图示和特定电影之间创造的积极互动，仅用形式—美学方法来观看电影是不够的。这种激活电影观看过程的方式是对主流电影理论的直接批判。作为认知电影理论的奠基人之一，波德维尔更侧重于将认知电影理论与电影理论和电影历史的美学和历史形式联系起来。现今，认知电影理论已经发展成为电影方面最全面的理论。

托本·格罗达尔（Torben Grodal）是另一位此领域的重要人物，他的作品主要是关于电影体裁与人类情感和认知结构是如何相互作用的渐进理解。他的两本著作：《影像：电影类型、感知与情感新论》（*Moving Pictures. A New Theory of Film Genres, Feelings and Cognition*）（1996）和《具身视觉：演进、情感、文化和电影》（*Embodied Visions. Evolution, Emotion, Culture and Film*）（2009）都是现代认知电影理论的关键著作。前一本书的总体思路在很多方面都与约瑟夫·安德森（Joseph Anderson）的《虚幻的真实：电影认知理论的一种生态学方法》(*The Reality of Illusion: An Ecological Approach to Cognitive Film Theory*)(1996)相似,都使用进化的视角,认为我们在观看电影时使用的叙述模式和其他图式对我们的日常现实生活体验是有影响的。图示也是叙述和情感的表现形式,建立在真实生活经验的基础之上,与真实生活经验相互作用,并借用了人类的具身心智结构。

因此,将具身心智置于电影观看的情境中,在现实中和在电影中都会看到认知结构和情绪的结合。

(六)历史、记忆与电影

在这一部分,依波－邦德布扎格提及了认知理论中最受争议的议题之———记忆,明确了其个体和集体维度与社会功能,并指出了中介记忆形式随着电视、电影和新数字媒体的兴起而在认知中变得越来越重要。

记忆研究人员乔司·凡·迪杰克(José van Dijck)(2007)和阿斯催德·伊瑞尔(Astrid Erll)(2011)指出,我们的大脑存储了过去的数据,既有虚构的也有非虚构的,既有来自生活的直接经验,也有间接经验,这些数据以各种方式混合或相互作用。故事影响了人类心智与个体和集体记忆,需要被严肃看待。没有记忆,我们就失去了自我身份的感知并没有了社交能力。

客观看来,记忆是不完美的。我们心智中的过去是一种"心理模拟"——不单纯是虚构的,也不是没有实际过去实际经历的支撑,而是一种叙述,一种"虚构化"。

记忆不只是个人的,它还有明确的集体维度和社会功能。在标题为《集体记忆的认知分类》(*A Cognitive Taxonomy of Collective Memory*)(2008)的文章中,认知心理学家大卫·曼妮尔(David Manier)和威廉·赫斯特(William Hirst)将集体记忆分为三类:集体情景记忆,集体语义记忆和集体程序记忆。个人记忆和集体记忆的区别以及不同集体记忆之间的区别并不明显。个人记忆的不同范畴和类型也相互作用。作为个体,我们是更广泛的社会文化背景的一部分,集体记忆(如中介集体叙事)与个人记忆是混合在一起的。

当今,随着电视、电影和新数字媒体的兴起,人们可能会认为记忆的中介形式变得非常重要,因而有必要界定这一公共文化记忆的新模式。艾莉森·兰茨伯格(Alison Landsberg)在《假肢记忆:大众文化时代美国记忆的转变》(*Prosthetic Memory. The Transformation of American Remembrance in the Age of Mass Culture*)(2004年)一书中将这种新模式称作"假肢记忆"。她将这种中介记忆形式定义为在"个人和过去历史性叙述交汇"时出现的记忆形式,一个人不仅要理解历史性的叙述,而且还要对他或她没有经历过的事件产生更为个人的深刻记忆(Landsberg,2004:2)。

(七)结论部分

在《创造性心智:认知,社会与文化》的最后,依波－邦德布扎格总结了认知理论对传统研究领域产生的深刻影响。

虽然许多研究者倾向于将认知理论看作文化和社会理解中的还原论和决定论，但依波 – 邦德布扎格对具身心智理论主要发展倾向的阐述却显然不同。他认为忽视认知和进化论会是一个重大错误，而具身心智理论则是很长时间内最有前途的理论之一。这一理论有潜力使来自不同学科的研究人员在理解人类文化和社会背景的共同基础上发表观点。这并非是结束所有其他理论的伟大理论。

认知科学已经对我们产生了根本性影响，影响了我们如何看待人类以及人类、文化和社会之间的交互。在这种高度动态的互动中，大脑预先建立的结构与特定文化和社会背景下个人的经验"协商"，并不断变化和发展。

三、结　语

《创造性心智：认知，社会与文化》列述了近几十年来认知科学相关理论的代表人物及核心成果，概述了认知科学的基本概念和理论，突出了其对语言学、社会学、创造力的理解、电影和电影叙述，以及记忆的影响。该文可以为认知科学研究以及语言学习研究提供比较全面的理论模式和文献参考，具有非常重要的指导意义。依波 – 邦德布扎格用评述结合的写作方式将各理论融合起来，深入浅出，有理有据，值得研究者借鉴。

参考文献

［1］Bondebjerg, Ib. The Embodied Mind : When Biology Meets Culture and Society［J］. In : Palgrave Communications, https : //doi. org/10.1057/palcomms. 2015（15）.

［2］Bruner, Jeromer. *ActualMinds, Possible Worlds*［M］. Harvard University Press, Cambridge, MA, 1996.

［3］Bruner, Jeromer. *Making Stories. Law, Literature, life*［M］. Harvard University Press, Cambridge, MA, 2002.

［4］Christakis, Nicholas A&Fowler, James H. *Connected. The Amazing Power of Social Networks and How They Shape Our Lives*［M］. Harper Press, Hammersmith, London, 2009.

［5］Fauconnier, Gilles, Turner, Mark. *The Way We Think. Conceptual Blending and the Mind's Hidden Complexities*［M］. Basic Books, New York, 2002.

［6］Fiske, Susan T&Taylor, Shelley E. *Social Cognition*［M］, 2nd edn. McGraw-Hill, New York, 1991.

［7］Gottschall, Jonathan. *The Storytelling Animal. How Stories Make Us Human*［M］. Mariner Books, Boston, 2012.

［8］Lakoff, George. The Neural Theory of Metaphor［A］. In : Gibbs R（ed）*The Cambridge Handbook of Metaphor and Thought*［C］. Cambridge University Press, Cambridge, 2008 : 17–38.

［9］Landsberg, Alison. *Prosthetic Memory. the Transformation of American Remembrance in the Age of Mass*

Culture［M］. Columbia University Press，New York，2004.

［10］Varela，Francisco J&Thompson，Evan & Rosch，Eleanor. *The Embodied Mind. Cognitive Science and Human Experience*［M］. MIT Press，Cambridge，MA，1991.

［11］Zerubavel，Eviatar. *Social Mindscapes. An Invitation to Cognitive Sociology*［M］. Harvard University Press，Cambridge，MA，1997.

作者简介

依波–邦德布扎格（1968—），男，哥本哈根大学人文学院媒体、认知和传播系荣誉教授，博士，研究方向：当代欧洲语言和文学研究、北欧文学、电影和传媒等。E-mail: bonde@hum.ku.dk。

唐珍珍（1987—），女，硕士，海南外国语职业学院讲师，研究方向：认知语言学、英语教学。E-mail：344576408@qq.com。

雷小燕（1987—），女，硕士，铜仁幼儿师范高等专科学校讲师，研究方向：文学、英语教学。E-mail：535250660@qq.com。

近代日本涉华游记中"他者"视域下的"女尊男卑"论[*]

吴雅莉

（湖南师范大学，湖南 长沙 410081）

【摘要】 处于旧制度被冲击、新制度尚未确立背景下的中国近代家庭，仍主要遵从"男尊女卑"的基本社会秩序和伦理观，然而宇野哲人在其游记《中国文明记》中提出了"女尊男卑"的对立观点。除了在少数民族或某些地方民俗中依稀可见之外，"女尊男卑"论的提出还受到了宇野哲人作为"他者"的视角影响。因此，以明治时期日本女性的地位为参照基准来对比清末女性，可探析"女尊男卑"论产生的根本源头。无论是作为"自我"的中国还是"他者"的日本，不可忽视的是女性解放思潮在一定程度上对于传统思想造成了冲击，然而却未能彻底冲破和改变父权制控制下的男尊女卑的社会秩序。宇野哲人的"女尊男卑"论并非来自于中国女性在社会地位上对于男性的绝对优势，而以同时代日本女性地位作为参照基准得出结论的可能性更大。

【关键词】 宇野哲人；涉华游记；中国文明记；女尊男卑；他者

一、引 言

中国十分重视家族，视其为社会构成的最小单元，是社会治理和维持国家及政权稳定的基础。为此便借用儒家的观点制定了全社会共同遵循的家族制度，构建了相应的家庭伦理道德观，以此来约束作为家庭成员的女性的行为范式和权力地位，并由此巩固以男性作为社会核心的统治地位（吴雅莉，2021（12））。同时，又通过家族制度的有效塑控，反过来使作为客体的女性的家庭角色服从于社会角色，使之自我意识淡化、泯灭，最终达到作为社会主体的男性的期望值，借此将儒家秩序在家族层面得以固化。从国家管理层面来看，对于男女两性关系与社会及家庭地位的限定，最终目的是为了维护封建社会结构和王朝统治的秩序的稳定。

然而，在日人宇野哲人看来，晚清中国社会存在着"女尊男卑"之现象。宇野哲人依据20世纪10年代后半期两年的在华考察经历，在游记《中国文明记》中抛出此种结论，可谓语出惊人。由于与众多文人、学者的"男尊女卑"之共识完全相反，且语焉不详，因此不由得令人心生疑惑。故而本文将结合中国、日本两国的实际情况，分析宇野哲人推论的成因，进

---

* 本文系湖南省教育厅社科项目"近代日本文化人的湖南体验及其文化意象研究"的阶段性成果，项目编号：18B038。

而得出近代中国的社会结构是否呈现为"女尊男卑"式等级秩序的结论。

二、"自我"的真相:"男尊女卑"和"女尊男卑"的对立与共存

宇野哲人在其游记《中国文明记》中认为中国存在"女尊男卑"现象,"于家庭之中,妇人之权力则极强"。(宇野哲人,1999:187)他解释道:"此由来于中国妇人强悍难御,故孔子亦言,惟女子与小人难养。世人往往称中国为男尊女卑之国,传承古来之习风,女子之社会地位极低,此确是事实,然于家庭之中,那女子地位甚强。或可下如此断言,外观上女子地位甚为低下,然实际上确是女尊男卑。"(宇野哲人,1999:81)从这段论述可以看出,宇野哲人的观察来自于近代中国家庭。宇野哲人具体接触到中国的哪些家庭,这种家庭在当时晚清民初的社会结构中处于何等阶层,这些家庭的特征是否极具代表性,就笔者已掌握的史料来看,无法追寻其踪迹。

除此之外,早在1912—1913年的民国初年,中国便已发起了妇女参政权运动。在《中国文明记》发表之后的"五四"时期又发起了妇女解放运动,接下来在1924—1927年的国民革命时期、1927—1937年的土地革命时期和1937—1945年的抗日战争时期,不同阶段均发起了妇女运动。这说明,宇野哲人对于中国社会的观察,局限在对五四运动之前的中国女性的考察,至少是在清末民初的阶段。

然而,在中国封建专制的社会里,作为统治阶级意识形态的核心,"三纲五常"和"三从四德"以残害妇女的精神枷锁的形式依然存在于晚清社会和家庭的各个角落(吴雅莉,2021)。康有为认为三纲五常创于"强者",是强者用以压抑"弱者"的工具。他对"夫为妻纲"抨击道:"女子常托于男子之家,遂失其自立之权。一曰不得立门户,二曰不得有姓名,三曰不得顾私亲。""夫为妻纲,女子乃至以一身从之。""以形体之微异而终身屈抑,服从于人,乃至垂老无自由之一日,是尤何义耶!其夺人自立之权,未有过此。"(康有为,1998:134,197)川田铁弥等人在《支那风韵记——附朝鲜满州小景》等游记中也观察到了中国男尊女卑的社会风气。

针对以上两种截然不同甚至二元对立的观点,笔者通过对史料的梳理,考证出清末民初的中国女性在政治权利和财权上依附于男性,只有在男性家庭角色缺失的特殊情况下,才会不得已赋予女性部分权力,以便女性继续兼顾男性对于家庭的责任和义务,维护父权制下的家庭稳固和社会稳定。即便如此,也是事急从权之下的特殊处置(吴雅莉,2021)。因而,"女尊男卑"论很有可能源自对极少数的社会异象的观察。

1907年,清政府在《奏定女学堂章程折》中提道:"方今朝廷锐意兴学,兼采日本、欧美规制,京外臣工条奏请办女学堂者不止一人一次,而主张缓办者亦复有人。臣等每念中外礼俗各异,

利弊务宜兼权。自钦派学务大臣以至设立学部以来，历经往复筹商，亦复审慎迟回，未敢轻于一试。"（璩鑫圭、唐良炎，1991：575）先是表示了对于兴办女学堂的疑虑、顾忌、踌躇之心，后态度转变并表示："惟今日臣等详征古籍，博访通人，益知开办女学，在时政为必要之图，在古制亦实有吻合之据；且近来京外官商士民创立女学堂者所在多有。"（璩鑫圭、唐良炎，1991：575）学部奏章通过引经据典、查找证据、从旁论证的方式，证实兴办女学堂的可行性，并针对之前的担忧和疑虑提出了可供规避风险的制度化要求："臣部职任攸关，若不预定章程，则实事求是者既苦于无所率循，而徒务虚名者或不免转滋流弊……其已开办各女学堂，务须遵照此次奏定章程，以示准绳"（璩鑫圭、唐良炎，1991：575）。对于开办女学堂进行规制，说明得到了官方的承认和支持，具备了堂堂正正公开办学的合法性。然而清政府针对男女学堂分别制定了男女有别的教育目标、内涵，男女接受教育的覆盖面也有差异。

由此可见，宇野哲人所见的"女尊男卑"的家庭现象，在当时的男高女低的社会秩序下应不具有普遍性和代表性。那么，如若探讨"女卑男尊"论的起源，还需回到宇野哲人自身的背景中探寻，意即站在"他者"的视角予以阐释。

三、作为"他者"的同时代日本女性的家庭地位

如果说女性与男性从性别视角来进行地位的比较，大部分中国女性仍然屈从于男性进行生活依旧处于"男尊女卑"的男性话语权控制之下的话，那么我们只能把目光转移到宇野哲人最熟悉的母国——日本同时代的女性，透过当时的日本女性实际生活状况作为比较基准来参悟"女尊男卑"说的依据，探讨两国女性在两性关系中在男权体制赋予女性有限的权力下，两国女性哪一方掌握了更大的家庭权力。

日本把近代以来女性伦理思想的演变分成以下五个阶段：第一阶段开明期（1868—1883）、第二阶段反动期（1884—1896）、第三阶段复活期（1897—1912）、第四阶段发展期（1912—1934）和第五阶段挫折期（1935—1945）（布川清司，2008）。宇野哲人游历中国并写下《中国文明记》的时期正是处于第三阶段复活期，也是日本的大正时期，因此对宇野的女性观的考察应将第三阶段复活期的时代特点纳入考量之中。

在明治到大正时期的复活期，日本正处于近代国家形成的过程当中。一方面自江户时代起受到中国儒家"三从四德""男尊女卑"思想影响的女性观依旧得到传承，另一方面，由国家所主导的"良妻贤母"制度的确立和女性解放思潮的兴起，使得在日本家庭观中围绕着女性观趋向复杂，呈现出两种完全对立的、新旧交替的二元结构。其思想体现了两种特质，即传统"家制度"内核的延续性，以及与西方文化冲击下的"男女平权论"的近代性。

柳田国男最早提出了"主妇"和"主妇权"的问题，近代日本社会的"主妇"不等同于日本经济高度发展期出现的"主妇"。仓石あつ子总结了"主妇权"的五个方面：第一，氏族神即祖先的祭祀权；第二，火种的管理权；第三，料理家务权；第四，财产管理权；第五，

食物分配权。仓石认为历史上的"主妇权"与家长权并驾齐驱发挥着作用，可以说是当家主人夫妇权力的象征（何丽，2015：130）。这个观点似乎可以证实日本的女性家庭地位高到可以和掌握家长权的男性平等的程度。然而仓石又进一步论述，"'主妇权'总是在家长的保护之下，与家庭经营整体相关的。根据门第、阶层、行业等不同权力表现也存在着差异。总而言之，'主妇权'是指家庭生活中所赋予主妇的权限"（何丽，2015：130）。指出了"主妇权"不是属于女性的天然的权力，而是受制于家长权，那么从这个意义上来说，日本女性在家庭中的地位并未真正与作为家长的男性齐平。

晚清政府对日本的女子教育持积极学习借鉴的态度，不仅原封不动照搬日本明治政府颁布的《高等女学校令实施规则》当中"家事"科目的培养宗旨，就连家事科的教科书也多是将日本的教科书翻译成中文后使用（杉本史子，2002（4））。事实证明，晚清全面学习日本，那么作为学生反而超越老师成了"女尊男卑"的社会，意即女性凌驾于男性之上，这点不得不令人疑惑，事实上当时的欧美都并未做到，更遑论中日两国，尤其是尚处于半殖民地半封建社会的近代中国。尽管日本先于中国学习欧美女性解放思想，但在践行方面存在着很多问题，还不足以完全颠覆男性主导的传统社会。

那么考证"女尊男卑"论的来源还有另外一种可能性，那便是中日女性在沿袭传统、重新书写女性的社会性别、赋予其"近代化"内涵的过程中，存在着差别。

四、"他者"视域下的"自我"："女尊男卑"抑或"男尊女卑"

根据《中国文明记》的描述，可以从中日两国的养子制度、婚姻制度两方面，或多或少窥见一些宇野哲人"女尊男卑"论的思想轨迹。

关于中国的养子制度，宇野哲人做了以下阐述："养子制度亦伴之而起。中国之养子制度，与日本易趣全异。于日本，养子之目的，是妻之以女，而于中国，则以同血统之男子以为养子，娶他家之女以为妻，自家女则嫁与他人。"（宇野哲人，1999：185）基于对日本社会的认知，他发现中日之间的最大不同在于，中国的养子制度仅涉及到家族继承制度，是在同姓家族范围内对男性权利和义务的重新分配，将血统的正统性归于男性；而日本的养子制度不仅涉及到家族继承制度还有婚姻制度，血统的正统性在无男性继承人的特殊情况下也可以归为"自家女"，那么与婿养子之间的血缘关系便不在考虑之列，相当于是承认女性对于家族血统继承和财产继承的有效性。那么，从血统遗传的角度来看，通过入赘的手段，日本女性似乎比中国女性在家族地位上更获得家族的认可。换言之，按照两国不同的养子制度的规定，中国的"自家女"是嫁出去的"外人"，养子所娶无血缘关系的"他家之女"才是"自己人"；而日本的"自家女"是可以是具有家族继承权的"自己人"，前提是招入"婿养子"，即入赘男性。

从表面上看，日本女性较之中国女性地位更高，日本的养子即入赘女婿必须放弃原身份、原姓氏，提供传宗接代的义务，以此来换取在女方家生存的一席之地。在某种意义上，可以说养子制度体现了"女尊男卑"。然而从本质上来看，养子制度被纳入了家族制度框架之内，因此决定了其内涵必然是服务于家族制度的维护与巩固。但不论是哪种家族制度和具体情境，都需要借助男性来承继家业，是把家族中的女性排除在家业权力继承的考量之外的。在这一点上，中日男女的家庭地位高低所呈现出的特点，虽在形式上有异，然实质上并无根本性差别。

20世纪初的中国知识分子，怀着对国家、民族前途命运的焦虑和担忧，为寻找一条救国的途径，将"妇女解放"作为实现强国梦想的手段之一，提出了"废缠足、兴女学"的口号。废除缠足陋习，是要在身体和思想上释放对女性的约束，扩大女性的社会活动空间。虽然是外国传教士最先发起的，但以梁启超等男性为主体的知识分子精英群体也率先加入呼吁和推动的行列，必须承认这已是当时社会思想迈出的重大一步。

而在女子教育方面，受西方女性价值观影响，加之维新派、革命派大力宣传，地方开明绅士积极响应，清末各地的女学迅速发展，并成为晚清知识分子心中救赎国家构想的有机组成部分。而在此之前，清政府对于民间女学堂的兴起是明确反对过的，理由无非是"中国男女之辨甚谨"（璩鑫圭、唐良炎，1991：394），"不宜多读西书，误学外国习俗，致开自行择配之渐，长蔑视父母、夫婿之风"（璩鑫圭、唐良炎，1991：394），但又从"母教"的要求出发做出一定妥协，允许女子在家中接受母亲或保姆的教育。据此规定教授内容为"能识应用之文字""通解家庭应用之书算物理""妇职应尽之道，女工应为之事"，培育目标仅指"持家""教子"而已，而杜绝所谓"无益文词""干预外事、妄发关系重大之议论"的学习内容（璩鑫圭、唐良炎，1991：396）。其中为教授"妇职应尽之道，女工应为之事"，清政府选取的教材为日本下田歌子所著《家政学》，女子师范学堂"家事"科目的培养宗旨也是照搬日本1901年颁布的《高等女学校令实施规则》。

曾国藩之女曾纪芬深受日本家政学的影响和刺激，结合多年自身的持家经验，编纂了《聂氏重编家政学》，1904年刊印后在清末民初时期产生了相当大的影响。其后人认为，这本中国第一部家政学著作，标志着内陆乡村社会的家教转变为工商社会的近代化家政，是近现代以来传统文化现代性的转换体现在家政学方面的重要成果。曾纪芬认为"妇人之于家，犹宰辅之于国"，仍依循传统思想，将女性的社会功能界定在家庭范围之内。她还结合了欧美、日本的现代化思想，甚至认为"慈母育儿之功，大于丈夫之济世"，将"母教"的功能抬高到了经世治国的层面，作为"慈母"之女性的地位高于"济世"之男性（曾纪芬、聂崇，2021）。

由于曾纪芬一生都在践行着书中的思想，尽管其中不可避免带有一定的时代烙印和封建传统思想基因，但仍被世人视作典范。而反观日本女性下田歌子，被清政府定为家政学教科书的作者，充满封建色彩的国家至上主义"贤母良妻"女子教育论者，除了宣扬"贤母良妻"对于国家、社会、个人的积极意义并以此为宗旨致力于女子教育之外，其个人经历显示并未做到身体力行，不具备标杆的力量。

"良妻贤母"论是明治女性规范的核心，明治初期的开明思想家们所提倡的"良妻贤母"论以西方女性为蓝本，欧化色彩浓厚，提倡男女平等和女性教育，提倡作为国民的女性的教育对培育下一代的作用，为历来的女性观赋予了"良母"的意义。中国贤妻良母主义的诞生"是一个文化'逆输入'的过程：中国儒家规范妇女的'良妻''贤母'概念在对日本产生影响之后，在新的社会条件下被上升为具有理性思考的'主义'，成为近代社会的妇女规范，然后又在近代以来学习日本的潮流中影响到中国"（李卓，2004）。

具有深层意味的是，下田歌子在中国开设"清国女生部"专门招收中国女留学生，借助这一举措留学下田歌子所创办实践女学校的秋瑾等女性，却在回国后义无反顾地选择了反清的革命道路，完全背离了下田所倡导的"贤母良妻"之路。同属精英阶层，明治日本女性的言行，反而衬托出中国女性在追求政治理想方面更为勇敢高大的形象，也许在某种意义上可以理解为中国女性的社会地位高于日本女性。因为要真正提高女性的社会地位，体现女性解放的程度，仅争取教育权是不够的，还必须争取政治地位、经济地位、家庭地位、文化地位的全面提高，而当时顽固不化的清政府成为妇女解放必须跨越的一道巨大障碍。

五、结　语

综上所述，我们可以清晰地看到，虽然中国晚清妇女的个人价值的实现和家庭地位的改变仍在一定程度上依赖于男性主导的家族制度之下，但在传统家族制度分崩离析的必然趋势下，女性的思想、前途和命运已经开始往挣脱封建枷锁的趋势发展，展现出一丝黎明的曙光的迹象。日本明治期妇女尽管开始从着装、衣食住行、教育等方面全面接受"欧化"，获得法制范围内赋予的权力，但仍然是处于儒家规范的框架之内，这种思想一直深深扎根于日本社会，甚至影响至今。

由此可见，19世纪末20世纪初的中日两国在中国的儒家、日本的国学、西方的先进文明多重文化碰撞和各种思潮的激荡等错综复杂的因素之下，中日两国女性的地位兼具传统性和近代性二重结构的特点，且二者互相对立，又互相影响交融，成为近代社会转型时期一个不可忽视的现象。且日本妇女地位缺乏根本性改变的状况，无论是"脱亚"还是"欧化"均未彻底。彼时的日本也好，中国也罢，没有绝对的"女尊男卑"。从属于男性主导的社会秩序之下，"男尊女卑"的家族秩序仍是主流。究其根底，宇野哲人所说的"女尊男卑"现象，并非指的是两性关系中女性地位对于男性的绝对优势，而是对照他的母国日本的女性社会地位所得出的论断。

参考文献

［1］宇野哲人著. 张学锋译. 中国文明记［M］. 北京：光明日报出版社，1999.

［2］陈东原.中国妇女生活史［M］.北京：商务印书馆，1937.

［3］夏晓虹.晚清女性与近代中国［M］.北京：北京大学出版社，2004.

［4］汤丽.日本近世平民女性的地位研究［M］.北京：外语教学与研究出版社，2015.

［5］何玮."新女性"的诞生于近代中国社会——兼论与日本之比较［M］.厦门：厦门大学出版社，2017.

［6］孙志鹏.近代日本新儒家学派的中国认知——以宇野哲人《中国文明记》为中心［J］.北方论丛，2013（2）.

［7］吴雅莉.宇野哲人在涉华游记中对清末民初中国女性的解读——基于对"女尊男卑"论的考证［J］.教育学文摘，2021（12）.

［8］李卓.关于中日家族制度与民族性的思考［J］.日本学刊，2004（2）.

［9］璩鑫圭、唐良炎.奏定蒙养院章程即家庭教育法章程［M］.中国近代教育史资料汇编·学制演变.上海：上海教育出版社，1991.

［10］何丽.日本近世平民女性的地位研究［M］.北京：外语教学与研究出版社，2015：130.

［11］曾纪芬，聂崇彬.治家之钥——崇德老人《聂氏重编家政学》的生存智慧［M］.上海：上海辞书出版社，202.1

［12］有地亨.近代日本の家族観 明治篇［M］.東京：弘文堂，1977.

［13］小山静子.家庭の生成と女性の国民化［M］.東京：勁草書房，1999.

［14］布川清司.近代日本女性論理思想の流れ［M］.東京：大月書店，2008.

［15］中津悠子.やさしい日本女性史入門―古代から現代まで実話による女性の生き方―［M］.大阪：総合出版社，2015.

［16］上野千鶴子.近代家族の成立と終焉［M］.東京：岩波書店，1994.

［17］杉本史子.民国初期における女子家事科教育——その"近代"性と限界について［J］.立命館言語文化研究.2002（4）.

作者简介

吴雅莉（1979—），女，博士，湖南师范大学外国语学院日语系讲师，研究方向：中日文化、中日社会生活史。E-mail：gogari@163.com。

自我化"共同体"的幻灭

——论《少年维特的烦恼》中的独体困境

凡淑颖

（上海大学，上海，201900）

【摘要】歌德小说《少年维特的烦恼》中，主人公维特试图进行一种自我化的"共同体"的幻想性构建，但最终这一"共同体"破灭。他通过将自我投射到外部，以自我为中心阐释其他个体和世界，构建了围绕自我的社会关系网络，从而幻想了一种自我化的"共同体"。在构建自我化"共同体"过程中他主要幻想了一种自我化的小单位"共同体"——爱情，并在这种"共同体"中追求理想化的概念与理想概念化的人。通过分析维特自我化"共同体"的幻灭，基于德国当时的文化语境与西方个人主义根源，本文指出维特所构建的"共同体"并非真正的有机共同体，而是独体伪装下的自我化"共同体"，维特自我化"共同体"的幻想性构建事实上也是陷入了独体困境的结果。

【关键词】《少年维特的烦恼》；歌德；独体；共同体；困境

一、引　言

《少年维特的烦恼》出版于1774年，歌德（Johann Wolfgang von Goethe 1974—1832）仅用四周的时间就完成了这部小说，却对德国文学和社会，乃至全世界都造成了极大的影响。这部小说主要围绕个体维特与社会的冲突展开，叙述了他在这种冲突中试图构建共同体而不得从而走向自杀的过程。目前对歌德作品的研究主要集中在《浮士德》，而对《少年维特的烦恼》的研究相对较少。对《少年维特的烦恼》中维特自杀的研究国内外主要聚焦其抑郁心理与爱情悲剧因素，其中有将其自杀与弗洛伊德有关抑郁的理论结合起来的分析。

* 本文系 2019 年度国家社会科学基金重大项目"英国文学的命运共同体表征与审美研究"资助项目，项目编号：19ZDA293。

马丁·西尔弗曼（Martin A. Silverman）在其论文"少年维特的烦恼与歌德对抑郁之理解"（The Sorrows of Young Werther and Goethe's Understanding of Melancholia）中就将弗洛伊德有关客体选择的自恋性（narcissistic type of object choice）与爱恋客体（love object）的理论应用到了维特自杀心理的分析中（2016，200）。个体维特在抑郁中失去的不是外部的对象而是自我，维特将自我投射于外部的人与物，并构建出了以自我为原型的世界，从而在冲突中耗尽了自己。而弗洛伊德抑郁理论中有关自我投射的理论从另一层面看也与南希有关独体（singularity）的理论不谋而合：南希的独体是对共同体的否定，他将共同体中个体的概念（individuality）转变成独体并指出"从某种意义上说，共同体就是抵制本身，即对内在性的抵制。因此，共同体就是超越，不过这'超越'不再具有任何'神圣的'意义，而只是精确地表达对内在性的抵制"（Nancy，1991：35）。南希所强调的内在性便是一种对于社会群体间的平等共通关系的否认。他认为个体之间的交流与接触是没有一种有机的本质的联系的，因此个体之间只能通过阐释的方式进行交流，而这种对于自我与个体的强调很容易走上自我沉溺并自我为媒介阐释外部的道路，也就是一种独体困境。维特便是在这种困境中幻想出了一种自我化的"共同体"，但这种幻想的构建只是"共同体"包装下的独体罢了。17世纪末18世纪初的德国个人主义盛行，再加上西方个人主义文化根源深刻，在这样的文化语境下，个体更加容易陷入独体困境。自《维特》发表以来，一股维特热潮也席卷而来。1974年，美国社会学家大卫菲利普斯（David Phillips）提出了"维特效应"（Werther Effect），以用来指模仿自杀的行为（1974：341）。这也体现了维特的困境并不是个例，自杀行为并非是单纯的个人行为而是与社会集体紧密联系的，而这种模仿也许是通过相似的情感传染的，因此极端自我化的时代下，群体渴望共通却无奈堕入独体困境。现代社会群体的困境在某种程度上与维特相似，因此对于维特独体困境具有一定的社会意义。

本文基于弗洛伊德有关抑郁、滕尼斯关于有机共同体以及南希关于独体的理论，探究《少年维特的烦恼》中个体维特在陷入独体困境的情况下试图幻想一种自我化"共同体"的构建不得从而走向自杀的过程。指出在西方个人主义的影响下，维特试图构建的是一种独体包装下的幻想的"共同体"，结合其与绿蒂的爱情关系作为主要的尝试进行这种"共同体"的构建和构建的失败，提出独体困境下共同体构建的困难性。这对于理解当今独体困境和共同体构建也有所关照。

二、自我化的"共同体"

维特以个体为中心，试图进行自我化"共同体"的幻想性构建，但他所幻想的"共同体"并不是滕尼斯所言之有机共同体，而是一种极端自我化的"共同体"。维特割裂了人与人的有机内在联系，颠覆了个体间平等的关系，并以自我为中心阐释其他个体和世界，从而幻想出一种"共同体"，但事实上这种"共同体"仍旧是独体的变形。维特无法调和个体与社会的冲突，但是他仍旧需要与其他个体和世界之间的联系与共通，因此他选择了放弃调和冲突并转向了个人化"共同体"的幻想构建。这一转向是维特陷入独体困境的体现，个体以自我为中心是无法在社会进行任何具象的构建的，同时这一转向也与西方个人主义传统息息相关。

有机共同体是以个体间本质的联系为基础和前提的，而不是以单独个体为中心所构建的，而维特所幻想的"共同体"属于后者，因此是陷入独体困境的产物，是自我化的幻想出来的"共同体"。南希提出的"独体"是对有机共同体的解构，独体中的关系不再是"并置"（juxtaposition）而是一种"揭示"或"阐述"（exposition）（程朝翔，2015：8）。这种"揭示"触及的只是"内部的外部"（Nancy，1991：Introduction），不存在真正内在的整体与共通。"所谓共同体只能是被动的、异质的堆砌"（李玲，2019：188），有机共同体只是一种幻象，以此发展下去，共同体便是必然的独体。维特便是否认了这种"并置"并试图用自我"揭示"或"阐述"外部世界，从而建立了其幻想的"共同体"。"然而，独体理论有三大要害：混淆／偷换概念；以偏概全；解构有余，建构不足"（殷企平，2016：76），因此不可将共同体等同于独体，也不可否认有机共同体的可能性。滕尼斯所言共同体是"亲密的""秘密的""单纯的""有机的"而不是"公共性的""人工"的。"共同体（community）是持久的和真正的共同生活，社会只不过是一种暂时的和表面的共同生活。因此，共同体本身应该被理解成一种生机勃勃的有机体，而社会应该被理解为一种机械的聚合和人工制品"（Tennies，2001：54）。"滕尼斯在界定共同体时，强调它是一种有机体"（殷企平，2016：72），这种有机性是共同体的内在属性，这是一种"原始的或者天然的状态"（Tennies，2001：48）。滕尼斯认为共同体是自然生长的同时本属于人类的。只是随后基于有机共同体和社会的区分，有机共同体构建的可能性与真实性受到了质疑，尤其是随着"解构主义思潮的兴起"（殷企平，2016：72）。维特由于极端个人化倾向将世界囊入怀中，因此其所追求之"共同体"仍旧是以自我为原型的。他只是构建了一个巨大的自我，或者说是又无数个虚幻的自我我所堆砌的社会与世界，在他所幻想的"共同体"里，所有人都是他的化身与装饰品。这一点与有机共同体背道而驰，有机共同体强调的是一种本质的联系，而这种联系不是以某个体为中心的，而是整全的，因此维特幻想"共同体"的尝试是堕入了一种独体的困境。

个体陷入独体困境与当时德国个人主义与情感的盛行于西方个人主义根源也有所关联，对于个体与自我的强调很容易走向这种对于自我化"共同体"的幻想。17世纪末18世纪初的德国处于压迫与边缘化，三十年的战争摧毁了德国精神，德国文化也变得"地方化"（provincialised）（Berlin，2013：55）。但是正是由于这种伤痛、屈辱与排除促成了虔敬运动（pietist movement）。虔敬运动强调"精神生活"与"受苦的人类个体灵魂与造物者之间的个别关系"（Berlin，2013：56）。这是一种屈辱下的逃避，德国人在边缘化下逃向个体内部。但这种内倾化却极大的冲击了启蒙与理性。启蒙时期人们受困于一种完美而虚无的伟大蓝图中，个体必须时刻保持理智并为世界的完美秩序奉献出自己的理性。原本启蒙的意义在一定程度上已经丢失了，因为理性成了一种更强大也更加隐秘的独裁。直接强调个人与造物者之间的精神联系摧毁了理性引导下的集体真理与权威，个人与情感开始占领高地。个体不再被视为更大的社会的一份子而是仅仅作为一个更大的个体，自我一词也如费希特而言成为重要的主格（the primal nominative）。但正是这种对于自我的过分强调削弱了本来就被工业与机器冲击的群体的归属感，从而使个体更加容易堕入独体困境。对独体的强调"忽视甚或割裂了人与人之间的社会性和心理性关联"（段国重，2021：40），同时也必定会堕入怀特所言"错置具体性谬误（fallacy of misplaced concreteness）"，即把抽象、形而上的理念等误认为实在、具体的东西（安乐哲，2017：12）。"在后世哲学家眼里这就是西方个人主义传统的痼疾。"（段国重，2021：40）理想化概念是因人而异的。个体在陷入独体困境的情况下只会接纳自己的理想化概念但无法接受其他个体的理想化概念。这也就是为什么个体陷入独体困境时往往倾向于以幻想的方式来与外部进行联系的构建。如果个体可以像接受自己的理想化概念一样接受其他人的，那么个体便逃离了一种抽象而进入了具体与实在。但维特并没有成功脱离独体困境，他只是将自我的理想化概念投射向外部世界和个体，以自我为中心追求理想化的概念，并将这种理想化概念强加于具体的人身上，试图进行自我化"共同体"的幻想性构建。

三、自我化"共同体"的幻想性构建

独体困境是西方个人主义根源与时代背景在个体的体现。在独体困境中，个体与外部世界的接触是自我而抽象的。维特也是如此。爱情关系的构建是维特进行自我化"共同体"幻想性构建的主要尝试。在与绿蒂的爱情关系中，维特追求理想化爱的概念，并将理想化概念强加于个体绿蒂，最终概念的堆砌淹没了绿蒂。对于理想化概念与被概念化的人的追求便是维特进行自我化"共同体"的幻想性构建的方式。

维特尝试在爱情关系中进行自我化"共同体"的的幻想性构建是以一种理想化的爱的概念为基准和中心的。维特以自我标准设定了一个理想化爱的标准，并在这种标准下建立爱情关系。但是维特对于绿蒂的爱本质上是虚幻的，因为维特的爱是一种预设的理想化的爱，而不是朝向具体的人的。维特对爱情的态度实际上可以从他在5月30日遇见绿蒂之前的信中的记录中看出。在信中，他谈到了一位农民对他的情人的描述，维特在一生中从未目睹、想象或设想过有可能有"如此纯洁的爱恋、如此纯洁的渴慕"（Goethe，2019：16）。这种纯洁而真诚的爱不仅深深地打动了他，也一直萦绕着他，甚至像他内心的火焰一样燃烧着。但只有通过对农民的描述，维特才能享受到爱情的甜蜜画面。农夫的描述为他构建了一个理想化的爱的定义，而他沉迷于这种定义中看到任何"忠贞妩媚的情影"都可以陷入爱河，即使那个人不是绿蒂。因此，可以说维特所爱的对象是抽象的，他爱的是爱这个理想化的完美概念。正如他在描述农夫的情人时所看到和感受到的一样，维特也爱上了他的爱人。仅仅因为他陷入了一种理想化的爱的概念的描述，维特便爱上了被爱的女人的形象，甚至爱上了被爱的男人，所以他爱上的只是一个概念而已。但是爱的概念如果太过理想化，便无法从社会中找寻到，因为社会个体的交往是具体的而不是抽象的，但理想化的爱是不受任何约束的，是绝对自由的，而这种绝对化和极端性是无法与社会约束共存的。由于无法调节社会价值和自我意识的冲突，维特选择退回自己的内心世界，以自我的绝对理想化价值为主导进行自我化"共同体"的幻想。

结实绿蒂之后，维特试图将抽象的爱具化，但这种具体化并没有脱离幻想与他的极端自我化倾向，所以这种"爱"仍旧是以自我为中心的、幻想的，维特只是将概念投射向具体的人来实现他对于理想化概念的追求，他所构建的"共同体"仍然是自我化并虚幻的。精神上的共通对于突破独体的必然性至关重要。"精神共同体"是"真正的人的和最高形式的共同体"（Tennies，2001：65）。起初维特尝试追寻一种纯粹的爱的概念，但对于纯粹概念的追逐太过理想主义。他随后也尝试将眼光投向具体的人，绿蒂身上，"实现共享精神首先需要人们将投向虚无之处的目光转移到具象的人的身上"（段国重，2021：43）。但这种转向仍旧以悲剧结尾，悲剧的必然性也是因为其并未真正脱离独体的困境。维特对于绿蒂的爱可以从三个层面来看：一是绿蒂这位女性，也就是具体的人；二是她所象征的一切，也就是一系列抽象的概念；三是维特的自爱。不可否认维特的确被绿蒂这个形象所吸引，但维特对于绿蒂所象征的抽象概念的爱是占据主导的。对维特来说，绿蒂意味着生命、自由、最肮脏的欲望和最纯洁的情感、最甜蜜的幻想和最残酷的现实、伟大的想象、逃离生活空虚的出口，对未来的期待、甚至是创造世界的神圣力量。这一切既是他生命的意义，也是他本性的体现。因此，对具体的人的爱逐渐被一些更加抽象的价值所取代了。维特在追寻绿蒂的同时也是在追求被社会秩序、道德和文明所压抑的本性。维特将绿蒂这个具体的人抽象化了并迷恋这些抽象的概念。也许绿蒂本身并没有承载这一系列的概念与价值，但绿蒂对于维特而言是一个完美的载体，维特所做的只是一步步在绿蒂这个载体上叠加他所追求的价值，从而将绿蒂本身的个体特征抹平。他与绿蒂的相处就像在雕刻一个自己的作品，一个美好的，完美的，自我化的，理想的作品。所以这种爱其实也可看作是对自我的一种痴迷与爱恋，除了对于他所雕刻作品的爱，他也爱作为创作者的自己，也就是那个在追求绿蒂过程中的自我，在反抗模棱两可的道德、虚假的文明和虚伪荒谬的世界时的自我，他爱那个反抗的自由个体。因此维特的爱实际上是幻想和自我化的，单向而私有的，他爱的只是多个以自我为中心的叠加在绿蒂身上的抽象的概念，而这也是陷入独体困境的体现，维特所构建的也只是抽象概念堆砌的没有共通的"共同体"而已。

维特对于自我化"共同体"的幻想性构建是通过追求纯粹的理想的爱的概念并将概念附加在具体的人，绿蒂身上实现的。这种构建是陷入独体困境状态下幻想的构建，而与具体与实在是无关的。因此这种"共同体"的构建在一开始就是虚幻的存在，是永远无法在现实世界找到实现的可能性的。

四、自我化"共同体"的幻灭

维特所幻想的自我化"共同体"本质上是伪装下的独体。试图用独体构建共同体必定会走向破灭，这一破灭也注定了其自杀悲剧。其构建的"共同体"本身就是由无数理想化概念堆砌的，是不成形的虚幻的存在，而这种虚幻的存在是无法与现实共存的。和任何个体一样，维特是无法脱离社会生存的，在其幻想的自我化"共同体"与现实冲撞的过程中，这一幻想的构建被毁灭了，而维特也耗尽了自我。与此同时维特也选择主动毁灭一切，毁灭他虚幻的构建与他自己。在独体困境中，维特认为毁灭了自己就毁灭了整个世界，因为世界是他幻想的化身。但其实毁灭与被毁灭都是维特陷入独体困境中的挣扎，因为自我化"共同体"被毁灭的必然性所以选择自己毁灭，这两者是同时发生的。

维特陷入了独体困境，在自我化"共同体"的幻想性构建过程中他将自我投射于外部，以自我阐述世界，并在与外部世界的冲撞中一步步将自我耗尽。由于无法走出困境，维特不得不选择自杀。弗洛伊德在他的论文中比较了哀伤与忧郁的概念，维特所遭受的不仅是对某个个体不可实现的爱的哀伤，更是使他耗尽直至死亡的忧郁。在维特失去爱人的情况下，哀伤和忧郁都会发生，但在抑郁中失去的是一种"无意识"（the conscious）的东西。在哀伤的情况下，所失去的东西是很明确的。它可以是一个被爱的人，或者更抽象的东西，比如自由，但在忧郁中，"一个人无法清楚地了解到失去的是什么"（Freud，2001：3041）。两种情况都伴随着痛苦，但哀伤的层面上现实的屈服通常随后发生。外部世界中可选择的投注爱的客体被消耗，因此等待被爱的对象也越来越少。相反，在忧郁中，真正失去的是自己，而不是外在的东西和对象。维特将自我投射在爱的对象上，所以这个对象其实只是他自身的模板。爱恋客体在一开始是完全随机并可替代的，但在失去之后便是无法替代的了。他不能选择另一个绿蒂去爱并继续生活，因为一切都发生在他的内心世界里。首先，维特做出了一个对象选择并"将自己的力比多附着到一个特定的人"（Freud，2001：3047）。后来，意识到结合的不可能性，这段关系破裂了。但结果不是正常情况下力比多从绿蒂身上消失，或者被换到一个新的人身上而是回撤进了自我。维特将自我同化到绿蒂身上，因此即使在客体失去之后，自我的认同仍旧需要对方。客体的"影子"（shadow）落在自我身上，对象丧失（object-loss）变成了自我丧失（ego-loss）。正是在这种转变中，他将自己视为一个客体，能够将对客体的敌意转化为对客体的敌意，并使自己的自杀成为可能。在维特的自我冲突中，他将外在世界和他爱的对象内化了，因此是维特本人受到了伤害和破坏，而外部世界实际上是安全的。"我只好回到自己的内心，去发现另一个世界！"（Goethe，2019：11）。这是维特不断与社会秩序冲突后的想法。他下意识地建立一个自我的内心世界，渴望逃离外部的秩序与约束，殊不知在构建的同时毁坏与崩塌也在同时发生。也是在构建这种自我化的幻想的"共同体"的过程中，维特自身在一步步被耗尽与毁灭。

在维特所幻想的自我化"共同体"被毁灭的同时，维特也在主动进行破坏与毁灭。在被耗尽从而不得不选择自杀的同时，维特也试图通过自杀来实现一种幻想的殉道与毁灭外部世界的目的。对维特来说，"人性有其局限性。它能够忍受一定程度的欢乐、悲伤和痛苦，但一旦超过这个尺度，它就会被消灭"（Goethe，2019：51）。因此，自杀无关软弱与否，而是承受痛苦的能力。同时，人们应该对自杀者给予更多的同情，而不是蔑视。维特和小说中的囚犯都是不幸的人，他们无法获救。他们对真爱的追求永远不会被外在的道德所理解和接受，只有死亡才能获救。因此，就像即将被法律、法规和道德处决的那个囚犯一样，维特选择了自我处决。像那些觉醒起来反抗暴政的人一样，自杀者意味着解放者，甚至意味着勇敢的殉道者。因此，也许维特的自杀更多的是一种自我满足的牺牲，为了爱，绿蒂，以及他自己。他把自己的自杀看作是一个可以解放自己和绿蒂的神圣的殉道。作为一个"处于自然孤立状态的人"，他与外界冲突，直到"一种强烈的激情抓住了他，摧毁了他冷静思考的所有力量，彻底毁灭了他"（Goethe，2019：40）。同时维特选择毁灭自己也是渴望毁灭世界的尝试。文中维特对于自我的剖析与责备随处可见，其中最常见的描述便是可怜、愚蠢一类词。一方面这可以看作是维特的自我厌恶，但同时也可以看作对外部人与事物的厌恶。弗洛伊德指出"自我责备是对所爱的对象的责备，这种责备已经从它转移到病人自己的自我"（Freud，2019：3046）。忧郁的人通常责备、诽谤和贬低自己。他们以批判的眼光看待自己。但与此同时，对自己的谴责也是对所爱的人的谴责。维特的自责通常伴随着对绿蒂的谴责，尤其是在前面提到的维特对绿蒂爱恋的第三阶段。当他自己被困在爱情和理智中时，他谴责自己没有勇气，犹豫不决的同时也许也在谴责绿蒂的不作为。维特希望绿蒂能为他找到另一个出口，把他带走。但绿蒂和他都无法挑战社会的秩序与理性。从这个角度来看，维特的自杀也可以看作是对绿蒂的谋杀，甚至是对整个不能接受并容纳他的社会的谋杀。这也是独体困境的危险所在，因为维特认为毁灭了自己就是毁灭了将自我投射后的整个世界，然而实际上他只是毁灭了自己和他虚妄的"共同体"而已。

五、结　语

维特自我化"共同体"的幻想性构建是西方个人主义传统影响下个体陷入独体困境后的失败尝试。维特以恋爱关系为主要尝试，追求幻想中的理想性概念与概念化的人，试图构建自我化"共同体"。但这一构建由于陷入了独体的困境，在一开始就注定是单向的、虚幻的且无法实现的。遭受陷入独体困境后的失败与幻灭的并不是个例。像维特一样，现代人渴望与世界的联系，却又无法感受一种真正的联系与归属。这是一种想要逃离却无法逃离，想要出走却无处可走的困境。即便是选择放弃与逃离，世界的监狱却从未消失，巨大的锁链也不可能挣脱。但与此同时，人们的命运也被锁链连接在了一起。绝对自由虽然无法实现，但是人们在被捆绑的同时也被撑住了，或许沿着这根绳索，人们是可以发现一种共通的情感。维特效应也证实了这种共通的存在。他们从维特身上深切地感受到了同样的痛苦，他们是世界上的另一群"维特"。在这个意义上联系实际是被重构了。他们的自杀行为其实就是在表达他们和维特一样，他们想要通过这种方式和维特站在一起。但这种肯定与共通并不一定以自杀的行为实现。维特与大部分有自杀倾向的青年的困境在于他们构建自己的内心世界的过程中太过自我的同时又太过无法放弃对于外部世界的依靠与渴求，因而导致了这种构建大部分是自恋性的被动的退缩。对于青年一代应该将自己更加敞开于外部，试图找寻外部世界有机共同体的存在。

参考文献

［1］安乐哲.儒家角色伦理学：一套特色伦理学词汇［M］.孟巍隆，译.济南：山东人民出版社，2007.

［2］Berlin，I. *The Roots of Romanticism*［M］. New Jersey：Princeton University Press，2013.

［3］程朝翔.无语与言说、个体与社区：西方大屠杀研究的辩证——兼论大屠杀研究对亚洲共同体建设的意义［J］.社会科学与研究，（2015）06：2-14.

［4］段国重.赫尔曼•梅尔维尔小说中的共同体书写——以《莫比•迪克》为例［J］.外国语文研究，（2021）02：38-47.

［5］Freud，S. *The Standard Edition of The Complete Psychological Works of Sigmund Freud*［M］. London：The Hogarth Press，2001.

［6］Goethe，W. *The Sorrows of Young Werther*［M］. Yunnan：Yunnan People's Publishing House，2019.

［7］李玲.共同体还是独体？——论华兹华斯《兄弟》中的共同体困境［J］.外国文学评论，（2019）04：177-199.

［8］Nancy，J. *The Incoperative* Community［M］. Minneapolis：Minnesota UP，1991.

［9］Phillips，P. The influence of suggestion on suicide：Substantive and theoretical implications of the Werther effect［J］. *American Sociological Review*. 1974（3）：340–354.

［10］Silverman. The Sorrows of Young Werther and Goethe's Understanding of Melancholia［J］. *The Psychoanalytic Quarterly*. 2016（1）：199-209.

［11］Tennis F.*community and Civil Society*［M］. Cambridge：Cambridge UP，2001.

［12］殷企平.西方文论关键词：共同体［J］.外国文学，2016（2）：70-179.

作者简介

凡淑颖（1988—），女，上海大学硕士，研究方向：英语语言文学。E-mail：18759670211@163.com。

巴蜀方言文学外译与地域文化身份的构建

——以《死水微澜》英译本为例[*]

【摘要】 在对外传播本国文化的过程中，文化身份的建构与彰显对保持文化特色至关重要。方言文学的特色语言和主题是构建地域特色文化身份，对外输出中国形象的重要渠道。译者解构原作品中的文化共性与特性，反省和提炼源语文化中的自我特征，对抗和调和与目的语文化的差异，同时考虑读者接受度。本文以川籍作家李劼人的四川白话小说《死水微澜》英译本为案例，分析译者的翻译策略对文化身份构建的影响，旨在为地域方言文学外译及研究提供新思路。

【关键词】 巴蜀方言文学；乡土文学；文化身份；翻译策略；死水微澜

一、引　言

在文化全球化战略的影响下，地域文化逐渐从地理环境的桎梏中解放出来，成为国家强势文化的重要组成部分。彰显本土形象的城市外宣语言资源和描写风土习俗、民间文化的地域文学作品双管齐下，构建了地域文化身份，丰富了中国文化"走出去"的外延和内涵。在巴蜀文学作品中，以四川方言和乡土主题为重点文化表征。文学中的方言带有鲜明的地域色彩和独特的社会政治内涵，很难移植到目的语语言文化中，再加上英美出版社、批评家与读者评判译作的主流标准仍是"可接受"性（邵霞，马会，2021：82），方言文学外译受到诸多局限。

川籍作家李劼人所创作的四川方言小说《死水微澜》是巴蜀方言文学和乡土主题的代表性作品之一，并且依托1990年《熊猫丛书》文学外译项目，发行出版了由翻译家、翻译研究者胡志挥先生完成的英译本，对巴蜀方言文学外译研究有着重大意义。本文以此为研究对象，探讨巴蜀文学翻译中文化身份的构建及相应策略，以期为拓宽地域文化外译及研究提供一个新视角。

---

*本文系中国民用航空飞行学院2020年研究生课程建设项目"国内特色翻译硕士（MTI）培养现状调查研究"（项目编号：XKJ2020-8）和中国民用航空飞行学院2021年研究生课程建设项目"MTI文学翻译课程开发与案例建设"（项目编号：XKJ2021-3）的阶段性成果。

二、巴蜀方言文学外译研究

（一）巴蜀方言文学外译现状

笔者在中国知网（CNKI）以"巴蜀文学""文学翻译""乡土文学"等主题作为统计源，以所有期刊为来源类别，对 2010 年 1 月 1 日至 2021 年 1 月 1 日的文献进行初步统计。为确保数据统计的准确性，笔者通读了这期间 CNKI 上登载的所有巴蜀方言文学翻译类文章，并以本研究对象为筛选标准重新进行统计。截至 2021 年 1 月，符合本研究的论文一共有 26 篇，如图 1 所示。

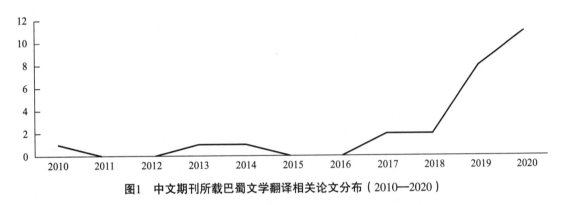

图1　中文期刊所载巴蜀文学翻译相关论文分布（2010—2020）

由上表所示，巴蜀文学翻译相关的研究在 2017 年之前较少，自 18 年开始呈递增的趋势。为了进一步探索巴蜀文学外译研究缺乏的原因，笔者对相关论文的主题和研究视角进行研读、分类。经分析，十年间巴蜀文学外译研究呈现以下特征：

第一，巴蜀文学外译和巴蜀文化外译的发展并不同步，有一定的研究断层。由于巴蜀文化的发展和传播基于对历史文献的研究和考古发现的结合，巴蜀文化推崇对实效、技艺和知识并且受易学、儒家和道家等始源性文化的影响（李晓，2018：69），因此视觉性强的旅游资源首先能够直接对外传递地域民族特色和风土人情。因此，现代的巴蜀文化外译主要借助于城市外宣资源，如城市官方网站的城市介绍、景区的公示语、公告牌、博物馆的展品简介等。巴蜀文学本身底蕴丰厚，主要体现在 20 世纪三四十年代的乡土作家群体，但是这些文学作品却很少通过文学外译"走出去"。

第二，巴蜀文学外译研究模式和视角较为传统。研究频次较高的依然是从语言学和翻译学视角（目的论、功能对等理论等）进行文本分析的传统模式。尤其是硕士论文，呈现高度同质化，多是基于研究生自己的翻译实践，得出某种理论课指导某个实践的结论。重复内容较多，缺乏创新性。

第三，对语言的分析未深入到巴蜀特色话语模式，文学体裁不够丰富。目前的研究规定性研究较多，描述性研究较少，并未全面覆盖巴蜀文学的全貌。究其原因，一方面是方言文学的难译性；同时由于东方主义、欧洲中心主义、中西语言文化及诗学差异，以方言为特色的中国乡土小说英译本的读者群体局限在大学教授、专业学生或研究者等精英知识分子内（邵霞，马会，2021：81-82）。语言本身的难译性、译本出版所服务的政治目的以及译本的受众群体都为巴蜀文学外译和相关研究的深入增加了难度。

　　基于对巴蜀文学外译研究文献的梳理，笔者发现此类研究的视角、研究的深度均有可拓展的空间，用于纯文本话语分析的语料还有待整合。要实现英文读者与中国文化的对话，译者首先需要通过阅读原作，诠释"东方文化他者"（汪宝荣，2015：49），这也正是东方地域文化构建的重要环节。

（二）巴蜀外译文学中的文化表征

1. 方言

　　方言是地域文化传承和演变的见证与成果。在语言体系发展过程中，国家政策下的强势语言会对本地方言产生或大或小的冲击。在一些地区，这种冲击会因本地文化的特性而有所缓解，如岭南的重商文化强化了地区性人员交流所适用于语言，因此粤语在岭南地区是较为强势的方言。就目前四川方言相关的研究而言，郭莉莎（2003）和向学春（2007）皆从共时和历时的角度，通过描述四川方言词汇的特征、分类，考察其历史发展和沿袭轨迹以及与地域文化的交互作用，探寻四川方言词汇的来源、性质、形成和发展演变规律。方言以其审美和诗学意境具有强烈感染力，而这种源语和目的语中意蕴的呈现方式和效果最具有"不可译性"，因此方言的译介一直是翻译的一大难题。文学作品中的方言或"非标准语言变体"应称作"文学方言"，其成功的翻译应让读者感觉到"文化他者"的存在（汪宝荣，2015：40）；译者可多使用目的语地方方言转译源语言方言，或使用目的语标准语翻译源语言方言（郑淑明，曹慧，2012：174）。如果仅仅考虑译文在目的语读者中的接受性，那么源语的方言之美将会大打折扣。

2. 乡土文学的主题选择

　　四川的古蜀文化彰显近现代传统文化、地域文化与选择性渗入的西方文化之间的激烈碰撞与交融，普遍被赋予了较强烈的本土文化意识。乡土文学，以浪漫而肃穆的目光凝望和审视故乡的本土文化，其笔触通常是热烈或冷静的；或以澎湃激越的心潮赞美故乡，或以冷冽尖锐的笔法控诉文化的糟粕。乡土文学关注巴蜀生态下的社会人情，深度挖掘其背后隐藏的原始生命力，展现四川人民在充满变化的环境中的心理状态，文化崇拜以及抗争精神。

　　四川地处僻陋，群山环绕，离国家政治中心路途遥远，这种"天高皇帝远"的自然环境自古以来滋长了"天下未乱蜀先乱，天下已治蜀未治"的"蛮夷之风"，斗争的氛围也造就了蜀人慕强、崇拜力量的价值取向。封闭的环境使四川人民对封建道德礼教的意识较为淡薄。这种矛盾氛围下的四川的女性，哪怕群山流水所哺育的是柔弱温顺的躯干，但骨子里叛逆而坚韧，野性却不野蛮。巴金所著的《激流三部曲》之《家》中，丫鬟鸣凤宁死而不愿嫁与老头做妾，可谓"生于尘埃，命比纸薄，心比天高"；同样，巴金所著《寒夜》中曾树生拒绝在婆媳矛盾中沉默，毅然出走；李劼人在《大波》中，直接借黄涧生太太这一角色之口，喊出："我不信男女既都是一样的人，为啥女子就该守节？"四川乡土文学中的女性角色，野性、叛逆而浪漫，她们反抗男性凝视，尊重个体生命价值，力图摆脱封建教条的束缚。

本研究所选取的语料来自于巴蜀乡土小说《死水微澜》，其译介是通过国家机构所发起的翻译项目，因此属于制度化"文学外交"，需服务当下的政治任务，即中国以文学翻译重新塑造崭新的国家形象（耿强，2010：134）。因此更需要在平衡读者接受度和源语文化的基础上，忠实地在现原作乡土文学之趣。

（三）文学外译与文化身份

传播学家 Rogers 和 Steinfatt（2000）早期提出，文化是一个群体成员们生活方式的总汇。而"身份（identity）"一词，原有语义为"认同"，首先指向内在的统一、协调及其持续。钱超英（2000：92）将身份理解为人和他所生存的世界作为文化环境（即文化历史设定）之间的被意识到的联系；王宁（1999：50）将"cultural identity"译作文化认同，指出学者们完全可以侧重于比较这两种文化语境下的文学的根本差异，并透过这两种本质的差异而寻找某种具有共性和本质特征的相同点。因此，"文化身份（cultural identity）"凸显共性中的特性，是一种文化从内部解剖本我，从与他者的互动中提炼出区别于其他文化的特质，通常带有民族和地域印记。

基于此概念，语言作为文化的载体，影响人对客观世界的感知，而文学则是构建文化身份的重要途径之一。长期以来地域文学中充满强势文化的殖民与干扰，弱势文化在强势文化环境中不断表达和争取与其特性相适应的权利。因此，文化身份的构建就是基于文学作品对文化信息的映射。如图 2 所示，地域文化信息中的核心及它与环境相互作用影响下的产物，在文学话语的影响下实现不同的表征。文学外译语境下源语文学作品中的文化信息通过与目的语文化的对比，凸显原文化身份中的自我与他者的影响。

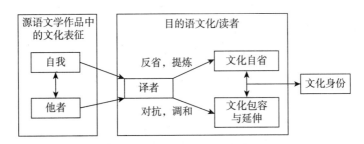

图2　源语文学作品中的文化信息、译者、目的语文化与文化身份之间的关系

文学作品外译作为文化输出的重要途径，旨在在目的语文化受众群体中构建源语文化身份，使目的语读者能够正确地、系统化地理解和辨认原作所代表的地域文化地在源语泛文化中的地位。译者通过选择一定的翻译策略，对原作的文化信息进行处理。在翻译过程中，因译者的理解能力、知识储备、文化文学背景、语言能力以及社会意识形态等因素的影响，一方面反省和提炼源文化身份中的自我特征，在目的语文化中呈现文化自省，成为文化身份中对内统一、协调和持续的特质，具有统一性和稳定性；另一方面，通过文学特色话语对抗和调和文化差异，对外部影响进行一定程度的消解和吸收，从而体现出不同程度的文化包容和延伸。译者所选择的异化归化策略，或解构原作传递信息再选择性重构，或强调文化内涵的延展，最终构建源语文化身份。

三、构建巴蜀文化身份的翻译策略

语用翻译理论强调译文预期目的的信息传递，关注意向、文化、社会以及心理因素在翻译过程中的转换。《死水微澜》1990 年译本体现了译者选择多种翻译策略，弹性地发挥译者能动性，在翻译过程中灵活地处理原作文化背景、原作者的气质风格、译文文化背景、目的语读者认知水平和要求等要素之间的联动，策略性构建巴蜀文化的形象。

（一）对自我的反省与提炼

方言中的民俗专有名词是文化外译的重要环节。民俗涉及社会经济、宗教、游艺等不同文化层面，衍生出丰富的民族表征符号，具有强烈的文化渗透性。《死水微澜》小说原作包含大量描绘四川风土人情的民俗专有名词。译者通过对比中西文化差异，选择性地传译民俗专有名词中凸显自我的部分。除音译外，译者还采取了替代、删除等手段，译文所传递的源语形象和比喻含义的完整程度不尽相同。

例 1

原文：而短墙的白石灰面上，是彩画的福禄寿三星图，虽然与全部房舍同样的陈旧黯淡……

译文：and the low whitewashed wall was painted with pictures of <u>the Gods of Happiness, Wealth and Longevity,</u> which although as old and drab as the rest of the buildings...

"福禄寿三星"源于中国古人对星辰的崇拜，后演变为道教中的神邸。"福星"象征吉祥好运；"禄"本指官员的俸禄，"禄星"，即"禄神"，又被称作"文神"，掌管文运利禄，反映古人对官运和文才对崇拜；"寿星"即长寿之象征，是古人对除病强身延年益寿美好渴望。译文使用了中西文化通用的"人神"的概念，略去"星辰崇拜"这一中国民俗文化元素，减少了异质成分。同时，为了保持译文形式和原文基本一致，三个词对应三个神，译者选择只传递"禄"的"俸禄，财富"这一层含义。

《死水微澜》中的叙述色彩通过方言词汇的语体色彩、形象色彩和感情色彩体现。原作为用四川方言创作的白话小说，是炮哥的江湖世界。小说中包含丰富的口语词汇，描绘大量的川西坝民俗事象和极具地方特色的风情画面。译者在处理反映作品人物和文化的信息时，如果选择淡化色彩，那么目标文本中叙述者的叙述视角和叙述声音会比源文本减少，模糊度增加，模糊美感增强；反之，则会强化政治色彩和人物形象。

例 2

原文：她总是<u>一个字的回答</u>：<u>"不！"</u>劝狠了，她便生气说："妈也是呀！<u>你管得我的</u>！为啥子乡下人的脚，就不该缠小？我<u>偏要缠</u>，<u>偏要缠</u>，<u>偏要缠</u>！<u>痛死了是我嘛</u>！"

译文：She always <u>refused</u> and if pleaded with, said crossly, "really, ma! <u>Leave me alone.</u> Why shouldn't villagers bind their feet? I'm going to bind them, <u>so there</u>! <u>I'm the one it's killing.</u>"

上述例子中，原文通过"总是一个字的回答"，非正式的反问句"你管得我"和重复三次"偏要"，一个执拗倔强个性斐然的女性形象已跃然纸上。但是译文中，并未强调"一个字的回答"，仅译作"refuse"；"偏要"译作非正式语气词"so there"，原意为"say in a somewhat rude, angry, or childish way that one has stated one's opinion or decision and will not change it"，虽包含"愤怒，不屈"这一层含义，但是淡化了邓幺姑小小年纪就倔强倔傲，泼辣固执的个性。而原作作者正是通过描绘这样的女性形象，凸显四川女性与地缘无法分割的独特之处，是作品中女性主义基调的重要组成部分，女性的血性自始至终贯穿于人性的复杂性之中。显然，译文为了照顾读者的理解能力而使这一层蕴意模糊化。

在《死水微澜》中，作者塑造的角色个性鲜明，极具巴蜀原始生命的风情：邓幺姑是典型的川女，敢于抗争传统封建社会的包办婚姻，拥有追求自由的浪漫人格；罗歪嘴亦正亦邪，其所属的民间群体"袍哥"，在矛盾病态社会背景下，以英勇决绝的反抗精神参与到反洋斗争中，但又和军阀官僚相互勾结，欺压百姓；顾天成遭遇事业尽毁，妻子病逝，女儿失踪之后，以冷漠的复仇者身份对罗歪嘴等人进行讨伐，但同时又对邓幺姑至情至性。女性的血性自始至终贯穿于人性的复杂性之中，因此，译者若弱化与女性相关的文字描述，淡化了这部作品中的女性主义特征，会使作品本身的韵味被削弱。

（二）对他者的对抗与调和

文化自觉追求的是一种批判、扬弃、超越和创新的实践过程，是"和而不同"多元格局背景下文化的核心竞争力（孙乃荣，史耕山，2019：68）。而在文化对外传播过程除了凸显文化中的自我，也需考虑文化之间的互动，深入到异文化中认识其他民族的文化，观察和研究其渊源与传承。译者在处理方言小说中的文化壁垒时，对异文化的对抗和调和会影响译文在目的语文化中的接受度。

例 1

原文：可是你一定猜得准这必是<u>关帝庙火神庙</u>，或是什么宫什么观的大殿与戏台了。

译文：...the temple of <u>the God of War</u> or <u>the God of Fire</u>. ... palace or Taoist temple

在中国古代人们对火感到好奇，利用火取暖和烹饪食物，因此拜火为神，火象征着希望、除煞；在《史记》中，有"重黎为帝喾居火正，甚有功，能光融天下，帝喾命曰祝融"，而到楚人相信火神正好能驱瘟神，遂建火神庙祭拜，祈求消灾降福除病气。"关帝庙"是为了供奉三国时期蜀国的大将，号称"武圣关公"的关羽而兴建的，表现人们对忠勇侠义精神的崇敬。译者将"关帝庙"译为"the God of War"，在西方文化中战神马尔斯同样是勇气和武力的象征，译文实现了功能和形象的对等，易于读者理解。但是西方文化中的"the God of Fire"通常指宙斯赫拉之子，瘸腿且暴躁的锻造冶炼之神赫菲斯托斯，这一形象与火帝祝融差异较大，后者在中国文化中英勇神武，前者却是残疾缺爱的可怜人。因此，保留源语形式而将"火神庙"直译，这种替代并未达到功能对等的效果。

例 2

原文：家有啥子味道？家就是枷！枷一套上颈项，你就休想摆脱！

译文：It's like a cangue round your neck which you can't take off.

这一句话是炮袍哥罗歪嘴在被他人要求"三十五岁的人，也应该有个家才好呀"时的回答，生动体现了罗歪嘴所在的袍哥群体的共性。袍哥兴起于封建腐朽的清末，由缺乏生产资料的底层流民发展起来，自成一套价值理念体系，既强调伦理纲常却又以自我利益为上。罗歪嘴对家庭的观念也反映了炮哥对道德理法的淡薄意识和崇拜强者，极端利己主义的个人主义倾向。原句前两句巧妙利用同音字实现暗喻修辞，而译文将暗喻转化为"be like"引导的明喻，删除了尾韵。从句法上看，原文采用"一……就……"的条件状语从句，重心在表示结果的主句"你就休想摆脱"上，而译文将这一部分信息译为 which 引导的修饰"cangue"（枷锁）的定语从句，弱化了原文的强调和形象塑造的效果。

例 3

原文：（陆茂林见内面一张方桌是空的，便将沉重的钱褡裢向桌上匐的一掷，回头向着蔡大嫂笑道：）

"你猜不着！我今天请客啦！就请的你们的罗大老表，同张占魁几个人，还有一个女客。……"

"女客？是那个？可是熟人？"

"半熟半熟的！……"

她眉头一扬，笑道："我晓得了，一定是那个！……为啥子请到我这里来？"她脸色沉下了。

译文：

"You'll never guess. I'm treating your Elder Cousin Luo, Zhang Zhankui and that lot, as well as a young woman."

"A young woman? Who? Do I know her?"

"You must have seen her."

She raised her eyebrows. "I know...Why invite them here?" Her face had clouded over.

Grice（1985，2002）提出的会话含义主要从两方面探讨：合作原则与会话含义的推导。

Grice 认为，言语交际双方在使用语言时要遵守合作原则四准则：量大准则、质的准则、关联的准则和方式准则。说话人直接遵守或故意违反会话原则，会造成一定的隐含意义，达到交际意图，此时的会话内容便需要推导。译者需根据原文作者的表达方式，在理解作者表达目的的基础上，结合语境对会话含义进行处理。原作此处是蔡大娘与刘三金第一次见面之前，罗歪嘴的朋友陆茂林向蔡大娘引介刘。对于蔡大娘对对方身份的疑问，陆茂林用"半熟半熟的"这一含糊地回答省略了刘作为罗"情妇"这一层身份；而蔡大娘针对陆的含糊其词，表示"我晓得了，一定是那个！"，并未道明"那个"到底是谁，但两人皆心知肚明。两人的对话通过打破合作原则中量和方式的准则，体现蔡大娘和陆茂林对罗歪嘴浪荡习性的了解，从侧面反映炮哥群体当时的性格和生活。译者用情态动词"must"表推测，并且省略了蔡大娘在了解女客身份后欲言又止的内容，保留了对话中含糊其词的部分，传达出原文隐含的内容，读者通过上下文能够推导出会话的含义。

四、结　语

在全球化进程的驱动力虾，方言文学外译不可避免地需要为政治任务服务，为中国争夺国际文学话语助力。同时，地域性的特色方言文学，也是区域文化传承、丰富文化外延和内涵的不可缺少的部分。，译者首先要通过对原作"观、品、悟"（刘宓庆，2005：310），才能在中西文化和意识形态冲突、出版社对市场的考量以及原作审美情趣之中，寻找到最恰到好处的翻译方法。在翻译实践中，译者可适当的采取信息删除、替代等策略，同时从语用文体学的角度选择显化或淡化会话含义，从而平衡文化自我和文化他者的传译，实现文化身份的构建。巴蜀方言文学不仅为彰显巴蜀那种远离王化的盆地王国中自大、张扬、放纵、享乐的历史文化传统（张瑞英，2007：113）和生命对最原始本真的自由的追求，同时为翻译及跨文化交际研究提供重要语料，而且有助于保障方言存在和使用的权利（任东升，闫莉平，2017：27），为巴蜀方言和乡土文学的传承埋下火种。

参考文献

［1］Jieren，Li. Ripples Across Stagnant Water［M］. Beijing：Chinese Literature Press，1990.

［2］李颉人 . 死水微澜［M］. 上海：上海中华书局，1935.

［3］邵霞，马会 . 中国乡土小说中的文学方言英译与接受研究———以《到黑夜想你没办法》英译为例［J］. 解放军外国语学院学报，2021（2）：74-82.

［4］李晓，基于巴蜀文化的特色旅游文化资源研究［J］. 乐山师范学院学报，2018（33）：68-72.

［5］汪宝荣，鲁迅小说文学方言翻译批评———对七种英译本的考察［J］. 翻译论坛，2015（2）：40-49.

［6］郭莉莎 .《西蜀方言》词汇研究［D］. 四川师范大学，2003.

［7］向学春 .《蜀语》与四川方言词汇研究［D］. 四川大学 . 2007.

［8］郑淑明，曹慧. 试论英美小说中方言汉译之"信"的局限性［J］. 外国语文研究，2012（2）：174-180.

［9］耿强. 文学译介与中国文学"走向世界"——"熊猫丛书"英译中国文学研究［D］. 上海外国语大学，2010：134.

［10］Rogers，E. M，Steinfatt，T. M. Intercultural communication［M］. Prospect Heights，IL：Waveland，2000.

［11］钱超英. 身份概念与身份意识［J］. 深圳大学学报，2000（17）：89-94.

［12］王宁. 文学研究中的文化身份问题［J］. 外国文学，1999（4）：49-52

［13］孙乃荣，史耕山，文化自觉视野下的民俗文化英译研究［J］上海翻译，2019（2）：67-71.

［14］GRICE H. P. Logic and Conversation［M］//MARTINICH，A. P. The Philosophy of Language. Oxford：Oxford University Press，1985.

［15］GRICE H. P. Studies in the Way of Words［M］. Beijing：Foreign Language Teaching and Research Press，2002.

［16］刘宓庆. 翻译美学导论［M］. 北京：中国对外翻译出版公司，2005.

［17］张瑞英. 地域文化与现代乡土小说生命主题研究［D］. 山东师范大学，2007.

［18］任东升，闫莉平. 审美视阈下乡土语言英译探究［J］北京第二外国语学院学报，2017（4）13-29.

作者简介

钟璇（1991—），女，硕士研究生，中国民用航空飞行学院讲师，研究方向：翻译学与英语教学。E-mail：314850781@qq.com。

"艺术抵抗派"的幻象——论中岛敦的战时创作[*]

赵 杨

（东南大学，南京，210096）

【摘要】中岛敦的很多作品都取材自中国古典或者两河流域的古代历史，这样的非现实题材作品往往被视为纯粹的文学而列入所谓的"艺术抵抗派"中。然而，结合中岛文学创作的历程及其所处时代的历史背景，可以清晰地看出"艺术的抵抗"仅仅只是一个幻象，中岛本质上仍然是一个具有战时日本国民意识的作家。

【关键词】艺术抵抗派；中岛敦；战时

一、引 言

英年早逝的作家中岛敦（1909-1942）留下的作品数量有限，但是全集编纂和出版达到了五次之多，足见其艺术生命力的长盛不衰。

由于中岛敦的代表性作品多取材自中国或者两河流域的古代历史，所以通常被认为是"具有在根源、原始的状况下追求生命样态之特色"（鹭只雄，2000：256）的作家，换言之，迄今对中岛的研究多从人的命运及存在方面展开。也正因为是从这种角度进行解读，中岛的作品被视为黑暗战争年代保持了纯粹艺术馨香的"艺术抵抗派"（三好行雄，1975：140；有精堂编辑部，1988：34）成果之一。然而，这样的看法在认可了其作品所具有的艺术性之余、却忽视了作品背后的社会性。中岛的代表作集中创作于太平洋战争爆发前后的时期，如果将这些作品放入彼时的历史文脉中进行剖析，可以清楚地发现潜藏于文本间的作家的思想轨迹乃是日本思想界的集体意识之体现。正所谓任何文本都是时代社会的产物，中岛的系列作品所体现的其思想轨迹的转变，恰恰说明了所谓的"艺术抵抗派"，不过是战后日本文学史塑造的一个幻象。

山崎正纯在谈到与中岛同样生于1909年、也同样被定位为"艺术抵抗派"的作家太宰治时写道："包括太宰在内，战时文学者的姿态充其量被称为'艺术的抵抗''消极的抵抗'，从其作品中将反映了社会性的东西一概排除，才能够被赋予艺术之国的居民资格。对于此类战后文学史言说的再检讨，都被当作今后的课题而一拖再拖。然而，文学史不愿触及战时伤痕的这种姿态，无论怎样标榜艺术的纯粹性，都不过是欠缺批评性的、怯懦的言说，是战后从美国接受的欧美民主主义和日本/德国的法西斯主义这一图式下产生的难题。"（山崎正纯，

* 本文系"中央高校基本科研业务费专项资金资助"（supported by "the Fundamental Research Funds for the Central Universities"）的研究成果，项目名称：近现代历史政治语境中的日本文学作品研究，项目编号：2242015S20053。

2003：155）

这一论述也适用于中岛的场合。1942 年发表的《光与风与梦》，就被当时的文艺专栏无署名评论者（1942）高度评价为是一部描写了白人世界的没落以及将要到来的世界新秩序的预言性作品；提名第十五届芥川文学奖时，选考委员久米正雄（1942）也赞不绝口，认为这是一篇具有世界性规模的作品，应当立即译成英文让战时下的英国国民也读读看。然而，这篇在发表当时被极力强调其时代意义的作品，其战后的相关研究却基本局限于典据的考证以及中岛与主人公史蒂文森的精神类似性。对其具有的社会性的排除，已经不仅仅是"不愿触及战时伤痕"（山崎正纯，2003：155）这一程度，可以说是有意图的忽视了。

以下将通过梳理中岛敦的文学轨迹来剖析战争年代下作家的心路历程及思想转变，并以此证明，所谓的"艺术抵抗派"不过是一个空虚的幻象。

二、文学出发期的无产阶级意识倾向

将中岛敦的文学出发点与其大学毕业论文《唯美派的研究》关联起来进行论述的先行研究不少，然而却几乎无人重视中岛在东大时代的学友宫下重寿（1976）所提及的、当年中岛对左翼文学的关注。据宫下回忆，中岛对小林多喜二发表在昭和三年《战旗》杂志十一月号上的《一九二八年三月十五日》这篇小说格外推崇，极力推荐宫下也赶紧读读看。据宫下所说，当时他对左翼运动有很强的共鸣，也参加了相关的研究小组，所以后来中岛跟他一下子亲近了很多，只要有空就会跟他一起热烈地讨论文学、哲学和政治问题等。

关于中岛曾经对左翼文学饶有兴趣一事，宫下在 1935 年 12 月 4 日写给中岛的信中也有提及："接下来就是关于无产阶级文学的问题，我觉得你还是有点受三年前那些想法的影响。可是现在的文坛，还提那些理论的人已经没有了。当然了，三年前认真叫嚣着'只有无产阶级文学才是文学'的人大多都是并不了解文学为何物的人，很多人仅仅是为了当时的政治组织，为了启发一般人才那样说的。放在现在的形势下，文坛上那样形式主义的、表面化的区别已经完全不存在了。关于这一点你根本不用担心。"宫下参加了左翼运动，考虑到万一被捕时会给对方添麻烦，所以将收到的来信都销毁了，因此无从确认中岛写给他的信件。但是从保存在中岛家的宫下来信可以看出，1935 年的时候中岛还在关注着无产阶级文学。从对小林多喜二的作品表现出强烈兴趣的 1928 年开始，到宫下写来这封信件的 1935 年，这段时期正是中岛的文学出发期。

中岛虽然没有参加左翼运动，但是发表于 1926 年的《巡查所在的风景——一九二三年的一个素描》，以及发表于 1930 年的《D 市七月叙景（一）》却非常鲜明地受到了无产阶级文学的影响。其中，《巡查所在的风景——一九二三年的一个素描》是当时少有的站在殖民地人民的视角展开的作品。描写了一个不得不为日本殖民统治者效力的朝鲜巡查的苦恼。这篇作品用禁欲的笔调描写了殖民地令人绝望的现实状况，其中还有一节内容暗示了关东大地震后虐杀朝鲜人的事实，这种写作姿态在当时的日本看来具有非常鲜明的反政府色彩。特别是暗示主人公打算参加朝鲜独立运动的结尾部分，可谓不逊色于任何无产阶级文学。此后，以大连为背景创作的《D市七月叙景（一）》则通过截取殖民地大连三个不同阶层人物的生活场景，描绘了一幅殖民者鸠占鹊巢安居乐业、当地百姓却民不聊生的讽刺画面。

除了以上高中时期的习作，中岛在大学毕业那年（1933年）起笔、1936年左右半途而废的《北方行》也是一部充满了对动乱时局进行深入思考的作品。其中，将社会动向与个人问题融为一体并为之深感苦恼的主人公——日本青年三造和折毛传吉的心理活动，完全可以视为当时中岛自身的社会认识之反映。中岛对当时中国的军阀混战、蒋介石政权的状况、乃至红军的行军动向等都进行了细致的资料收集和详细记录，这充分说明了其志在真实描写东亚混乱局势的创作态度。另外值得一提的还有通过描写与朝鲜少年的交往而批判普通日本民众错误的殖民地认识的《猎虎》（1934年）。中岛的初期作品中含有无产阶级文学意识是一个非常明了的事实。然而，在日本的左翼知识分子出于自保而纷纷选择改变政治方向的年代，中岛的《猎虎》明显把握错了时机。结果这篇参加杂志社悬赏比赛的作品只勉强得了个"选外佳作"，给了中岛当头一击，也影响了他后来的文学走向。事实上，中岛在搁笔《北方行》的创作之后，很长一段时间里都没有再写作品。等他重整旗鼓再次出发之时，已经不再选择现实题材，而是多从古典或者既存的文本中来寻找创作灵感了。只不过这仅仅是形式上或者方法上的转变，中岛的社会批判姿态一如从前。

三、对战争以及国家权力的怀疑

中岛创作《古谭》系列的1940年左右，正是日本侵华战争陷入长期化的时期。这个系列的作品虽然题材都来自古典，中岛在背景设定方面却都下意识地选择了"战争"。其中，《狐憑》的故事始于内乌里部落受到"侵略者"乌姑里族的袭击。在这场战斗中失去了弟弟的主人公夏克从此成为了弟弟的代言者，开始讲述战死的前因后果。为战死者代言的人的存在是最受掌权者惧怕的吧。更何况夏克后来的讲述变得带有现实意味，"取材自周围人类社会的故事渐渐多了起来"。当批判的矛头开始指向部落的长老群时，这些掌权者们处心积虑要除掉夏克就是理所当然的事了。夏克之所以难免一死，不仅在于他篡夺了部落长老讲述、记录部落历史的特权，更在于他的记述危及了长老的权威和统治。

另一方面，《文字祸》发生在刚刚结束了兄弟战争的尼尼微。老博士奉大王的旨意开始研究文字精灵。尽管在研究的过程中博士明白了国王的权威以及社会的安定都源自人们对"文字"和"语言"构成的社会规则的信赖，他还是义无反顾地揭露了文字精灵的祸害，因此在地震中被压在刻满楔形文字的粘土板下，在"文字们凄厉的诅咒声"中一命呜呼。中岛通过这两篇作品，表现了在战争长期化的情势下，作为一个普通民众对组织、秩序、政治和权力所产生的深刻怀疑。

到了组题为《古俗》的两篇作品——《盈虚》和《牛人》的场合，中岛对体制的批判更是以"弑父"这一极端的形式呈现。通过与素材来源《春秋左氏传》的对照比较，可以看出这两篇作品都是以扭曲的父子关系为主轴、以"弑父"的形式为结尾。其中，《盈虚》描写了蒯聩与其子围绕卫国王位展开争斗，最后太子发动政变，蒯聩死在逃难途中。而《牛人》中叔孙豹的悲剧，源于其当年为避战乱逃往齐国途中与一妇人一夜情缘后生下的私生子。多年后因缘巧合、这个私生子登堂入室，不仅骗取了叔孙豹的信任，还挑拨离间了叔孙豹与其嫡子的关系，令叔孙豹众叛亲离，最后陷入被饿死的境地。

中岛的创作笔记中有一幅草图明显表露了作者对"父亲"以及"政事"的恐惧，该草图由两条平行线及上下两个箭头构成。平行线两端分别写有"父亲""恐怖"字样，两条平行线之间注明了"一寸"的逼仄空间。从上下两段分别以箭头指向平行线的是"天井"和"政事"。《牛人》中叔孙豹所做的天井下降时的噩梦就与此情境相似。只不过创作草图中感到恐惧的明显是与"父亲"相对的"儿子"，而在作品中中岛将受到压迫而感到恐惧的对象改为了"父亲"叔孙豹。这种艺术上的置换也许正是中岛潜意识中"弑父"情结的体现。结合同时代的历史背景来看，其时日本政府正大力宣扬天皇与国民"义乃君臣，情兼父子"（日本文部省，1937）的家族国家观，用石田雄（1954）的话来说，就是以期援用家族间的感情来缓和权力支配下国民产生的抵抗心，促进战时下的国民动员工作。而侵华战争的长期化造成日军大量伤亡，在中岛看来，国家原理与个人体验相背离的情况下，父权性质的国家原理以绝对真理的形式君临于国民头上，被迫屈服的终究是国民一方。这样的压迫感在现实中无从排解，只能以文学的形式加以宣泄。《古俗》共通的"弑父"情节，既是对国家宣扬的"忠孝一体"观的讽刺，也是对父权象征的国家的一种反抗。

四、太平洋战争爆发后的思想转变

关于《古俗》的成立时期，郡司胜义（1976）曾经因为发现其中一篇的题名"盈虚"出现在《南岛谭》的创作笔记上，从而推断《古俗》与《南岛谭》成立于同一时期，即中岛从南洋回来之后。可是，后来木村瑞夫（2003）发现《古俗》两篇的首发杂志上"盈虚"的题目原为"一个古代人的半生"。这样一来，郡司的看法被彻底推翻。不仅如此，木村还以文坛前辈深田久弥的证言以及中岛的书信为线索，明确了中岛与各家出版社之间接触的前后经过，用实证的手法证明了《古俗》原本是与《古谭》同一系列的作品，其创作时间也与《古谭》一样，成立于中岛去南洋群岛赴任之前。对木村的细致调查和严密论证表示赞同和敬意的同时，笔者想添加的一点补充意见就是，南洋行前后的中岛作品还有一个显著的区别，就是作品中是否有希望存在。《古谭》的主人公们或是死去或是发狂，《古俗》的主人公们则都死于自己的儿子之手，无一例外都是阴暗惨淡的结局。而南洋行之后的《弟子》和《李陵》，虽然貌似也是悲剧结局，但是子路的死是其本人为了贯彻自己的"义"而主动选择的道路，带有成就英雄行为的视死如归气概，所以他才能在倒地之前还能从容不迫地整理衣冠，说出"君子当正冠而死"的豪言壮语。李陵虽然作为败军之将在胡地郁郁而终，苏武却最终荣归故里且美名得以彰显天下。苏武的存在是小说《李陵》中的一丝光亮，也是中岛心向往之的终极理想。

作品色调的这一转变，归根到底源于中岛在南洋工作期间发生了日军偷袭珍珠港事件。对英美开战使日本此前一边叫嚣"为解放东亚而战"、一边却又侵略同为黄种人的中国这一尴尬局面打开了僵局，"将白种人的势力从亚洲排除出去"的大义名分终于得以自圆其说。中岛作为一个知识分子所抱有的对侵华战争的疑虑由此一扫而光，获得了精神上的解放。因此才会有洋溢着"正义感"的《弟子》问世。关于这一点在笔者（2014）的《太平洋战争下的"正义"之歌——中岛敦〈弟子〉论》一文中有详细论及。

五、艺术抵抗派的幻象

日本战后的文学史多从艺术性的角度评价中岛的作品，将中岛定位成"艺术抵抗派"的作家。然而，吉田精一的以下话语作为相对客观的见解，也许比空虚的"艺术抵抗"云云更应受到重视。吉田写道："没有被权力影响受到国策的动员，也没有受到思想上的镇压，一个艺术家只是持续了自己的创作活动而已，如果连这都能称为抵抗，那抵抗这个概念是否变得过于暧昧不清了？（中略）我觉得'抵抗的文学'这一概念规定必须非常明确才行，从这个意义看来，即使下结论说我们的战争年代找不到任何抵抗的文学，也是毫不夸张的。可是诸如以堀辰雄的《菜穗子》或中岛敦的一系列宝贵作品为首的、被称为艺术派的人们在战争时候从事的创作活动的价值，我并非要予以无视。用所谓抵抗的概念来规定这些作品会令其意义僵化，当我们理解到在战争的状况下还有这样自由的艺术行为存在，我们不如想想怎样去评价这些作品是如何体现了各个作家的艺术创作。我觉得没有必要因为是在战争下就刻意将这些作品套入抵抗的框架中进行讨论。"（吉田精一，1959）

中岛少年时代的相当长一段时间都在当时日本的殖民地度过，这段经历为中岛透过殖民地来客观看待自己的国家提供了契机，因此其文学出发期的作品中含有无产阶级文学的要素、且难得地进行了同时代少见的殖民地批判。此后经过数年的创作空白时期，中岛再次正式向文坛进军时，已经是侵华战争陷入长期化的局面。对侵华战争的疑虑是当时知识分子之间共通的意识，这从卢沟桥事变后中岛借用帕斯卡尔的话来表达自己对"绝对正义"的怀疑这一点也可以确认。从《古谭》到《古俗》的一系列作品，他都具有强烈的战争意识，持续地表达了对体制和权力的怀疑。然而，太平洋战争爆发以后，中岛的作品中非常自然地流露出了作为战时日本的国民所具有的民族主义思想，这一点不可否认。

吉田精一在以上提及中岛的作品的言论中认为，不能"因为是在战争下就刻意将这些作品套入抵抗的框架中进行讨论"，可以说是对所谓的"艺术抵抗派"这一说法进行了驳斥，但这仅仅只是陈述了一部分的事实而已。从本文的论述而言，首先，中岛的作品绝不是可以忽视其含有的社会性因素而进行阅读的"纯粹"文学作品。其次，从作品的风格转换可以看出中岛前期与时局相对峙、后期又在无意识间流露出对时局的共鸣与拥护，尽管这种对民族国家的自趋认同有别于对国策的刻意逢迎，但是比起始终能够保持清醒立场与法西斯主义做斗争的真正抵抗派作家而言，还是有相当大的差距。

如前所述，战后的中岛敦全集历经了五次编辑和出版。1942 年 7 月，将《斗南先生》收入自己的第一部作品集时，中岛添加了赞同伯父"黄白人种论"、赞同日本作为黄种人代表将白种人赶出亚洲的内容。这些内容在战后初期的两次全集中都被悉数删除。不仅如此，据川村凑（2009）查证，中岛的好友、后来在日本文部省从事教材编纂工作的钉本久春在参与其全集编纂的过程中，还特地将中岛原文中带有歧视性的词汇如"土人"改为"岛民"，删除了太平洋战争爆发后中岛写给儿子的明信片上的"日本的海军真强啊"等等以现代观点看来不合时宜的语句。尽管这些人为的改动都在 2000 年之后最新版全集的编纂中得以恢复原状，但是这些事实都足以说明日本的战后文学史在相当长一段时间内存在着刻意修饰性。距离日本各界清算战争责任的年代已经过去了数十年，彻底打破"艺术抵抗派"这一幻象、对一个作家的作品进行客观真实的评价，这不仅是对作家、也是对文学的尊重。

参考文献

[1] 三好行雄 . 近代日本文学史 [M]. 东京：有斐阁，1975.

[2] 有精堂编集部 . 講座昭和文学史第三卷 [M]. 东京：有精堂,1988.

[3] 鷺只雄，浅井清 . 新研究資料現代日本文学第一卷 [M]. 东京：明治書院，2000.

[4] 山﨑正純 . 戦後《在日》文学論——アジア論批評の射程 [M]. 东京：洋々社，2003.

[5] 無署名 . 文化往来 [J]. 政界往来,1942(6)，载中島敦全集別卷 [M]. 东京：筑摩書房，2002.

[7] 久米正雄 . 第十五回芥川賞選評 [J] 文藝春秋，1942（9），载中島敦全集別卷 [M]. 东京：筑摩書房，2002.

[8] 宮下重寿 . 中島敦全集第三卷 [M]. 东京：筑摩書房，1976.

[9] 宮下重寿 . 中島敦全集別卷 [M]. 东京：筑摩書房，2002.

[10] 文部省 . 国体の本義 [M]. 东京：文部省，1937.

[11] 石田雄 . 明治政治思想史研究 [M]. 东京：未来社,1954.

[12] 郡司勝義 . 中島敦全集第一卷 [M]. 东京：筑摩書房，1976.

[13] 木村瑞夫 . 論攷中島敦 [M]. 大阪：和泉書院，2003.

[14] 赵杨 . 太平洋战争下的"正义"之歌——中岛敦《弟子》论 [J]. 外国文学评论，2014（3）：86-97.

[15] 吉田精一 . 昭和文学史 [M]. 东京：至文堂,1959.

[16] 川村凑 . 狼疾正伝——中島敦の文学と生涯 [M]. 东京：河出書房新社，2009.

作者简介

赵杨（1981—），女，博士，东南大学副教授，研究方向：日本近现代文学。E-mail：fir_zj@126.com。